Guttentag'sche Sammlung
Nr. 31. Deutscher Reichsgesetze. Nr. 31.
Text-Ausgaben mit Anmerkungen.

Gewerbegerichtsgesetz.

Text-Ausgabe mit Anmerkungen und Sachregister

von

Leo Mugdan,
Stadtrat zu Berlin.

Sechste neubearbeitete Auflage

von

W. Cuno,
Erster Bürgermeister zu Hagen i. W.

Berlin 1906.
J. Guttentag, Verlagsbuchhandlung,
G. m. b. H.

Vorwort zur sechsten Auflage.

Die vorliegende neue Auflage ist durch Erlaß des Reichsgesetzes betr. Kaufmannsgerichte notwendig geworden. Es ist danach gestrebt worden, den in den Anmerkungen enthaltenen Stoff möglichst zu vermindern.

Von dem Abdrucke des vom preußischen Handelsminister entworfenen Normalstatuts ist abgesehen. Es ist unter dem Titel „Vorschläge zur Aufstellung von Orts- (Kreis-) Statuten für Gewerbegerichte, veröffentlicht auf Anordnung des Herrn Ministers für Handel und Gewerbe" im Verlag von Fr. Kortkampf in Berlin W., Wittenbergplatz 3a, zum Preise von 1 Mark erschienen. Statt dessen ist ein kurz gefaßtes Statut, welches unter Fortlassung aller Wiederholung gesetzlicher Bestimmungen lediglich die von den Gemeinden notwendig zu ordnenden Punkte enthält, abgedruckt. Für die noch nicht völlig geklärten Fragen über die Gestaltung der Verhältniswahl wird die in dem „Muster zur Aufstellung von Orts- (Kreis-) Statuten für Kaufmannsgerichte, veröffentlicht auf Anordnung des

Herrn Ministers für Handel und Gewerbe" (Berlin, Carl Heymanns Verlag, 1904, HMBl. 1904 S. 417) enthaltenen Vorschriften über die Verhältniswahl verwiesen, welche gegenüber den im Ministerialblatt für Handel und Gewerbe 1902 S. 165 veröffentlichten „Vorschlägen zur Regelung des Wahlverfahrens bei den Gewerbegerichten nach den Grundsätzen der Verhältniswahl" wesentliche Änderungen enthalten, die ich als Verbesserungen ansehe. Das hier im Anhang abgedruckte Statut enthält einen Vorschlag für eine vereinfachte Regelung der Verhältniswahl.

Hagen, im September 1906.

Der Herausgeber.

Inhaltsangabe.

Abkürzungen.

AM. = anderer Meinung.

GGG. = Gewerbegerichtsgesetz.

GKG. = Gerichtskostengesetz.

GO. = Gewerbeordnung für das Deutsche Reich in der Fassung des Gesetzes vom 26. Juli 1900.

GS. = Gesetzsammlung für die Königlich Preußischen Staaten.

GVG. = Gerichtsverfassungsgesetz.

HGB. = Handelsgesetzbuch.

HMBl. = Ministerialblatt für Handel und Gewerbe.

JMBl. = Justiz-Ministerial-Blatt für die Preußische Gesetzgebung und Rechtspflege.

KGG. = Reichsgesetz betreffend Kaufmannsgerichte.

KommBer. = Bericht der VI. Kommission zur Vorberatung des Entwurfs eines Gesetzes, betreffend die Gewerbegerichte — Nr. 5 der Drucksachen (Drucksache Nr. 51).

KommBer. VII = Bericht der VII. Kommission zur Vorberatung des Antrages Trimborn und Dr. Hitze, betreffend die Gewerbegerichte, 10. Legislaturperiode, I. Session 1898/9, Nr. 286 der Drucksachen.

KommBer. XII = Bericht der XII. Kommission zur Vorberatung der von den Abgeordneten Albrecht und Trimborn eingebrachten Gesetzentwürfe, betreffend Abänderung des Gewerbegerichtsgesetzes, 10. Legislaturperiode II. Session 1900/1, Nr. 299 der Drucksachen.

KVG. = Krankenversicherungsgesetz.

MBl. d. i. V. = Ministerial-Blatt für die gesamte innere Verwaltung in den Königlich Preußischen Staaten.

Mot. = Begründung zu dem Entwurf eines Gesetzes, betreffend die Gewerbegerichte (Drucksache Nr. 5).

RG. = Reichsgesetz.

RGBl. = Reichs-Gesetzblatt.

RGr. = Reichsgericht.

StenBer. = Stenographische Berichte über die Verhandlungen des Reichstages.

StPO. = Strafprozeßordnung.

ZPO. = Zivilprozeßordnung.

Apt = Reichsgesetz, betr. Kaufmannsgerichte von Dr. Max Apt, Berlin 1904, J. Guttentag.

Bachem = Reichsgesetz, betreffend die Gewerbegerichte. Zum praktischen und wissenschaftlichen Gebrauch erörtert von Dr. jur. Karl Bachem, Rechtsanwalt usw., Köln 1890.

Baum = Dr. Georg Baum, Handbuch für Gewerbegerichte, Berlin 1904.

Berger GO. = Reichs-Gewerbeordnung nebst Ausführungsbestimmungen. Textausgabe mit Anmerkungen und Sachregister von T. Ph. Berger und Dr. L. Wilhelmi. 16. Auflage v. Oberverwaltungsgerichtsrat H. Spangenberg, 1902 (Nr. 6 der Guttentagschen Sammlung Deutscher Reichsgesetze).

Brauns Archiv = Archiv für Soziale Gesetzgebung und Statistik, herausgegeben von Dr. Heinrich Braun.

Burchardt = Die Rechtsverhältnisse der gewerblichen Arbeiter, auf Grund der gerichtlichen und gewerbegerichtlichen Praxis dargestellt von Franz Burchardt, Amtsrichter, Berlin 1901.

Bl. f. soz. Pr. — Blätter für soziale Praxis, Nr. 1—117 (Januar 1893 bis März 1895), seit April 1895: „Soziale Praxis, Zentralblatt für Sozialpolitik“, IV. Jahrgang, Nr. 27—52 und folgende.

Busch = Zeitschrift für Deutschen Zivilprozeß, begründet von Busch, herausgegeben von Schultzenstein und Vierhaus.

Cuno, Gesinderecht = Das Gesinderecht nach der preuß. Gesinde-Ordnung und dem Bürgerlichen Gesetzbuche. Berlin 1900.

Cuno, Handlungsgehilfe = Das Recht der Handlungsgehilfen nach dem Bürgerlichen Gesetzbuch, dem Handelsgesetzbuch und der Gewerbeordnung von Cuno, Erster Bürgermeister in Hagen, Berlin 1901.

Fredrich = Das RG. betr. die Gewerbegerichte von Fredrich, Bürgermeister zu Liegnitz. Berlin 1901.

GG. = Das Gewerbegericht, Mitteilungen des Verbandes deutscher Gewerbegerichte. I. Jahrg. Nr. 1—6 (April-September 1896), II. Jahrgang Nr. 1—12 (Oktober 1896 bis September 1897) und folgende.

GG. Berlin = Das Gewerbegericht Berlin. Aufsätze, Rechtsprechung usw. herausgegeben von M. v. Schulz und Dr. R. Schalhorn, Berlin 1903.

Gruchot = Beiträge zur Erläuterung des Deutschen Rechts usw., begründet von Gruchot, herausgegeben von Rassow, Küntzel und Eccius.

Haas = Kommentar zum Reichsgesetz, betreffend die Gewerbegerichte vom 29. Juli 1890 usw. Von J. Haas, Landrichter zu Wiesbaden. Göttingen 1891.

Lotmar = Der Arbeitsvertrag nach dem Privatrecht des Deutschen Reiches von Ph. Lotmar. Leipzig 1902.

Menzinger = Das Gewerbegerichtsgesetz in der Fassung vom 29. September 1901 von Dr. L. Menzinger u. Dr. J. Prenner, München 1902.

Otto = Die Streitigkeiten der selbständigen Gewerbetreibenden mit ihren Arbeitern in Theorie und Praxis. Auf Grund des § 120a der Reichsgewerbeordnung und der einschlagenden reichs- und landesrechtlichen Bestimmungen erörtert von Dr. O. Otto, Amtsrichter in Wiesbaden. Berlin-Neuwied 1888.

Planck = Bürgerliches Gesetzbuch nebst Einführungsgesetz, erläutert von Wirkl. Geh. Rat Prof. Dr. Planck, erste und zweite Auflage, Berlin, J. Guttentag.

RABl. = Reichsarbeitsblatt.

Reger = Entscheidungen der Gerichte und Verwaltungsbehörden, früher Nördlingen, jetzt München.

Schier = Das Reichsgesetz, betreffend die Gewerbegerichte vom 29. Juli 1890 usw. Mit Kommentar von Dr. jur. H. Schier, Rechtsanwalt usw., Kassel 1891.

Soz. Pr. = Soziale Praxis, s. Bl. f. soz. Pr.

v. Schulz = Gewerbegerichtsgesetz, erläutert von M. v. Schulz. Berlin 1902.

v. Schulz KG. = Das Reichsgesetz betr. Kaufmannsgerichte, erläutert von M. v. Schulz. Berlin 1905.

Struckmann u. Koch = Die Zivilprozeßordnung für das Deutsche Reich nebst den auf den Zivilprozeß bezüglichen Bestimmungen des Gerichtsverfassungsgesetzes und den Einführungsgesetzen. In der Fassung von 1898. Kommentar herausgegeben von Dr. J. Struckmann und Dr. R. Koch. Achte völlig umgearbeitete Auflage. Lex.-8°. 2 Bde. Berlin 1901.

Unger = Entscheidungen des Gewerbegerichts zu Berlin unter Berücksichtigung der Praxis anderer deutscher Gerichte systematisch zusammengestellt und herausgegeben von Dr. Emil Unger, Magistratsassessor in Berlin. Berlin 1898.

Wilhelmi u. Bewer = Das Gewerbegerichtsgesetz, erläutert von Dr. Wilhelmi und Dr. M. Fürst, in zweiter Auflage neu bearbeitet von Dr. L. Wilhelmi und Dr. R. Bewer.

Einleitung.

Nach dem Vorbilde der Preußischen Allgemeinen Gewerbeordnung vom 17. Januar 1845 (§ 137) wies § 108 der Gewerbeordnung vom 21. Juni 1869 die Erledigung von Streitigkeiten selbständiger Gewerbetreibender mit ihren Arbeitern abweichend von den allgemeinen Zuständigkeitsregeln besonderen behördlichen Organisationen, mindestens in erster Instanz, zu. Der Inhalt dieses Paragraphen findet sich mit unerheblichen Abänderungen wiederholt im § 120a der Gewerbeordnung in der Fassung des Gesetzes vom 17. Juli 1878 (RGBl. S. 199), welcher bestimmt:

„Streitigkeiten der selbständigen Gewerbetreibenden mit ihren Arbeitern, die auf den Antritt, die Fortsetzung oder Aufhebung des Arbeitsverhältnisses, auf die gegenseitigen Leistungen aus demselben, auf die Erteilung oder den Inhalt der Arbeitsbücher oder Zeugnisse sich beziehen, sind, soweit für diese Angelegenheiten besondere Behörden bestehen, bei diesen zur Entscheidung zu bringen.

Insoweit solche besondere Behörden nicht bestehen, erfolgt die Entscheidung durch die Gemeindebehörde. Gegen diese Entscheidung steht die Berufung auf den Rechtsweg binnen zehn Tagen offen; die vorläufige Vollstreckung wird durch die Berufung nicht aufgehalten.

Durch Ortsstatut (§ 142) können an Stelle der gegenwärtig hierfür bestimmten Behörden Schiedsgerichte mit der Entscheidung betraut werden. Dieselben sind durch die Gemeindebehörde unter gleichmäßiger Zuziehung von Arbeitgebern und Arbeitern zu bilden."

Die Vorschrift des letzten Absatzes hat, wie die Motive zu dem hier erläuterten Gesetze hervorheben, „ihren Zweck, für die Streitigkeiten, welche im gewerblichen Verkehr aus dem Verhältnis zwischen Arbeitgebern und Arbeitern entspringen, eine in besonderem Maße des Vertrauens der Beteiligten versicherte und besonders schleunige Rechtspflege zu schaffen, nur in unvollkommener Weise erreicht. Nachdem längere Zeit hindurch die statutarische Errichtung von gewerblichen Schiedsgerichten sich nicht über einen sehr geringen Umfang hinaus erhoben hatte, ist zwar in neuerer Zeit ein bemerkenswerter Fortschritt in dieser Beziehung eingetreten; die wünschenswerte Ausdehnung hat die Einrichtung jedoch noch keineswegs erreicht, und gerade die in erhöhtem Maße sich geltendmachende Bereitwilligkeit der beteiligten Kreise die Einsetzung gewerblicher Genossengerichte zu fördern, hat das Unzureichende der geltenden gesetzlichen Bestimmungen deutlich hervortreten lassen. Der Mangel ist hauptsächlich darin zu erblicken, daß die Gewerbeordnung es sowohl an jeder näheren Ausführung des Prinzips über die Zusammensetzung der Schiedsgerichte, wie auch an allen Bestimmungen über die prozessualen Befugnisse der Gerichte, über das Verfahren vor denselben und über die Rechtswirkung ihrer Entscheidungen fehlen läßt. Die hieraus sich ergebende Unsicherheit hat einerseits die Ausbreitung der Institution erschwert und andererseits bei den ins Leben gerufenen Schiedsgerichten eine das Maß des Erwünschten übersteigende Verschiedenheit der Einrichtungen zur Folge gehabt. Auch die Wirksamkeit der Gerichte selbst ist aus diesem Grunde eine vielfach ungleichmäßige geblieben." Mot. S. 17.

Die Versuche einer Änderung dieses nicht befriedigenden Zustandes führten jedoch nicht alsbald zum Ziele.

Ein dem Reichstage unter dem 18. Juni 1873 vorgelegter Entwurf eines Gesetzes, betreffend die Abänderung einiger Bestimmungen der Gewerbeordnung (Drucks. 1873 Nr. 198), welcher den Zentralbehörden die Einrichtung von Gewerbegerichten gestattete, kam nicht vor das Plenum. Unter dem 10. Februar 1874 erfolgte die Vorlage eines neuen Entwurfes (Drucks. 1874 Nr. 21), welcher die ebenfalls durch die Zentralbehörden einzurichtenden Gewerbegerichte mit den für die Verhandlung und Entscheidung der geringfügigen Rechtsstreite zuständigen ordentlichen Gerichten erster Instanz verbinden und sie aus einem Mitgliede des betreffenden Gerichts und mindestens zwei Beisitzern zusammensetzen wollte. Zwar wurde dieser Entwurf nach Beratung im Plenum (StenBer. S. 114 bis 147) einer Kommission überwiesen, welche auch Bericht erstattete (Drucks. Nr. 90), jedoch gelangte derselbe nicht mehr zur Verhandlung im Plenum. Ebensowenig kam der unter dem 23. Februar 1878 dem Reichstage unterbreitete Entwurf eines Gesetzes, betreffend die Gewerbegerichte (Drucks. 1878 Nr. 41) zur Verabschiedung. Auch er wurde nach Verhandlung im Plenum (StenBer. S. 286 bis 320) einer Kommission überwiesen, über deren Bericht (Drucks. Nr. 110) der Reichstag in zweiter und dritter Lesung verhandelte (StenBer. a. a. O. S. 967 bis 1029, 1425, 1437 bis 1448, 1487 bis 1491). Die dritte Lesung jedoch wurde, nachdem der die Berufung der Mitglieder des Gerichts regelnde § 8 gänzlich abgelehnt worden war,[1]) abgebrochen.

[1]) Es handelte sich hierbei um die im Entwurfe geforderte Bestätigung des Vorsitzenden durch die höhere Verwaltungsbehörde.

In beschränktem Umfange wurde die Zuständigkeit für die Entscheidung gewerblicher Streitigkeiten neu geregelt durch das Gesetz, betreffend die Abänderung der Gewerbeordnung, vom 18. Juli 1881, RGBl. S. 233 (§§ 97 Abs. 2 Nr. 4, 97a Nr. 6, 98a Abs. 2 Nr. 2e, 98c, 100d, 100e Nr. 1 der Gewerbeordnung in der Fassung dieses Ges.), durch das Gesetz, betr. die Abänderung der Gewerbeordnung, vom 6. Juli 1887, RGBl. S. 281 (§§ 100f Abs. 1 Nr. 3, 100i Abs. 2 in der Fassung dieses Ges.) und durch das Gesetz, betreffend die Krankenversicherung der Arbeiter, vom 15. Juni 1883, RGBl. S. 73 (§§ 53, 65, 72, 73). Das Nähere hierüber s. in den Anm. zu §§ 4, 14 Abs. 3, 83, 84 des vorl. Gesetzes.

Am 24. März 1886 beschloß der Reichstag folgende Resolution:

„Den Herrn Reichskanzler zu ersuchen, dem Reichstag den Entwurf eines Gesetzes, betreffend die obligatorische Einführung von Gewerbegerichten, mit der Maßgabe baldtunlichst vorzulegen, daß die Beisitzer derselben zu gleichen Teilen von den Arbeitgebern und von den Arbeitern in getrennten Wahlkörpern und in unmittelbarer gleicher und geheimer Abstimmung gewählt werden."

(Drucks. Nr. 122, StenBer. S. 1623 bis 1633.)

Eine weitere Resolution, dahin lautend:

„Die verbündeten Regierungen zu ersuchen, dem Reichstag baldtunlichst den Entwurf eines Gesetzes, betreffend die Einführung von Gewerbegerichten, vorzulegen mit der Maßgabe, daß die Beisitzer derselben zu gleichen Teilen von den Arbeitgebern und von den Arbeitern in getrennten Wahlkörpern und in unmittelbarer gleicher und geheimer Abstimmung gewählt werden"

erging am 12. Januar 1889 (Drucks. Nr. 18, StenBer. S. 397 bis 419). In diesem Beschlusse fehlt die Forderung obligatorischer Einführung der Gewerbegerichte.

Dem wiederholten Verlangen des Reichstages kamen die verbündeten Regierungen durch die unter dem 6. Mai 1890 erfolgte Vorlegung des Entwurfes eines Gesetzes, betreffend die Gewerbegerichte (Drucks. Nr. 5), nach. Derselbe wurde nach erfolgter erster Lesung am 9. Mai 1890 (StenBer. S. 10 bis 28) einer aus 21 Mitgliedern bestehenden Kommission (VI.) überwiesen, welche unter dem Vorsitz des Abgeordneten Ackermann die Vorlage recht erheblichen Abänderungen unterzog. Über den vom Abgeordneten Dr. Bachem verfaßten Bericht der Kommission (Drucks. Nr. 51) beriet der Reichstag in zweiter Lesung am 14., 16., 17., 19. bis 21. und 23. Juni und in dritter Lesung am 27. Juni 1890

(StenBer. S. 323 bis 337, 340 bis 386, 417 bis 527, 618 bis 651). Die Schlußabstimmung erfolgte am 28. Juni 1890. Das Ergebnis war im wesentlichen die Annahme der Kommissionsvorschläge. Nachdem der Bundesrat den Beschlüssen des Reichstages zugestimmt hatte, wurde das „Gesetz, betreffend die Gewerbegerichte" am 29. Juli 1890 Allerhöchst vollzogen und in der am 5. August 1890 zu Berlin ausgegebenen Nr. 24 des Reichsgesetzblattes auf Seite 141 bis 162 verkündet.

Aus der allgemeinen Begründung des Entwurfes, welcher in den hier behandelten wesentlichen Punkten keine Abänderung erfahren hat, sei folgendes hervorgehoben.

„Dem ... Entwurf ist im allgemeinen die ... Vorlage vom Jahre 1878 unter tunlichster Berücksichtigung der zu derselben vom Reichstag auf Grund der Kommissionsberatung in zweiter Lesung gefaßten Beschlüsse zugrunde gelegt. Im einzelnen sind indes ... nicht unerhebliche Änderungen und Ergänzungen vorgenommen. Der Zweck des Entwurfs geht ebenso, wie derjenige der früheren Vorlage, nicht auf die Beseitigung, sondern nur auf die weitere Ausgestaltung und Entwicklung des im § 120a der Gewerbeordnung hinsichtlich der gewerblichen Schiedsgerichte aufgestellten Prinzips. Der Gedanke, in erster Linie den Gemeinden die Einsetzung der bezeichneten Gerichte zu überlassen und deren Eingliederung in den Gemeindeorganismus unter Berücksichtigung der örtlichen Einrichtungen und Bedürfnisse zu ermöglichen, hat sich, ungeachtet der bei der Ausführung aus den oben[1]) angegebenen Gründen hervorgetretenen Schwierigkeiten, im allgemeinen als ein berechtigter erwiesen. Es liegt keine Veranlassung vor, denselben aufzugeben. Insbesondere kann die größere Übereinstimmung, welche hinsichtlich der Einrichtung der Gewerbegerichte durch entsprechende gesetzliche Vorschriften anzustreben ist, den in der Gewerbeordnung für die Einsetzung der Gerichte vorgesehenen Weg nicht als ungeeignet erscheinen lassen; denn diese Übereinstimmung wird sich auf die wesentlichen Grundlagen der Organisation sowie auf solche Bestimmungen zu beschränken haben, welche, wie diejenigen über das Verfahren, die Rechte der Beteiligten unmittelbar berühren. Im übrigen dürfen bei einer Institution, deren ersprießliche Wirksamkeit nur bei genügender Berücksichtigung der örtlichen Verhältnisse sich erwarten läßt, Verschiedenheiten

[1]) S. 15 der Einleitung.

im einzelnen nicht ausgeschlossen werden. Auch in der Frage, ob für einen bestimmten Ort überhaupt ein Gewerbegericht eingesetzt werden soll, bleibt am geeignetsten die Initiative zunächst den Gemeinden überlassen, da diese der Regel nach am ersten in der Lage sein werden, zu beurteilen, ob nach den gewerblichen Verhältnissen ihres Bezirks das Bedürfnis und die Voraussetzungen für die Wirksamkeit eines solchen Sondergerichts vorhanden sind. Daß von diesem Standpunkt aus der Entwurf nicht zu einer obligatorischen Einführung der Gewerbegerichte für alle Teile des Reichsgebiets gelangen kann, ergibt sich von selbst. Für eine derartige Verallgemeinerung der Einrichtung fehlt es ebensosehr an einem Bedürfnis, wie an den Voraussetzungen praktischer Durchführbarkeit. Soweit sich unter besonderen Umständen ein Zwang zur Einsetzung von Gewerbegerichten gegenüber den beteiligten Gemeinden als notwendig erweisen kann, wird die Möglichkeit hierzu auf anderem Wege zu schaffen sein.

Abweichend von der Vorlage vom Jahre 1878 enthält ferner der vorliegende Entwurf im dritten Abschnitt eine Reihe von Bestimmungen, durch welche das Gewerbegericht berufen wird, unter gewissen Voraussetzungen als Einigungsamt tätig zu werden. Bei den in neuerer Zeit vorgekommenen Arbeiterausständen ist es mehrfach als ein schwerwiegender Übelstand empfunden worden, daß es auch bei vorhandener Geneigtheit zu Einigungsverhandlungen auf beiden Seiten zur wirklichen Einleitung solcher gar nicht oder nicht rechtzeitig gekommen ist, weil es an einem Organe fehlte, welches geeignet und berufen gewesen wäre, die Leitung solcher Verhandlungen und die Vermittlung zwischen den streitenden Parteien in die Hand zu nehmen. Es wird wenigstens der Versuch zu machen sein, durch Schaffung eines solchen Organes und durch einige Bestimmungen über das bei den Verhandlungen innezuhaltende Verfahren eine friedliche Erledigung der zwischen Arbeitgebern und Arbeitern über die billigen Bedingungen des Arbeitsvertrages entstehenden Meinungsverschiedenheiten zu erleichtern, und die für beide Teile mit schweren Opfern verbundenen Arbeitseinstellungen tunlichst zu vermeiden oder, wo sie entstanden sind, möglichst rasch zu beseitigen. Die Hoffnung, daß es den Gewerbegerichten gelingen wird, durch eine auf Sachkunde beruhende unparteiische Rechtsprechung das Vertrauen der Arbeitgeber und Arbeiter zu gewinnen, läßt es gerechtfertigt erscheinen, sie zu einer Tätigkeit zu berufen, deren Erfolg in erster Linie durch die Vertrautheit mit den Beziehungen zwischen Arbeitgebern und Arbeitern und durch das Vertrauen der Beteiligten bedingt ist.“ Mot. S. 18, 19.

In der Session 1898/99 wurden im Reichstage zwei Anträge — Agster und Genossen (Nr. 36 der Drucks.) und Trimborn, Dr. Hitze (Nr. 85 Ziffer 2 der Drucks.) — auf Änderung des Gewerbegerichtsgesetzes eingebracht und in der Sitzung vom 18. und 25. Januar 1899 in erster Lesung verhandelt. Während der erste Antrag abgelehnt wurde, wurde der zweite einer Kommission (VII) zur Vorbereitung überwiesen, welche einen vollständigen Gesetzentwurf zur Abänderung des Gesetzes ausarbeitete. Der von ihr erstattete Bericht — Nr. 286 der Drucksachen — kam nicht zur Verhandlung im Plenum. In der Session 1900/1 wurden wiederum von zwei Seiten Gesetzentwürfe zur Abänderung des Gewerbegerichtsgesetzes eingebracht, einer von den Abgg. Albrecht und Gen. (Nr. 74 der Drucks.) und einer von dem Abg. Trimborn (Nr. 45 der Drucks.). Der Reichstag verhandelte über beide Anträge in erster Lesung in der Sitzung vom 11. und 16. Januar 1901 (StenBer. S. 608 bis 628, 725 bis 743) und verwies beide an eine Kommission (XII). Über den von derselben erstatteten Bericht (Nr. 299 der Drucks.) wurde am 9. und 10. Mai 1901 in zweiter und am 13. Mai 1901 in dritter

Lesung verhandelt (StenBer. S. 2646 bis 2671, 2676 bis 2798, 2729 bis 2731). Nachdem der Bundesrat den Beschlüssen des Reichstags zugestimmt hatte, wurde das „Gesetz zur Abänderung des Gesetzes, betreffend die Gewerbegerichte, vom 29. Juli 1890“ am 30. Juni 1901 Allerhöchst vollzogen und in der am 2. Juli 1901 in Berlin ausgegebenen Nr. 29 des Reichsgesetzblattes auf S. 249 bis 256 verkündet. Nach Artikel 4 trat die Novelle am 1. Januar 1902 in Kraft. Nach Artikel 1 erhält das Gesetz die Überschrift „Gewerbegerichtsgesetz“. Auf Grund der in Artikel 3 Abs. 1 dem Reichskanzler erteilten Ermächtigung wurde der Text des „Gewerbegerichtsgesetzes“ in der vom 1. Januar 1902 an geltenden Fassung am 29. September 1901 in der am 8. Oktober in Berlin ausgegebenen Nr. 41 des Reichsgesetzblattes auf S. 353 bis 375 bekannt gemacht.

Die Grundzüge des Gesetzes, wie es durch die Novelle gestaltet ist, sind folgende:

Die Aufgabe der Gewerbegerichte ist eine dreifache:

1. Die Entscheidung von gewerblichen Streitigkeiten zwischen Arbeitern und ihren Arbeitgebern sowie zwischen Arbeitern desselben Arbeitgebers,

2. die Tätigkeit als Einigungsamt bei Streitigkeiten zwischen Arbeitgebern und Arbeitern über die Bedingungen der Fortsetzung oder Wiederaufnahme des Arbeitsverhältnisses,

3. die Abgabe von Gutachten, sowie Antragstellung in gewerblichen Fragen.

Der erste, von der Errichtung und Zusammensetzung des Gewerbegerichts handelnde Abschnitt überläßt die Einsetzung derartiger Gerichte der statutarischen Bestimmung der Gemeinden oder weiteren Kommunalverbände mit Genehmigung der höheren staatlichen Organe. In Gemeinden mit mehr als 20000 Einwohnern muß ein Gewerbegericht errichtet werden, erforderlichenfalls haben die Landeszentralbehörden die Errichtung anzuordnen. Auch sonst ist diesen die Möglichkeit gewährt, auf Antrag beteiligter Arbeitgeber oder Arbeiter dem Bedürfnisse nach Einführung eines Gewerbegerichts bei Säumnis der Gemeinde usw. selbständig gerecht zu werden. Der Kreis der den Gewerbegerichten zugewiesenen Streitigkeiten und unterworfenen Personen ist im wesentlichen — mit kleinen Erweiterungen — dem bisherigen Rechtszustande entsprechend abgegrenzt. Die Kosten der Einrichtung und Unterhaltung fallen, soweit sie nicht durch Gebühren, Kosten und Strafen Deckung finden, der Gemeinde usw. zur Last.

Das Gewerbegericht, dessen Zuständigkeit die der ordentlichen Gerichte ausschließt, besteht im einzelnen Falle aus einem Vorsitzenden und mindestens zwei Beisitzern. Den Vorsitzenden wählt der Magistrat, event. die Vertretung der Gemeinde usw.; seine Wahl bedarf staatlicher Bestätigung, Personen, welche für ihr Hauptamt bereits landesherrlich oder staatlich bestätigt oder ernannt sind, unterliegen für die Dauer dieses Hauptamts keiner weiteren Bestätigung. Die Beisitzer gehen je zur Hälfte aus direkter und geheimer Wahl der Arbeitgeber und Arbeiter hervor; Regelung nach den Grundsätzen der Verhältniswahl ist zulässig. Ebenso wie der Vorsitzende sollen sie das 30. Lebensjahr zurückgelegt und in dem der Wahl vorangegangenen Jahre für sich oder ihre Familie Armenunterstützung aus öffentlichen Mitteln nicht empfangen oder doch die empfangene Unterstützung erstattet haben; außerdem ist für die Beisitzer mindestens zweijährige Wohnung oder Beschäftigung im Bezirke des Gerichts vorgeschrieben. Vom aktiven und passiven Wahlrecht sind Personen, welche zum Amt eines Schöffen unfähig sind, damit also auch Frauen, ausgeschlossen; für das aktive Wahlrecht ist ferner ein Alter von 25 Jahren, sowie Wohnung oder Beschäftigung im Gerichtsbezirke erforderlich. Die Beisitzer, welche die Übernahme ihres Amtes nur aus bestimmten

Gründen ablehnen dürfen, erhalten Vergütung für Reisekosten und Zeitversäumnis. Ein Mitglied des Gewerbegerichts, welches seine Amtspflicht gröblich verletzt, kann im Wege des Strafprozesses seines Amtes entsetzt werden.

Der zweite Abschnitt regelt das Verfahren vor dem Gewerbegericht, und zwar im wesentlichen nach den für das amtsgerichtliche Verfahren geltenden Vorschriften, jedoch mit einzelnen erheblichen Abweichungen, welche auf Vereinfachung und Beschleunigung der Prozedur hinzielen. Insbesondere ist der Grundsatz durchgeführt, daß der Betrieb des Rechtsstreits nicht den Parteien, sondern den Gerichten obliegt und daher Ladungen und Zustellungen regelmäßig von Amts wegen erfolgen. Für letztere sind vereinfachte Formen zugelassen. Zuständig ist das Gewerbegericht, in dessen Bezirk die streitige Verpflichtung zu erfüllen ist oder die gewerbliche Niederlassung des Arbeitgebers sich befindet, oder beide Parteien ihren Wohnsitz haben. Der erste Termin kann ohne Zuziehung der Beisitzer abgehalten werden; beim Ausbleiben einer Partei ergeht dann auf Antrag ein Versäumnisurteil; erscheinen beide Parteien, so darf, wenn nicht ein Vergleich zustande kommt oder eine Zurücknahme der Klage, ein Verzicht auf den Klageanspruch oder ein Anerkenntnis desselben erfolgt, eine Entscheidung nur ergehen, wenn dieselbe sofort erfolgen kann und beide Parteien sie beantragen; anderenfalls ist die Verhandlung vor das vollbesetzte Gewerbegericht zu verweisen. Die Vertretung der Parteien durch Rechtsanwälte und Personen, welche das Verhandeln vor Gericht geschäftsmäßig betreiben, ist unzulässig. Dem Gewerbegericht steht die Befugnis zur Abnahme von Parteieiden sowie zur eidlichen Vernehmung von Zeugen und Sachverständigen zu. Der Vorsitzende kann das persönliche Erscheinen der Parteien zur Vermeidung von Geldstrafe bis zu 100 Mark anordnen.

Gegen Versäumnisurteile ist binnen dreitägiger Frist der Einspruch zugelassen. Endurteile unterliegen nur dann der Anfechtung, wenn der Wert des Streitgegenstandes den Betrag von 100 Mark übersteigt; die Anfechtung erfolgt durch Berufung an das Landgericht, in dessen Bezirk das Gewerbegericht seinen Sitz hat. Dasselbe Gericht ist zur Entscheidung von Beschwerden gegen Entscheidungen des Gewerbegerichts, abgesehen von Endurteilen, berufen; die Zulässigkeit der Beschwerde bestimmt sich, ohne Rücksicht auf die Höhe des Streitgegenstandes, im allgemeinen nach den Vorschriften der Zivilprozeßordnung. Außerdem kann ein durch rechtskräftiges Endurteil des Gewerbegerichts geschlossenes Verfahren, ebenso wie ein amtsgerichtliches Urteil, durch die Nichtigkeits- und Restitutionsklage wieder aufgenommen werden. Doch ist das Vorhandensein von Mängeln des Wahlverfahrens oder von die Wählbarkeit eines Beisitzers ausschließenden Gründen außer Unfähigkeit zum Schöffenamt kein Anfechtungsgrund.

Die der Berufung oder dem Einspruch unterliegenden Endurteile sind von Amts wegen für vorläufig vollstreckbar zu erklären, wenn der Gegenstand der Verurteilung an Geld oder Geldeswert 300 Mark nicht übersteigt, sowie stets, wenn sie den Antritt, die Fortsetzung oder Aufhebung des Arbeitsverhältnisses, die Aushändigung oder den Inhalt des Arbeitsbuches oder Zeugnisses betreffen. Die Vollstreckung der Endurteile und Vergleiche erfolgt in derselben Weise wie die der gerichtlichen Entscheidungen, und ebenso finden die Vorschriften der ZPO. über Arreste und einstweilige Verfügungen Anwendung. Das Gewerbegericht tritt hierbei nur insoweit in Tätigkeit, als die ZPO. dem Prozeßgerichte gewisse Funktionen zuweist; als Vollstreckungsgericht im Sinne des § 764 ZPO. ist das Amtsgericht zuständig. Als Vollstreckungsorgane dienen die von den Parteien zu beauftragenden Gerichtsvollzieher.

Für die Verhandlung des Rechtsstreits vor dem Gewerbegerichte wird regelmäßig eine nach dem

Werte des Streitgegenstandes abgestufte Gebühr erhoben; daneben kommen bare Auslagen in Ansatz, jedoch nicht für Zustellungen und Schreibgebühren. Durch das Statut kann aber vorgeschrieben werden, daß geringere oder gar keine Kosten erhoben werden.

Nach dem dritten Abschnitt tritt das Gewerbegericht als Einigungsamt in Tätigkeit, wenn es bei Streitigkeiten, welche zwischen Arbeitgebern und Arbeitern über die Bedingungen der Fortsetzung oder Wiederaufnahme des Arbeitsverhältnisses entstehen, von beiden Teilen angerufen wird. Der Vorsitzende soll bei solchen Streitigkeiten auf die Anrufung hinwirken. Er kann, wenn das Einigungsamt auch nur von einer Seite angerufen ist, zur Einleitung der Verhandlungen oder in deren Verlauf beteiligte Personen unter Androhung von Geldstrafe bis zu 100 Mark vorladen. Das Einigungsamt besteht aus dem Vorsitzenden und Vertrauensmännern beider Parteien in gleicher Zahl. Die Vertretung der Parteien durch eine beschränkte Zahl von Abgesandten ist näher geregelt. Richterliche Befugnisse in dem Sinne, daß die Entscheidung zwangsweise vollstreckt werden kann, stehen dem Einigungsamt nicht zu; es hat vielmehr zunächst auf eine Vereinbarung der streitenden Teile hinzuwirken, und falls eine solche zustande kommt, dieselbe zu veröffentlichen. Anderenfalls soll es über alle streitigen Fragen einen Schiedsspruch abgeben, der den Vertretern der Parteien zur Erklärung mitzuteilen ist; die Nichtabgabe einer Erklärung innerhalb der bestimmten Frist gilt als Ablehnung der Unterwerfung. Wenn bei der Abstimmung über den Schiedsspruch die Stimmen der Beisitzer und der Vertrauensmänner beider Parteien sich durchweg gegenüberstehen, so kann der Vorsitzende, statt seine Stimme abzugeben, sich auf die Feststellung beschränken, daß ein Schiedsspruch nicht zustande gekommen ist. Das Resultat der Verhandlungen ist stets öffentlich bekannt zu machen.

Der vierte Abschnitt (Gutachten und Anträge der Gewerbegerichte) verpflichtet das Gewerbegericht, auf Ersuchen von Staatsbehörden oder des Vorstandes des betr. Kommunalverbandes Gutachten über gewerbliche Fragen zu erstatten, und berechtigt es, in solchen gewerblichen Fragen Anträge an Behörden, Vertretungen von Kommunalverbänden und gesetzgebende Körperschaften zu richten.

Der fünfte Abschnitt (Verfahren vor dem Gemeindevorsteher) trifft Fürsorge für den Fall, daß ein Gewerbegericht nicht vorhanden ist. Während nach § 108 der Gewerbeordnung (§ 120a der Novelle vom 17. Juli 1878) beim Mangel einer anderen zuständigen Stelle die Entscheidung der Gemeindebehörde angerufen werden mußte, können jetzt die Parteien, denen ein zuständiges Gewerbegericht nicht zur Verfügung steht, direkt das ordentliche Gericht anrufen; es kann aber auch, jedoch nur, soweit es sich um den Antritt, die Fortsetzung oder die Auflösung des Arbeitsverhältnisses, die Aushändigung oder den Inhalt des Arbeitsbuches oder Zeugnisses, sowie um die Berechnung und Anrechnung der Krankenversicherungsbeiträge und Eintrittsgelder handelt, die vorläufige Entscheidung des Gemeindevorstehers nachgesucht werden, welche zu erlassen ist, nachdem den Parteien Gelegenheit gegeben worden ist, ihre Ausführungen und Beweismittel in einem Termine vorzubringen, und in Rechtskraft übergeht, falls nicht binnen 10 Tagen von der Verkündung, bei Abwesenheit einer Partei für diese von der Behändigung ab gerechnet, die Klage beim ordentlichen Gericht erhoben wird. Die Entscheidung ist regelmäßig für vorläufig vollstreckbar zu erklären und wird, ebenso wie die der vor dem Gemeindevorsteher abgeschlossenen Vergleiche, auf Antrag der Partei und Ersuchen des Gemeindevorstehers durch die Ortspolizeibehörde zur Ausführung gebracht.

In den Schlußbestimmungen (sechster Abschnitt) sind insbesondere einige den eigentümlichen

Verhältnissen des Bergbaues Rechnung tragende Sondervorschriften über die für derartige Betriebe errichteten Gewerbegerichte gegeben, sowie ferner die Betriebe der Militär- und Marineverwaltung und die Gehilfen und Lehrlinge in Apotheken und Handelsgeschäften von den Bestimmungen des Gesetzes ausgeschlossen; außerdem ist das Recht der Innungen zur Einrichtung besonderer Schiedsgerichte, sowie zur Entscheidung von Lehrlingsstreitigkeiten, auch beim Vorhandensein eines Gewerbegerichts, gesichert. Neben den auf Grund des Reichsgesetzes errichteten Gewerbegerichten sind die auf Grund der Landesgesetze vor dem 1. April 1891 errichteten, zur Entscheidung von Gewerbestreitigkeiten berufenen besonderen Behörden (z. B. die rheinischen Gewerbegerichte) bestehen geblieben, soweit ihre Zusammensetzung bis zum 1. April 1892 dahin geregelt war, daß ihre Beisitzer zur Hälfte aus Arbeitgebern, zur Hälfte aus Arbeitnehmern, die durch unmittelbare und geheime Wahl berufen sind, bestehen. Die auf Grund des § 108 der Gewerbeordnung vom 21. Juni 1869, § 120a Abs. 3 der Novelle vom 17. Juli 1878 errichteten Schiedsgerichte mußten bis zum 1. Juni 1891 nach den Vorschriften des Gewerbegerichtsgesetzes umgestaltet sein.

Das Gesetz ist am 1. April 1891, die Novelle am 1. Januar 1902 in Kraft getreten.

§ 81 des Gesetzes schließt die Anwendung seiner Bestimmungen auf Gehilfen und Lehrlinge in Apotheken und Handelsgeschäften aus. Zugunsten des schon bei der Beratung des Gesetzes angeregten Gedankens, auch für die Handlungsgehilfen ähnliche Einrichtungen wie für die gewerblichen Arbeiter zu schaffen, riefen die Organisationen der Handlungsgehilfen eine lebhafte Bewegung hervor. Bei der dritten Beratung des Entwurfs zum neuen Handelsgesetzbuch beschloß der Reichstag am 7. April 1897:

„Die verbündeten Regierungen zu ersuchen, baldtunlichst die Vorlegung eines Gesetzentwurfs zu veranlassen, wonach zur Entscheidung von Streitigkeiten zwischen Prinzipalen einerseits und Handlungsgehilfen und Lehrlingen andererseits kaufmännische Schiedsgerichte errichtet werden."

Anträge mit gleichem Ziel kehrten fast in jeder Session wieder. Ein vom Reichsjustizamt ausgearbeiteter Entwurf (Drucks. Nr. 143) wurde am 20. und 21. Januar 1904 im Plenum beraten (StenBer. 392ff.) und nach Beratung in einer Kommission (Drucks. Nr. 340) am 8. bis 10. Juni 1904 in zweiter und am 16. Juni 1904 in dritter Lesung beraten (StenBer. 3009ff., 3045ff., 3064ff., 3227ff.). Das „Reichsgesetz, betreffend Kaufmannsgerichte" wurde nach Zustimmung des Bundesrats am 6. Juli 1904 von Sr. Majestät dem Kaiser vollzogen und am 14. Juli 1904 im Reichsgesetzblatt veröffentlicht (RGBl. Nr. 30 S. 266ff..).

Von einer Anlehnung der Kaufmannsgerichte an die Amtsgerichte wurde ebenso abgesehen wie von einer Unterstellung der Handlungsgehilfem unter die Gewerbegerichte. Es ist vielmehr die Errichtung besonderer Kaufmannsgerichte nach Art der Gewerbegerichte mit Beisitzern aus dem Stande der Kaufleute und der Handlungsgehilfen, welche nach den Grundsätzen der Verhältniswahl zu wählen sind (§ 12 Abs. 2), durch die Gemeinden und weiteren Kommunalverbände vorgesehen; Gemeinden mit mehr als 20000 Einwohnern müssen ein Kaufmannsgericht errichten. Die Anlehnung an die bestehende Gewerberichtsorganisation wird dadurch erstrebt, daß die Kaufmannsgerichte durch die Person der Vorsitzenden und die für den Geschäftsgang erforderlichen Einrichtungen tunlichst mit den Gewerbegerichten in Verbindung gebracht werden sollen (§ 9 Abs. 3). Das Gewerbegerichtsverfahren ist auf die Kaufmannsgerichte übertragen worden; nur ist die Streitsumme, bei deren Überschreitung Berufung zulässig ist, von 100 Mark auf 300 Mark erhöht (§ 16 Abs. 1). Besondere Vorschriften sind für den Fall gegeben, daß eine vor dem Kaufmannsgerichte erhobene Klage zur Zuständigkeit des Gewerbegerichts gehört und umgekehrt. Das unzuständige Gericht soll den Rechtsstreit durch der Anfechtung entzogenen Beschluß an das zuständige Gericht verweisen können.

Die Vorschrift des § 11 ZPO. über die bindende Kraft der rechtskräftigen Entscheidung, durch welche ein Gericht sich für sachlich unzuständig erklärt, soll auch im Verhältnis der Kaufmannsgerichte und der Gewerbegerichte Anwendung finden (§ 16 Abs. 2 und 3).

Das Reichsgesetz, betreffend Kaufmannsgerichte ist am 1. Januar 1905 in Kraft getreten.

(Nr. 2780.)

Gesetz zur

Abänderung des Gesetzes, betreffend die Gewerbegerichte, vom 29. Juli 1890.

Vom 30. Juni 1901.

(RGBl. 1901 Nr. 29 S. 249—256.)

Wir **Wilhelm**, von Gottes Gnaden Deutscher Kaiser, König von Preußen rc.

verordnen im Namen des Reichs, nach erfolgter Zustimmung des Bundesraths und des Reichstags, was folgt:

Artikel 1.

Das Gesetz, betreffend die Gewerbegerichte, vom 29. Juli 1890 (Reichs-Gesetzbl. S. 141) erhält die Ueberschrift:

Gewerbegerichtsgesetz

und wird geändert, wie folgt:[1])

---

[1]) Die einzelnen abändernden Bestimmungen sind fortgelassen.

Artikel 2.

Rechtsstreitigkeiten, die vor dem Inkrafttreten dieses Gesetzes anhängig geworden sind, werden nach den bisherigen Vorschriften erledigt.

Artikel 3.

Der Reichskanzler wird ermächtigt, den Text des Gewerbegerichtsgesetzes, wie er sich aus den im Artikel 1 vorgesehenen Aenderungen ergiebt, unter fortlaufender Nummernfolge der Paragraphen und unter Weglassung des §. 81 durch das Reichs-Gesetzblatt bekannt zu machen. Hierbei sind den Verweisungen auf die Vorschriften der Civilprozeßordnung und der Gewerbeordnung diese Gesetze in ihrer gegenwärtigen Fassung zu Grunde zu legen.

Soweit in anderen Gesetzen auf Vorschriften des Gesetzes, betreffend die Gewerbegerichte, vom 29. Juli 1890 verwiesen ist, treten die entsprechenden Vorschriften des vom Reichskanzler bekannt gemachten Textes an ihre Stelle.

Zu Abs. 2. So z. B. in § 81a und § 81b GO. (Zuständigkeit der Innungen und Innungsschiedsgerichte zur Entscheidung von Streitigkeiten der in § 3 des Gewerbegerichtsgesetzes vom 29. Juli 1890, jetzt § 4 bezeichneten Art., vgl. Anm. 1 zu § 84) und in § 1 des preuß. Gesetzes, betr. die Königl. Gewerbegerichte in der Rheinprovinz, vom 11. Juli 1891, vgl. HMBl. 02 S. 46.

Artikel 4.

Die Vorschriften der Artikel 1 und 2 treten am 1. Januar 1902 in Kraft.

Urkundlich unter Unserer Höchsteigenhändigen Unterschrift und beigedrucktem Kaiserlichen Insiegel.

Gegeben an Bord Meiner Yacht „Hohenzollern", Travemünde, den 30. Juni 1901.

Wilhelm.

(L. S.)

Graf von Bülow.

(Nr. 2801.)

Gewerbegerichtsgesetz.

Vom 29. Juli 1890 / 30. Juni 1901
in der Fassung der Bekanntmachung vom 29. September 1901.
(RGBl. 1901 Nr. 41 S. 353—375.)

Erster Abschnitt.

Errichtung und Zusammensetzung der Gewerbegerichte.

§. 1.

1. Für die Entscheidung von gewerblichen Streitigkeiten zwischen Arbeitern einerseits und ihren Arbeitgebern andererseits sowie zwischen Arbeitern desselben Arbeitgebers können Gewerbegerichte errichtet werden.

2. Die Errichtung erfolgt für den Bezirk einer Gemeinde durch Ortsstatut nach Maßgabe des §. 142 der Gewerbeordnung. Die Entscheidung der höheren Verwaltungsbehörde über die Genehmigung des Statuts ist binnen sechs Monaten zu ertheilen. Die Entscheidung, durch welche die Genehmigung versagt wird, muß mit Gründen versehen sein.

Mehrere Gemeinden können sich durch über- 3.
einstimmende Ortsstatuten zur Errichtung eines gemeinsamen Gewerbegerichts für ihre Bezirke vereinigen. Für die Genehmigung der übereinstimmenden Ortsstatute ist die höhere Verwaltungsbehörde zuständig, in deren Bezirke das Gewerbegericht seinen Sitz haben soll.

Imgleichen kann ein Gewerbegericht für den 4.
Bezirk eines weiteren Kommunalverbandes errichtet werden. Die Errichtung erfolgt in diesem Falle nach Maßgabe der Vorschriften, nach welchen Angelegenheiten des Verbandes statutarisch geregelt werden. Die Zuständigkeit eines solchen Gerichts ist ausgeschlossen, soweit die Zuständigkeit eines für eine oder mehrere Gemeinden des Bezirkes bestehenden oder später errichteten Gewerbegerichts begründet ist.

Die Errichtung kann auf Antrag betheiligter 5.
Arbeitgeber oder Arbeiter durch Anordnung der Landes-Zentralbehörde erfolgen, wenn ungeachtet einer von ihr an die betheiligten Gemeinden oder den weiteren Kommunalverband ergangenen Aufforderung innerhalb der gesetzten Frist die Errichtung auf dem im Abs. 2 bis 4 vorgesehenen Wege nicht erfolgt ist. Alle Bestimmungen, welche dieses Gesetz dem Statute vorbehält, erfolgen in diesem Falle durch die Anordnung der Landes-Zentralbehörde.

6. Vor der Errichtung sind sowohl Arbeitgeber als Arbeiter der hauptsächlichen Gewerbezweige und Fabrikbetriebe in entsprechender Anzahl zu hören.

1. Zu Abs. 1. „Gewerbliche Streitigkeit.“ Es muß ein gewerbliches Arbeitsverhältnis den Anlaß zur Streitigkeit gegeben haben, vgl. § 3. Wenn ein Gewerbeunternehmer außerhalb seines Gewerbebetriebes einen Arbeiter beschäftigt, so ist die daraus entstehende Streitigkeit keine gewerbliche (v. Schulz § 1 Anm. 1).

Wenn ein gewerblicher Arbeiter für seine Rechnung einen anderen Arbeiter annimmt (z. B. der Ziegelmeister, dem der Brand im ganzen verdungen ist, die Ziegelarbeiter, die Putzerkolonne den Putzerträger), so liegt ein gewerbliches Arbeitsverhältnis vor. In der Regel wird der Annehmende nur Vertreter des Gewerbetreibenden sein; aber auch wenn dieses nicht der Fall ist, findet auf das Arbeitsverhältnis der Mittelsperson zu dem Arbeiter der VII. Titel der GO. (vgl. § 3) wenigstens teilweise in den §§ 115—118 Anwendung (§ 119 das.), GG. VIII Sp. 204, AM. Landgericht Hagen, GG. VIII Sp. 83, Bewer in der Soz. Pr. XIV Sp. 347. Jedenfalls sind aber beide „Arbeiter desselben Arbeitgebers“. Denn daß unmittelbare zivilrechtliche Ansprüche nur zwischen dem Gewerbetreibenden und der Mittelsperson einerseits, zwischen der Mittelsperson und dem Arbeiter andererseits entstehen, beeinflußt nicht die öffentlichrechtliche Stellung des ersteren als Arbeitgeber des Dritten.

2. Zu Abs. 1. „Zwischen Arbeitern und ihren Arbeitgebern.“ D r i t t e Personen können daher nur als Bevollmächtigte oder gesetzliche Vertreter (Väter, Ehegatten, Vormünder) des Arbeiters oder Arbeitgebers die Rolle der Hauptpartei übernehmen; dagegen gehören Ansprüche, welche von oder gegenüber Dritten aus eigenem Recht oder eigener Verpflichtung derselben erhoben werden, nicht vor die Gewerbegerichte, mögen diese Ansprüche auch

mittelbar ihren Grund in einem Arbeitsverhältnisse, welches unter das Gesetz fällt, haben. Ausgeschlossen sind hiernach z. B. Klagen des Lehrherrn gegen den Vater des Lehrlings wegen einer mit dem Vater vereinbarten Vertragsstrafe oder aus § 127g Abs. 2 GO. (GG. VII Sp. 28), Klagen des früheren Arbeitgebers gegen einen neuen Arbeitgeber (§§ 125, 133 GO.), vgl. Otto S. 25 ff. Unger Nr. 191. Da § 1 voraussetzt, daß nicht nur objektiv eine gewerbliche Streitigkeit vorliegt, sondern diese auch zwischen dem Arbeiter und seinem Arbeitgeber bezw. unter Mitarbeitern zum Austrag kommt, so schließt auch eingetretene Rechtsnachfolge (Abtretung vgl. Unger Nr. 192, Pfändung und Überweisung Bl. f. soz. Pr. Nr. 75 S. 199, Erbfolge Bl. f. soz. Pr. Nr. 59 S. 59, RGr. Bd. 51 S. 193, GG. IX 242) die Zuständigkeit des GG. aus, sofern infolgedessen die maßgebende Parteieigenschaft als Arbeiter bzw. Arbeitgeber bzw. Mitarbeiter desselben Arbeitgebers fortgefallen ist (vgl. Otto S. 31, AM. Wilhelmi u. Bewer Anm. 5 zu § 4, GG. II 48, IX 283). Wenn aber die Abtretung nur zum Schein erfolgt, während tatsächlich nur ein Auftrag zur Einziehung vorliegt, bleibt das GG. zuständig (GG. IX Sp. 172).

Der Konkursverwalter ist bei Verwaltung der Masse nicht als Vertreter des Gemeinschuldners anzusehen, sondern tritt in Ausübung eines ihm gesetzlich übertragenen selbständigen Amtes in Tätigkeit (RGr. Bd. 29 S. 29, 35 S. 31). Für Klagen aus Lohn- und Schadensersatzforderungen auf Grund des vom Gemeinschuldner abgeschlossenen Vertrages ist daher das GG. nicht zuständig (RGr. Bd. 55 S. 266). Anders wenn der Konkursverwalter in den Vertrag eingetreten und damit Arbeitgeber geworden ist, bezüglich der nach dem Eintritt entstehenden Ansprüche (vgl. dagegen Unger Nr. 193, v. Schulz Anm. 14 zu § 1, GG. IV Sp. 33, IX Sp. 223, 241).

Auch die Vorschriften der ZPO. über die Streitgenossenschaft (§§ 59—63), sowie über die Beteiligung Dritter am Rechtsstreite (Hauptintervention, Nebenintervention, Streitverkündung usw., §§ 64—77) können nur insoweit zur Anwendung kommen, als der Dritte zu den der Zuständigkeit des Gewerbegerichts unterworfenen Personen und auch der Streit zwischen ihm und seinen Gegnern gemäß §§ 4, 5 zur Zuständigkeit des Gewerbegerichts gehört.

3. Zu Abs. 2. § 142 GO. bestimmt:

„Statutarische Bestimmungen einer Gemeinde oder eines weiteren Kommunalverbandes können die ihnen durch das Gesetz überwiesenen gewerblichen Gegenstände mit verbindlicher Kraft ordnen. Dieselben werden nach Anhörung beteiligter Gewerbetreibender und Arbeiter abgefaßt, bedürfen der Genehmigung der höheren Verwaltungsbehörde und sind in der für Bekanntmachungen der Gemeinde oder des weiteren Kommunalverbandes vorgeschriebenen oder üblichen Form zu veröffentlichen.

Die Zentralbehörde ist befugt, statutarische Bestimmungen, welche mit den Gesetzen oder den statutarischen Bestimmungen des weiteren Kommunalverbandes in Widerspruch stehen, außer Kraft zu setzen."

Die Beschlußfassung über die Statuten steht in Preußen für Stadtgemeinden dem Gemeindevorstande und der Stadtverordnetenversammlung (Bürgerschaftskollegium usw.) gemeinsam, für Landgemeinden der Gemeindeversammlung, bzw. den die Befugnisse einer solchen wahrnehmenden anderen Gemeindevertretungskörpern (s. z. B. §§ 49 ff. der Preußischen Landgemeindeordnung für die sieben östlichen Provinzen vom 3. Juli 1891) zu.

„Höhere Verwaltungsbehörde" für Genehmigung der Ortsstatuten der Gemeinden (Abs. 2 und 3) ist der Bezirksausschuß, für Berlin der Oberpräsident. S. Anm. 3 zu § 88.

Die Genehmigung darf auch aus Zweckmäßigkeitsgründen versagt werden, nicht nur (wie in der 2. Lesung [StenBer. S. 340] beschlossen war), wenn das Statut den Vorschriften eines Gesetzes widerspricht. Gegen die Versagung ist reichsgesetzlich ein bestimmtes Rechtsmittel nicht vorgeschrieben; mangels ergänzender landesgesetzlicher Vorschriften ist daher nur die Beschwerde an die der höheren Verwaltungsbehörde vorgesetzten Stellen nach Landesrecht gegeben; das gleiche gilt, wenn die im Satz 2 festgesetzte Frist überschritten wird oder die nach Satz 3 erforderliche Mitteilung von Gründen fehlt. Für Preußen vgl. über Beschwerden gegen Beschlüsse des Bezirksausschusses § 121 d. Ges. über die allgemeine Landesverwaltung v. 30. Juli 1883. Das beschlossene und genehmigte Ortsstatut kann — abgesehen von dem Falle des § 143 Abs. 2 GO. — nur auf dem Wege abgeändert oder aufgehoben werden, auf welchem es zustande gekommen ist.

3. Zu Abs. 3 und 4:

„Da ein . . . Statut zunächst nur für eine Gemeinde beschlossen werden kann, so ist in dem Falle, daß mehrere Gemeinden sich zur Errichtung eines gemeinsamen Gewerbegerichts vereinigen wollen, für die Beschlußfassung im allgemeinen nur der Weg gegeben, daß die Behörden der beteiligten Gemeinden sich über den Inhalt des Ortsstatuts verständigen und daß demnächst jede Gemeinde für sich dieses Ortsstatut zum Beschlusse erhebt. Eine Ausnahme hiervon tritt jedoch dann ein, wenn die mehreren Gemeinden im Bezirke eines und desselben weiteren Kommunalverbandes liegen und für diesen ganzen Bezirk das Bedürfnis der Errichtung eines Gewerbegerichts besteht. Es steht nichts entgegen, die Einsetzung eines Gewerbegerichts unter solchen Voraussetzungen, statt auf dem durch die Gewerbeordnung gegebenen Wege einer mehrfachen, gleichzeitigen Beschlußfassung über ein und dasselbe Ortsstatut, in dem durch das Landesgesetz gebotenen einfacheren Verfahren, nach welchem Angelegenheiten des

Kommunalverbandes statutarisch geregelt werden, vollziehen zu lassen." Mot. S. 19. Es würde dabei die örtliche Zuständigkeit nötigenfalls gemäß § 7 auf bestimmte Teile des Bezirks zu beschränken sein.

Satz 2 des Abs. 3 soll verhüten, daß für die Genehmigung eines gemeinsamen Ortsstatuts mehrerer Gemeinden verschiedene höhere Verwaltungsbehörden in Betracht kommen. StenBer. S. 620.

Bezirke, welche nicht zu einer Gemeinde gehören (selbständige Gutsbezirke und Gemarkungen), können, da das Gesetz sie nicht, wie § 83 KVG., den Gemeinden gleichstellt und auch § 88 keine diesbezügliche Vollmacht für die Landes-Zentralbehörden enthält, ein Gewerbegericht für sich nicht einführen; einem etwaigen Bedürfnis kann hier nur gemäß Abs. 4 durch den weiteren Kommunalverband abgeholfen werden. S. Mot. S. 20.

4. Zu Abs. 4:

„Weitere Kommunalverbände" sind in Preußen die Provinzialverbände, die kommunalständischen Verbände der Regierungsbezirke Kassel und Wiesbaden, die Kreisverbände, in den Hohenzollernschen Landen der Landeskommunalverband und die Oberamtsbezirksverbände, ferner die Landbürgermeistereien in der Rheinprovinz und die Ämter in der Provinz Westfalen. Provinzialstatuten werden durch den Provinziallandtag, Statuten der kommunalständischen Verbände Kassel und Wiesbaden durch den Kommunallandtag, Kreisstatuten durch den Kreistag, Statuten des Hohenzollernschen Kommunalverbandes durch den Kommunallandtag, Statuten der dortigen Oberamtsbezirke durch die Amtsversammlung, Statuten der rheinischen Landbürgermeistereien durch die Bürgermeistereiversammlung, solche der westfälischen Ämter durch die Amtsversammlung beschlossen. Diese Statuten, mit Ausnahme der letzten und vorletzten Gattung, bedürfen Königlicher Genehmigung (vgl. §§ 35,

119 Nr. 1 der Provinzialordnung vom $\frac{\text{29. Juni 1875}}{\text{22. März 1881}}$, für Kassel und Wiesbaden §§ 32, 92 Nr. 1 der Provinzialordnung für Hessen-Nassau v. 8. Juni 1885, §§ 116 Nr. 1, 176 Nr. 1 der Kreisordnung v. $\frac{\text{13. Dezember 1872}}{\text{19. März 1881}}$, §§ 26 Nr. 1, 54, 61 Nr. 1, 80 der Hohenzollernschen Amts- und Landesordnung v. 2. April 1873); die Statuten der rheinischen Landbürgermeistereien und der westfälischen Ämter bedürfen der Genehmigung des Kreisausschusses (§ 31 des Gesetzes über die Zuständigkeit der Verwaltungs- und Verwaltungsgerichtsbehörden vom 1. August 1883). Nicht ausgeschlossen ist die Errichtung eines Gewerbegerichts für die Bezirke mehrerer weiterer Kommunalverbände oder gemeinsam für eine Gemeinde und einen weiteren Kommunalverband. (Wilhelmi u. Bewer S. 28.)

5. Zu Abs. 5:

In Gemeinden mit mehr als 20000 Einwohnern muß ein Gewerbegericht errichtet werden (§ 2).

Die „Errichtung" schließt als das weitergehende auch die Ausdehnung eines mit beschränkter sachlicher oder örtlicher Zuständigkeit errichteten Gewerbegerichts (§ 7 Abs. 1) auf weitere oder alle Arten von Gewerbebetrieben oder den ganzen Gemeindebezirk ein.

„Landes-Zentralbehörde" s. Anm. 1 zu § 88.

Der zweite Satz des Abs. 5 erleidet eine Ausnahme durch § 58 Abs. 6 (vgl. Anm. hierzu). Im Falle des § 82 kann die Landes-Zentralbehörde ohne Antrag usw. ein Gewerbegericht errichten.

5. Zu Abs. 6:

„Da für die Frage der Einsetzung eines Gewerbegerichts das in den Kreisen der Beteiligten selbst hervortretende Bedürfnis stets in erster Linie entscheidend sein muß, so sollen vor der Einsetzung Arbeitgeber und

Arbeiter der hauptsächlichsten Gewerbezweige und Fabrikbetriebe in entsprechender Zahl gehört werden. Die Bestimmung bezieht sich auf die sämtlichen im Abs. 2 bis 4 (jetzt 2 bis 5) bezeichneten Fälle der Errichtung." Mot. S. 20. Vgl. § 142 GO. Über welche Punkte die Beteiligten zu hören sind, bestimmt das Gesetz nicht; hier entscheidet das Ermessen der lokalen Behörden. Komm.-Ber. S. 4. Ebensowenig sind nähere Vorschriften über die Art der Anhörung gegeben; dieselbe kann schriftlich oder mündlich erfolgen. Es genügt auch, wenn allen Beteiligten oder einer entsprechenden Zahl Gelegenheit zur Abgabe von Äußerungen gegeben wird, z. B. durch öffentliche Bekanntmachung mit der Aufforderung zur Einreichung von Äußerungen.

6. Die Gewerbegerichte sind staatliche Gerichte; sie wirken bei der Ausübung der der Staatsgewalt zukommenden Gerichtshoheit mit und sprechen daher in Preußen „im Namen des Königs" Recht (Art. 86 der Verfassungsurkunde v. 31. Januar 1850); dagegen dürfen sie mit Rücksicht auf ihre enge Verbindung mit den Kommunalverbänden nicht als „Königliche Gewerbegerichte" bezeichnet werden. Erlaß des Justizministers v. 31. Oktober 1892 (B. 8248 M. f. H., I. 5132 Just. M.), StenBer. S. 423. Wegen der rheinischen Gewerbegerichte s. § 85.

Die Gewerbegerichte führen in Preußen als Dienstsiegel den Preußischen Adler und als Umschrift den Namen des betr. Gewerbegerichts. Erlaß der Minister für Handel und Gewerbe und des Innern v. 1. August 1891 (MBl. d. i. V. S. 134).

Wegen der Dienstaufsicht s. Anm. 5 zu § 55.

§. 2.

Für Gemeinden, welche nach der jeweilig letzten Volkszählung mehr als zwanzigtausend Einwohner haben, muß ein Gewerbegericht errichtet werden.

Die Landes-Zentralbehörde hat erforderlichen Falles die Errichtung nach Maßgabe der Vorschriften des §. 1 Abs. 5 anzuordnen, ohne daß es eines Antrags betheiligter Arbeitgeber oder Arbeiter bedarf.

Durch die Novelle ist unter Aufgabe des in den Motiven (Einl. S. 19, KommBer. S. 2, StenBer. 1890 S. 323—336) eingenommenen Standpunkts die Errichtung von Gewerbegerichten in Gemeinden mit mehr als 20000 Einwohnern obligatorisch vorgeschrieben. Über die Gründe s. KommBer. VII S. 6, XII S. 2, 3. Die Landes-Zentralbehörde — vgl. Anm. 4 zu § 1 — muß zunächst die Gemeinde auffordern, innerhalb bestimmter Frist ein Gewerbegericht zu errichten. Ist bis zum Ablaufe der Frist die Errichtung nicht erfolgt, so hat die Landes-Zentralbehörde das Statut festzusetzen.

F ü r Gemeinden, nicht i n Gemeinden; die Gemeinde braucht nicht ein eigenes Gewerbegericht zu errichten, es genügt, daß ein gemeinsames Gewerbegericht (§ 1 Abs. 3) oder ein Gewerbegericht eines weiteren Kommunalverbandes (§ 1 Abs. 4) besteht, welches den Bezirk der Gemeinde mit umfaßt. (KommBer. XII S. 5.)

„Übereinstimmend geht die Meinung aller Mitglieder der Kommission dahin, daß, wo einmal auf Grund der in dem Antrag Trimborn vorgeschlagenen Bestimmung Gewerbegerichte errichtet worden seien, solche erhalten bleiben müßten, auch wenn die Einwohnerzahl unter die geforderte Höhe herabsinke. Seitens eines Vertreters der verbündeten Regierungen wird diese Auffassung als richtig anerkannt." (KommBer. XII S. 5.)

Die Landes-Zentralbehörde wird in diesen Orten auch die Erweiterung eines mit beschränkter sachlicher oder örtlicher Zuständigkeit (§ 7 Abs. 1) errichteten Gewerbegerichts auf alle Gewerbebetriebe und das ganze

Gemeindegebiet gemäß § 1 Abs. 5 anzuordnen haben (GG. VII 161, MinErl. v. 8. März 02, MBl. Handel S. 121; vgl. Anm. zu § 7).

§. 3.

1. Als Arbeiter im Sinne dieses Gesetzes gelten diejenigen Gesellen, Gehülfen, Fabrikarbeiter und Lehrlinge, auf welche der siebente Titel der Gewerbeordnung Anwendung findet.

2. Imgleichen gelten als Arbeiter im Sinne dieses Gesetzes Betriebsbeamte, Werkmeister und mit höheren technischen Dienstleistungen betraute Angestellte, deren Jahresarbeitsverdienst an Lohn oder Gehalt zweitausend Mark nicht übersteigt.

1. Zu Abs. 1:

Personen, welche in Betrieben beschäftigt sind, auf welche die Gewerbeordnung überhaupt nicht Anwendung findet, gehören nicht hierher, vor allem also nicht die land- und forstwirtschaftlichen Arbeiter, darunter auch die Gärtner in landwirtschaftlichen Betrieben, dem eigentlichen Gartenbau und auch meist der Landschaftsgärtnerei — Anlegung und Unterhaltung von Haus- und Ziergärten —, wiewohl letztere einen gewerblichen Charakter gewinnen kann (KommBer. XII S. 57, 58). Dagegen sind die sog. Kunst-, Zier- und Handelsgärtnereien (Zierpflanzenzucht, Pflanzenbau in Gewächshäusern und Frühbeeten) als gewerbliche Betriebe anzusehen, und zwar nicht nur, wie Wilhelmi u. Bewer S. 34 annimmt, soweit sie die in der Gärtnerei gewonnenen Erzeugnisse zum gewerblichen Absatz weiter be- oder verarbeiten. Der Hauptcharakter des Betriebes ist maßgebend, Urt. des Kammergerichts v. 28. April 03, HMBl. S. 162. Immerhin kann, wenn die Betriebsstätten getrennt sind, ein

Teil der Arbeiten als landwirtschaftlich, ein Teil als gewerblich gelten. Vgl. Albrecht, Die sozialen Rechtsverhältnisse der gewerblichen Gärtner, Soz. Pr. XI Nr. 2 Sp. 34, Burchardt S. 13, GG. VII Nr. 2 Sp. 33, 123, 228, IX Sp. 303, Baum Nr. 17—19.

Die GO. findet nach § 6 das. keine Anwendung „auf den Gewerbebetrieb der Eisenbahnunternehmungen". Die herrschende Meinung nimmt an, daß danach die Eisenbahnarbeiter der GO. nicht unterstehen, will aber unterscheiden zwischen dem Gewerbebetrieb der Eisenbahnen als Verkehrsanstalten und dem sonstigen Betriebe. Die Arbeiten des äußeren (Strecken-)Betriebes sollen der GO. und dem GGG. nicht unterstehen, wohl aber die in Reparaturwerkstätten, Wagenbauanstalten usw. beschäftigten Arbeiter (Wilhelmi u. Bewer S. 406, Unger 165, 167, Baum Nr. 11—16). Diese Unterscheidung, welche sich auf das Urt. des RGr. v. 22. September 92 Bd. 8 S. 54 stützt, kann nicht aufrecht erhalten werden. Die lediglich dem Zweck und der Förderung des Eisenbahnunternehmens dienenden Betriebe sind als dessen wesentlicher Bestandteil anzusehen Erl. v. 18. Februar 05 u. 7. 12. 05 HMBl. 1905 Sp. 44 u. 350 und die dort angeführten Urteile der Oberlandesgerichte Frankfurt a. M. (Soz. Pr. XIV Sp. 543) und Marienwerder und des Kammergerichts (GG. X Sp. 223). Nach Ansicht des Ministers sind auch der Bahnhofsbuchhandel und Bahnhofswirtschaften, soweit sie innerhalb der Bahnsperre ausgeübt werden, als Teil der Eisenbahnunternehmung anzusehen (HMBl. 1905 S. 238 u. 320). Indessen kann der Gewerbebetrieb eines Unternehmers, der nicht Eisenbahnunternehmer ist, nicht deshalb als Betrieb einer Eisenbahnunternehmung gelten, weil und soweit er dieser dient; der Angestellte kann doch nicht zeitweise der GO. unterstehen, je nachdem er innerhalb oder außerhalb der Bahnsteigsperre beschäftigt wird.

Auch Kleinbahnen (Straßen-, Pferde-, elektrische Bahnen) gelten — in Preußen jedenfalls nach dem Kleinbahngesetz — als Eisenbahnunternehmungen im Sinne des § 6 GO. (Unger Nr. 166, Wilhelmi u. Bewer S. 407. AA. v. Schulz im GG. Berlin S. 52ff., RABl. 03/04 S. 224.) Danach würden auch die Stromerzeugungsbetriebe der elektrischen Bahnen nicht unter die GO. fallen.

Richtiger Ansicht nach bezieht sich § 6 GO. nur auf die subjektive Berechtigung zum Gewerbebetrieb, nimmt aber nicht die Bahnarbeiter aus dem Kreise der gewerblichen Arbeiter aus (v. Schulz in Soz. Pr. XI Sp. 128, 161, GG. Berlin S. 45ff., GG. VII Sp. 13, Burchardt S. 4, v. Schulz S. 34 u. 90).

Über den Begriff „Gesellen, Gehülfen, Fabrikarbeiter und Lehrlinge" vgl. Berger, GO. Anm. zu §§ 121, 126, 134. Zu den Gesellen und Gehülfen gehört jeder unselbständige Arbeiter, der weder Lehrling noch Fabrikarbeiter ist. Das Geschlecht macht bei der Anwendbarkeit des § 3 keinen Unterschied, ebensowenig kommt es auf die Vorbildung des Arbeiters an. Das Reichsgericht hat die frühere Begriffsbestimmung, nach der es erforderlich sei, daß der Arbeiter dem Arbeitgeber seine ganze Arbeitskraft zu Gebote stelle (Urt. v. 10. Dezember 1883, Reger Bd. IV S. 282) als zu eng erklärt; es könne nicht darauf ankommen, ob der Arbeiter in einem dauernden Dienstverhältnisse steht oder nur ganz vorübergehend angenommen sei (Urt. v. 25. September 1890, Reger Bd. XI S. 144), nur müssen die Dienstleistungen in den Rahmen der für den Gewerbebetrieb als solchen notwendigen Arbeiten fallen. Unter § 3 fallen u. a. auch die im Gewerbe eines Gast- oder Schankwirts beschäftigten Gehülfen, nicht dagegen Dienstboten, d. h. Personen, welche in der Privatwirtschaft des Brotherrn mit häuslichen Diensten beschäftigt sind (vgl. Cuno, Gesinderecht S. 2, Unger Nr. 160, 161, 162, 170; GG. II Sp. 58).

Die von den Parteien gewählte Bezeichnung, die Benutzung eines Gesindebuchs, auch die Vereinbarung, daß die Gesindeordnung auf das Dienstverhältnis Anwendung finden soll, ist für die Beurteilung unerheblich und würde nur für den zivilrechtlichen Vertragsinhalt Bedeutung haben, GG. VIII Sp. 188, maßgebend ist die Art der zu leistenden Arbeit, Soz. Pr. XIII Sp. 589, GG. IX Sp. 202, Wilhelmi u. Bewer Anm. 2a zu § 3.

Das Reichsgericht will die bei einem Theaterunternehmen angestellten Sänger, Schauspieler, Ballettänzer, Orchestermusiker auch dann nicht als gewerbliche Arbeiter ansehen, wenn ein höheres Interesse der Kunst und Wissenschaft nicht obwaltet (Urt. d. RGr. v. 21. März 1887, Entsch. in Civils. Bd. 17 S. 86); ebensowenig die eigene Leistungen darbietenden Artisten, wie Kunstgymnastiker, Tierbändiger (Urt. d. RGr. v. 21. Mai 1896, Entsch. in Civils. Bd. 37 S. 66, Unger Nr. 163). Die Gründe sind nicht überzeugend (vgl. GG. III, Sp. 137, IV Sp. 142, VIII Sp. 103, X Sp. 45, Baum Nr. 30—36, Burchardt S. 15, Menzinger S. 20).

Unter § 3 fällt ferner auch das Personal eines Kaufmanns außer den Handlungsgehülfen und Lehrlingen (vgl. Urt. d. RGr. v. 31. Januar 1884, Blums Ann. Bd. 9 S. 433, Unger Nr. 168, 169). Dazu gehören auch die im Handelsgewerbe tätigen Personen, welche gesindeähnliche Dienste verrichten, wie Hausdiener, Laufburschen eines Ladengeschäfts, Dienstmädchen eines Restaurateurs, welches hauptsächlich für den Gewerbebetrieb angenommen ist, Hausknecht eines Hotels, ferner Packer (Soz. Pr. XIII Sp. 1117), Milchkutscher, Bierfahrer (GG. V, Sp. 67, VIII Sp. 122, X, Sp. 234, vgl. jedoch RABl. 03/04 S. 762), Omnibusschaffner (Baum Nr. 114), ein Werkstattschreiber (RABl. 05 S. 1091), Adressenschreiber, Kellner (ROHG. Bd. 24 S. 271), wegen der überwiegend mechanisch-technischen Art ihrer Dienste. Art. 65 des alten HGB., welcher diese Personen als Gesinde behandelte, ist durch § 83 des neuen HGB. ersetzt (Burchardt S. 11, Cuno, Recht der Handlungsgehülfen, S. 23). Auch Handlungsgehülfen und Lehrlinge würden an sich unter

§ 3 fallen, da der siebente Titel der Gewerbeordnung wenigstens zum Teil auf sie Anwendung findet (§ 154 Abs. 1); gerade mit Rücksicht hierauf sind sie durch § 81 d. Ges. ausdrücklich ausgenommen (KommBer. S. 35, StenBer. S. 517, Bachem S. 32, Wilhelmi u. Bewer S. 42, 407. AM. Haas S. 25). Handlungsgehülfe ist, „wer in einem Handelsgewerbe zur Leistung kaufmännischer Dienste gegen Entgelt angestellt ist". (§ 59 HGB.). Über den Begriff „kaufmännische" Dienste im Gegensatz zu mechanischen, technischen des Gewerbegehülfen s. Cuno, Handlungsgehülfen S. 2, GG. V Sp. 67, Staub, HGB. § 59 Anm. 13, Apt S. 9. Wegen der überwiegend kaufmännischen Tätigkeit ist beispielsweise ein Schaufensterdekorateur (GG. VII, Sp. 211, X 207) und eine Direktrice in einem Putzgeschäft (GG. VIII, Sp. 272) als Handlungsgehülfe angesehen.

Der Begriff „Handelsgewerbe" ist nach den §§ 1—3 des HGB. zu bestimmen. Wer kaufmännische Dienste einem Gewerbetreibenden leistet, dessen Betrieb nicht als Handelsgewerbe gilt, ist nicht Handlungsgehülfe, sondern Gewerbegehülfe. Dies trifft zu für den kaufmännischen Angestellten z. B. eines Handwerkers, der sich auf Be- und Verarbeitung von Waren beschränkt (Lohnmüller, Färber, Zwischenmeister der Konfektion), (§ 1 Nr. 2), eines Bauhandwerkers, dessen Firma nicht in das Handelsregister eingetragen ist (§ 2), eines Landwirts in einem Unternehmen, das nur ein Nebengewerbe des land- und forstwirtschaftlichen Betriebes darstellt (Brennerei, Molkerei, Stärkefabrik mit regelmäßiger Verwendung auch nicht selbst erzeugter Rohstoffe), ohne daß die Firma in das Handelsregister eingetragen ist (§ 3). Der Handwerker, welcher Waren anschafft und nach Verarbeitung weiter veräußert, ist Kaufmann (§ 1 Nr. 1), Apt S. 6, 8, GG. XI Sp. 15; aM. Wilhelmi u. Bewer S. 408. Versicherungsvereine auf Gegenseitigkeit sind Handelsgewerbe nach § 16 des RG. v. 12. Mai 01 (GG. X, Sp. 39).

Ferner gehören hierher die in Bergwerken, Salinen, Aufbereitungsanstalten und unterirdisch betriebenen Brüchen oder Gruben beschäftigten Arbeiter (wegen § 154a GO.), sowie die in über Tage betriebenen Brüchen oder Gruben beschäftigten Arbeiter (wegen § 154 Abs. 2 GO.). Vgl. Bachem, Wilhelmi u. Bewer a. a. O., Haas S. 23, u. Anm. 2 zu § 82. Wegen der Betriebe der Militär- und Marineverwaltung s. § 81. Kraft ausdrücklicher gesetzlicher Bestimmung unterstehen der Gewerbeordnung die Schiffsmannschaft eines zur Schiffahrt auf Flüssen und sonstigen Binnengewässern bestimmten und verwendeten Schiffs (§ 21 Abs. 2 des RG. v. 20. Mai 1898 [15. Juni 1895] betr. die Binnenschiffahrt) und die Floßmannschaft (§ 17 Abs. 2 des RG. v. 15. Juni 1895, betr. die Flößerei). Auch die Führer sog. Arbeiterkolonnen (z. B. von Steinträgern, Putzern) sind in der Regel gewerbliche Arbeiter (Bl. f. soz. Pr. Nr. 69 S. 146, Nr. 111 S. 131. Unger Nr. 17, GG. II, Sp. 30, GG. Berlin Nr. 9, 10 S. 176, Soz. Pr. XIV, Sp. 125, 232, Baum Nr. 155—160); so auch Glaspoliierermeister (Urt. d. RGr. v. 14. Juni 1888, Reger Bd. IX S. 220), Ziegelmeister (Urt. d. RGr. v. 18. April 1896, Entsch. in Civils. Bd. 37 S. 278).

2. Die Vorschrift des Abs. 2 „schließt sich an die entsprechenden Bestimmungen im Kranken- und Alters- und Invaliden-Versicherungsgesetz an. Die Gründe sind in allen Fällen dieselben. Die Kommission war mit den Vertretern der verbündeten Regierungen einstimmig der Meinung, daß Tantièmen ebenfalls als „Gehalt oder Lohn" im Sinne dieser Bestimmung zu gelten haben". KommBer. S. 6. Auch Naturalbezüge (§ 1 Abs. 5 KVG.) werden unter „Lohn oder Gehalt" fallen (AA. GG. VIII, Sp. 166); Reisespesen, Feldzulagen nur insoweit, als sie als ein über die Erstattung von Auslagen und Unkosten hinausgehendes eigentliches Arbeitsentgelt anzusehen sind.

Unter den „Betriebsbeamten, Werkmeistern" usw. des Abs. 2 sind die in § 133a GO. mit denselben Worten bezeichneten Personen zu verstehen. (AA. Wilhelmi u. Bewer Anm. 8 zu § 1, weil § 133a erst nach Erlaß des Gewerbegerichtsgesetzes durch die Novelle v. 1. Juni 91 eingeführt sei, dagegen mit Recht Urt. des Kammergerichts v. 25. Juni 04, Soz. Pr. XIV, Sp. 468; § 133a hat den Begriff in einer auch für das ältere Gesetz maßgebenden Weise bestimmt.) Betriebsbeamte und Werkmeister sind also Personen, welche gegen feste Bezüge nicht lediglich vorübergehend mit der Leitung oder Beaufsichtigung des Betriebes oder einer Abteilung desselben beauftragt sind; unter die mit höheren technischen Dienstleistungen Betrauten fallen insbesondere Maschinentechniker, Bautechniker, Chemiker, Zeichner. Vgl. § 133a GO.

3. Zu Abs. 2: Der Schiffer (Führer eines Binnenschiffs) und der Floßführer unterstehen nach § 20 des RG. v. 20. Mai 1898 bzw. § 16 des RG. v. 15. Juni 1895 „den Vorschriften, welche für die im § 133a der GO. bezeichneten Personen gelten", fallen also unter Nr. 2 des § 2 (vgl. Urt. des Landgerichts Stettin, GG. II, Sp. 125).

4. Bei Prüfung der Zuständigkeit ist nicht die Parteibehauptung im Prozeß oder die Bezeichnung im Dienstvertrage entscheidend, vielmehr hat das Gericht von Amts wegen festzustellen, ob die klagende Partei nach Art ihrer Beschäftigung usw. zu den Kategorien gehört, für welche das Gewerbegericht zuständig ist. (GG. II Sp. 74, III Sp. 7.) Es ist zu Abs. 2 das Einkommen zu ermitteln, welches der Angestellte erzielen würde, wenn er bei seinem Arbeitgeber zu den zur Zeit der Klageerhebung bzw. der früheren Beendigung des Dienstverhältnisses maßgebenden Bedingungen ein Jahr hindurch beschäftigt wäre; vgl. jedoch Soz. Pr. XIII, Sp. 217. Einkommen aus Nebenbeschäftigung bei Dritten ist nicht einzuziehen (GG. Berlin Nr. 189, Sp. 7). Kann die negative Feststellung, daß der Jahresarbeitsverdienst 2000 M. nicht übersteigt, wegen schwankender Höhe desselben nicht getroffen werden, so ist das Gewerbegericht nicht zuständig. (GG. IV Sp. 58.)

AA. GG. Berlin S. 5. Richtig ist, daß dieser Fall nur Ausnahme sein kann. Anders nach § 4 des KGG., weil dort positive Feststellung, daß der Jahresarbeitsverdienst 5000 M. übersteigt, gefordert wird (AA. v. Schulz KG. Anm. 4 zu § 4).

5. Wegen der Hausgewerbetreibenden s. § 5 u. Anm.

§. 4.

Die Gewerbegerichte sind ohne Rücksicht auf den 1.
Werth des Streitgegenstandes zuständig für Streitigkeiten:

1. über den Antritt, die Fortsetzung oder die Auflösung des Arbeitsverhältnisses sowie über die Aushändigung oder den Inhalt des Arbeitsbuchs, Zeugnisses, Lohnbuchs, Arbeitszettels oder Lohnzahlungsbuchs,
2. über die Leistungen aus dem Arbeitsverhältnisse,
3. über die Rückgabe von Zeugnissen, Büchern, Legitimationspapieren, Urkunden, Geräthschaften, Kleidungsstücken, Kautionen und dergleichen, welche aus Anlaß des Arbeitsverhältnisses übergeben worden sind,
4. über Ansprüche auf Schadensersatz oder auf Zahlung einer Vertragsstrafe wegen Nichterfüllung oder nicht gehöriger Erfüllung der Verpflichtungen, welche die unter Nr. 1 bis 3 bezeichneten Gegenstände betreffen, sowie wegen

gesetzwidriger oder unrichtiger Eintragungen in Arbeitsbücher, Zeugnisse, Lohnbücher, Arbeitszettel, Lohnzahlungsbücher, Krankenkassenbücher oder Quittungskarten der Invalidenversicherung,

5. über die Berechnung und Anrechnung der von den Arbeitern zu leistenden Krankenversicherungsbeiträge und Eintrittsgelder (§§. 53a, 65, 72, 73 des Krankenversicherungsgesetzes),

6. über die Ansprüche, welche auf Grund der Uebernahme einer gemeinsamen Arbeit von Arbeitern desselben Arbeitgebers gegen einander erhoben werden.

2. Streitigkeiten über eine Konventionalstrafe, welche für den Fall bedungen ist, daß der Arbeiter nach Beendigung des Arbeitsverhältnisses ein solches bei anderen Arbeitgebern eingeht oder ein eigenes Geschäft errichtet, gehören nicht zur Zuständigkeit der Gewerbegerichte.

1. „Die Bezeichnung der Streitigkeiten, auf welche die Zuständigkeit der Gewerbegerichte sich erstreckt, entspricht im wesentlichen der Bestimmung im § 120a der Gewerbeordnung. Nur ist die Zuständigkeit insofern bestimmter bezeichnet, als ausdrücklich auch alle Ansprüche auf Entschädigung, einschließlich derjenigen, welche erst mit dem Zeitpunkte der Entlassung oder des Austritts des Arbeiters entstehen, vor die Gewerbegerichte gewiesen werden. Außerdem sind unter Nr. 3 die Streitigkeiten über die Berechnung und Anrechnung der von den Arbeitern zu leistenden Krankenversicherungsbeiträge hinzugefügt, nachdem auf dieselben schon durch das Gesetz,

betreffend die Krankenversicherung der Arbeiter, vom 15. Juli 1883 der § 120a der Gewerbeordnung für anwendbar erklärt worden ist. Daß auch Streitigkeiten über die Anrechnung der von dem Arbeitgeber abgezogenen Beiträge der Arbeiter zu Knappschaftskassen und gleichartigen Anstalten durch die Gewerbegerichte zu entscheiden sind, ist schon aus der Nr. 2 zu entnehmen, da es sich dabei immer um streitige Lohnansprüche des Arbeiters handelt." Mot. S. 21. Die Novelle hat versucht, zur Beseitigung von in der Praxis aufgetauchten Zweifeln die Zuständigkeit der Gewerbegerichte genauer zu bestimmen. Es war zweifelhaft geworden, ob die in Nr. 1 neben dem Antritt, der Fortsetzung und Auflösung des Arbeitsverhältnisses ausdrücklich genannten Streitigkeiten über die „Aushändigung und den Inhalt des Arbeitsbuches und Zeugnisses" Leistungen aus dem Arbeitsverhältnisse (Nr. 2) betreffen, ob daher Entschädigungsansprüche wegen verzögerter Aushändigung oder unrichtigen Inhalts des Arbeitsbuches oder Zeugnisses als „Entschädigungsansprüche aus dem Arbeitsverhältnisse" der Zuständigkeit des Gewerbegerichts unterliegen. (Unger Nr. 201 S. 233, v. Schulz in Brauns Archiv 1899 S. 145ff. und in Soz. Pr. VIII Nr. 16 Sp. 423ff.) Ferner war streitig, ob die Streitigkeiten über Rückgabe der aus Anlaß des Arbeitsverhältnisses in den Besitz des Arbeitgebers gelangten früheren Zeugnisse, Legitimationspapiere, Urkunden, Quittungskarten und Krankenkassenbücher, Arbeitsgerätschaften, Kleidungsstücke, Kautionen als Streitigkeiten aus dem Arbeitsverhältnisse anzusehen seien und deshalb ebenso wie die daraus sich ergebenden Entschädigungsansprüche der Zuständigkeit der Gewerbegerichte unterliegen. In der Tat ist der Inhalt des Dienstvertrages mit der Verpflichtung zur Leistung der versprochenen Dienste und zur Gewährung der vereinbarten Vergütung (§ 611 BGB.) nicht erschöpft, dem Arbeitgeber wie dem Arbeitnehmer können stillschweigend oder ausdrücklich

Nebenleistungen auferlegt sein. Der Dienstvertrag kann eine Geschäftsbesorgung zum Gegenstande haben (§ 675 BGB.); dann entspringt auf seiten des Arbeiters die Verpflichtung zur Herausgabe (§ 667), auf seiten des Arbeitgebers zur Vorschußgewährung und Ersatz der Aufwendungen (§§ 669, 670) aus dem Arbeitsverhältnis. Auch die übrigen genannten Verpflichtungen werden als solche anzusehen sein, die sich mittelbar aus dem Arbeitsverhältnisse ergeben. (Planck zu § 611, GG. IV Nr. 6 Sp. 67, Beschluß des Kammergerichts vom 1. Juni 01, Soz. Pr. XI Nr. 6 Sp. 165.) Die Reichstagskommissionen erkannten an, daß das praktische Bedürfnis erfordere, alle diese Ansprüche der Zuständigkeit des Gewerbegerichts zu unterstellen. Die XII. Kommission beschloß in erster Lesung (KommBer. XII S. 14), im § 3 Abs. 1 des Gesetzes die Nummern 1 und 2 durch folgende Bestimmung zu ersetzen:

„Die Gewerbegerichte sind ohne Rücksicht auf den Wert des Streitgegenstandes zuständig für Streitigkeiten:

1. wegen der aus dem Arbeitsverhältnisse folgenden Verpflichtungen und Entschädigungsansprüche; insbesondere
   a) über den Antritt, die Fortsetzung oder die Auflösung des Arbeitsverhältnisses sowie über die Aushändigung oder den Inhalt des Arbeitsbuches oder Zeugnisses,
   b) über Zahlung einer in Beziehung auf das Arbeitsverhältnis bedungenen Konventionalstrafe,
   c) über Rückgabe aus Anlaß des Arbeitsverhältnisses übergebener Zeugnisse, Bücher, Legitimationspapiere, Urkunden, Gerätschaften, Kleidungsstücke oder Kaution und dergleichen, sowie die Ansprüche auf Entschädigung wegen verweigerter oder verzögerter Aushändigung dieser Sachen,
   d) über Entschädigungsansprüche aus gesetzwidrigen Eintragungen in Arbeitsbücher, Zeugnisse, Kranken-

kassenbücher und Quittungskarten der Invalidenversicherung."

In zweiter Lesung wurde die Befürchtung ausgesprochen, daß infolge der durch das Wort „insbesondere" gekennzeichneten beispielsweisen Aufführung der genannten Ansprüche als solcher aus dem Arbeitsverhältnisse auch andere mittelbar aus dem Arbeitsverhältnis sich ergebende der Zuständigkeit des Gewerbegerichts unterstellt werden könnten, z. B. Streitigkeiten über Miete und Räumung von Arbeiterwohnungen. Noch näher hätte es gelegen, an die mittelbar aus dem Arbeitsverhältnisse sich ergebende Schutzpflicht des Arbeitgebers (§§ 120a ff. GO., § 618 BGB.) und die daraus sich ergebenden Entschädigungsansprüche zu denken, bezüglich deren das Reichsgericht die Zuständigkeit der Gewerbegerichte verneint hat (Entsch. d. RGr. Bd. 41 S. 137). Es wurde deshalb in zweiter Lesung die gegenwärtige Fassung vorgezogen, nach der die einzelnen mittelbar aus dem Arbeitsverhältnis folgenden Ansprüche, welche der Zuständigkeit des Gewerbegerichts unterliegen sollen, nicht als Beispiele aufgeführt werden.

Der Antragsteller bezeichnete als den Grundgedanken für die vorgeschlagene Fassung folgendes Prinzip:

„Grundsätzlich seien dem Gewerbegericht nur diejenigen Ansprüche zur Entscheidung zu überweisen, die sich unmittelbar aus dem Arbeitsverhältnisse ergeben und Gegenstand des eigentlichen Arbeitsvertrages seien. Diese Ansprüche seien in Ziffer 1 und 2 zusammengefaßt.

„Im Gegensatze hierzu gehörten diejenigen Ansprüche, welche nur mittelbar aus dem Arbeitsverhältnisse hervorgingen und in demselben nicht sowohl ihre rechtliche Ursache als ihre äußere Veranlassung hätten, prinzipiell nicht zur Zuständigkeit der Gewerbegerichte. Solche Ansprüche seien dem Gewerbegericht nur insoweit zu überweisen, als die Praxis des Lebens und die Erfahrung der Gerichte dies als geboten oder dringend wünschenswert erscheinen lasse. Der Kreis dieser Ansprüche sei in Ziffer 3 nach Maßgabe der bisherigen Erfahrungen genau umgrenzt.

„Die in Ziffer 4 aufgeführten Ansprüche auf Schadensersatz oder Vertragsstrafe bezögen sich auf beide vorgenannten Gruppen. Insbesondere umfasse der dort gebrauchte Ausdruck „Gegenstände“ auch die in Nr. 2 erwähnten „Leistungen aus dem Arbeitsverhältnisse“. KommBer. XII S. 60.

Danach wird die Entscheidung der Frage, ob für Klagen auf Erfüllung der Schutzpflicht und Entschädigung wegen verabsäumter Schutzpflicht (§ 618 BGB., §§ 120a ff. GO., §§ 61, 62 HGB.) das Gewerbegericht bezw. das Kaufmannsgericht zuständig ist, davon abhängen, ob man diese Verpflichtung des Arbeitgebers als Vertragspflicht aus dem Dienstvertrage ansieht. Das Kammergericht bezeichnet in seinem Beschluß vom 21. Juni 05 es als eine Pflicht des Arbeitgebers aus dem Dienstvertrage, den Angestellten die im Gesetz vorgeschriebenen Pausen zu gewähren. Denn der Inhalt des Dienstvertrages bestimmt sich nicht nur durch die ausdrückliche oder stillschweigende Vertragsabrede, sondern auch durch das Gesetz selbst, soweit es Bestimmungen über den Umfang und die Zeit der Verrichtung der Arbeitsleistung enthält; verstößt der Prinzipal gegen diese Pflicht, so handelt er mithin gegen eine vertragliche Obliegenheit und der hierauf gestützte Schadensersatz ist als ein vertraglicher anzusehen (GG. XI Sp. 220). Ebenso das Landgericht Berlin bezüglich der Schadensersatzpflicht aus § 62 HGB. (GG. XI Sp. 259): Die Verletzung der Vorschrift des § 62 ist eine Verletzung der den Prinzipal durch den Vertrag mit dem Handlungsgehilfen auferlegten Verpflichtungen. Aus gleicher Erwägung werden Ansprüche des in die häusliche Gemeinschaft aufgenommenen Arbeiters auf Leistung der Krankenfürsorge (§ 617 BGB.) zur Zuständigkeit des Gewerbegerichts gehören, weil diese Leistung als Ergänzung der vom Arbeitgeber zu leistenden Vergütung aufzufassen ist.

M. E. trifft diese Erwägung auch zu für die Verpflichtung des Arbeitgebers aus § 618 BGB. Die Vorschrift ist nur eine Ausführung des allgemeinen Grundsatzes des § 242 BGB., wonach jeder Schuldner verpflichtet ist, die ihm obliegenden Leistungen so zu machen, wie Treu und Glauben mit Rücksicht auf die Verkehrssitte es erfordern (Planck, Kommentar zum BGB. zu § 618). Daß die bezüglichen Bestimmungen durch den Arbeitsvertrag nicht abgeändert werden können (Wilhelmi u. Bewer Anm. 13 zu § 4 S. 54), ist unerheblich. (Vgl. Ph. Lotmar, Der Arbeitsvertrag, S. 239ff., 242. AA. v. Schulz GG. XI Sp. 258ff.)

Dagegen kommt das Reichsgericht Bd. 41 S. 137 für § 120a GO. mit Recht zu gegenteiliger Auffassung aus der Erwägung heraus, daß die Verpflichtung aus § 120a nicht nur dem Arbeiter, sondern auch Dritten gegenüber bestehe. Vgl. auch Entsch. d. RGr. vom 8. Februar 88 bei Reger XIX 29. Die Gewerbeordnung legt die Verpflichtung dem Gewerbeunternehmer als solchen auf, ohne Rücksicht darauf, ob er Arbeitgeber ist oder nicht; die Verpflichtung besteht kraft gewerbepolizeilicher Vorschrift schon vor Eröffnung des Betriebes und vor Abschluß eines Arbeitsvertrages, sie ist also nicht eine durch den Abschluß des Arbeitsvertrages als dessen Rechtsfolge eintretende Verpflichtung des Arbeitgebers gegenüber dem Arbeiter (Lotmar S. 242), während bei §§ 617, 618 BGB., §§ 61, 62 HGB. die Verpflichtung — auch ohne daß die Parteien sie wollen — als Folge des Vertragsschlusses eintritt.

2. Zu Nr. 1. „Aushändigung und Inhalt." Das Gewerbegericht ist also sowohl zuständig, wenn der Arbeiter klagt, weil ihm ein Zeugnis überhaupt nicht ausgehändigt ist, als auch, wenn er mit dem Inhalt des ausgehändigten Zeugnisses nicht zufrieden ist und ein

Zeugnis andern Inhalts fordert. Arbeitsbuch s. § 107 GO., Zeugnis s. § 113 GO., Lohnbuch, Arbeitszettel s. § 114a GO., Lohnzahlungsbuch § 134 Abs. 3 GO.

3. Zu Nr. 2. Leistungen aus dem Arbeitsverhältnisse vgl. Anm. 1.

4. Zu Nr. 3. „Urkunden." Darunter fallen auch die Quittungskarten der Invalidenversicherung.

5. Zu Nr. 5. § 53a KVG. bestimmt:

„Streitigkeiten zwischen dem Arbeitgeber und den von ihm beschäftigten Personen über die Berechnung und Anrechnung der von diesen zu leistenden Beiträge werden nach den Vorschriften des Gesetzes, betreffend die Gewerbegerichte, vom 29. Juli 1890 (RGBl. S. 141) entschieden.

Die Vorschriften des letzteren Gesetzes finden auch auf Streitigkeiten zwischen den bezeichneten Personen über die Berechnung und Anrechnung des Eintrittsgeldes Anwendung . . . ."

Die §§ 65, 72, 73 KVG. erklären die Bestimmungen des § 53a auf Betriebs- (Fabrik-), Bau-, Innungs-Krankenkassen entsprechend anwendbar.

Wegen der Zuständigkeit des Gemeindevorstehers im Falle der Nr. 5 vgl. §§ 76, 83 und Anm., wegen der Zuständigkeit der im § 85 zugelassenen Gerichte s. Anm. 2 zu § 85.

In der VII. Kommission war angeregt, die Gewerbegerichte auch für zuständig zu erklären für die Streitigkeiten über Berechnung und Anrechnung der Invalidenversicherungsbeiträge. Davon ist abgesehen, weil in der Novelle zum Invalidenversicherungsgesetz vom 13. Juli 1899 die Entscheidung dieser Streitigkeiten durch die §§ 155—157 der untern Verwaltungsbehörde bezw. dem Vorsitzenden der Rentenstelle zugewiesen ist. Sofern jedoch die Berechnung des auszuzahlenden Lohnes von der Berechnung des auf den Arbeiter entfallenden Versicherungsbeitrages abhängt, wird das Gewerbegericht über diese

Frage indirekt mitentscheiden müssen. KommBer. VII S. 13.

5. Zu Abs. 2. Entspricht der Auslegung des früheren § 120a GO. Urt. d. RGr. v. 23. September 1884 (Entsch. in Zivilsachen Bd. 13 S. 341). StenBer. S. 342 bis 344. Auch Klagen aus einem vertragsmäßigen Konkurrenzverbot auf Einstellung des vertragswidrig begründeten Geschäfts oder Entschädigung gehören nicht vor das Gewerbegericht (Urt. d. RGr. v. 19. November 1895, GG. I Sp. 36).

6. Im Umfange des § 3 sind die Gewerbegrichte auch zur Entscheidung über Feststellungsklagen (§ 256 ZPO.) und Inzident-Feststellungsklagen (§ 280 a. a. O.) berufen.

§. 5.

Zur Zuständigkeit der Gewerbegerichte gehören 1.
ferner Streitigkeiten der im §. 4 Abs. 1 Nr. 1 bis 5 bezeichneten Art zwischen Personen, welche für bestimmte Gewerbetreibende außerhalb der Arbeitsstätte der letzteren mit Anfertigung gewerblicher Erzeugnisse beschäftigt sind (Heimarbeiter, Hausgewerbetreibende), und ihren Arbeitgebern, sofern die Beschäftigung auf die Bearbeitung oder Verarbeitung der den ersteren von den Arbeitgebern gelieferten Rohstoffe oder Halbfabrikate beschränkt ist. Das Gleiche gilt von Streitigkeiten der im §. 4 Abs. 1 Nr. 6 bezeichneten Art zwischen solchen Hausgewerbetreibenden unter einander.

2. Streitigkeiten derjenigen Hausgewerbetreibenden, welche die Rohstoffe oder Halbfabrikate selbst beschaffen, unterliegen der Zuständigkeit der Gewerbegerichte, soweit dies durch das Statut bestimmt ist.

1. Über die begrifflichen Merkmale der Hausgewerbetreibenden vgl. Entsch. d. Reichs-Versicherungsamts v. 15. Oktober 1891 (Amtl. Nachrichten, Invaliditäts- und Altersversicherung, S. 181) im Anschluß an § 2 Nr. 2 d. Invalidenversicherungsgesetzes; s. ferner § 119b, § 100f. GO., § 2 Nr. 4 KVG. Die Hausgewerbetreibenden können selbst wieder unselbständige Arbeiter in ihrer Betriebsstätte oder außerhalb derselben beschäftigen. Vorausgesetzt aber ist eine Beschäftigung für bestimmte — einen oder mehrere — Gewerbetreibende, d. h. im Auftrage oder für Rechnung derselben. Wer also auf Vorrat arbeitet und sein Produkt dann an andere Gewerbetreibende nach seinem besten Vorteil verkauft, gehört nicht hierher. Vgl. Unger Nr. 196.

2. Die Zuständigkeit der Gewerbegerichte für Streitigkeiten zwischen den unter § 5 fallenden Personen und den von ihnen selbst beschäftigten Personen bleibt unberührt (vgl. § 2 Abs. 2 Satz 2 des Entwurfs).

3. Über die Wahlberechtigung und Wählbarkeit der Hausgewerbetreibenden s. § 16 Abs. 2.

4. „Statut" s. § 1 Abs. 5. Um auch die in Abs. 2 genannten Hausgewerbetreibenden der Zuständigkeit des Gewerbegerichts zu unterstellen, genügt die allgemeine Fassung im Statut, daß die Zuständigkeit sich auf Streitigkeiten zwischen den Hausgewerbetreibenden und ihren Arbeitgebern erstrecken soll, nicht, es muß zum Ausdruck kommen, daß auch die in Abs. 2 genannten mitumfaßt werden sollen (Erl. d. preuß. Min. f. Handel v. 30. Aug. 01, HMBl. Nr. 15).

§. 6.

Durch die Zuständigkeit eines Gewerbegerichts wird die Zuständigkeit der ordentlichen Gerichte ausgeschlossen. 1.

Schiedsverträge, durch welche die Zuständigkeit der Gewerbegerichte für künftige Streitigkeiten ausgeschlossen wird, sind nur dann rechtswirksam, wenn nach dem Schiedsvertrage bei der Entscheidung von Streitigkeiten Arbeitgeber und Arbeiter in gleicher Zahl unter einem Vorsitzenden mitzuwirken haben, welcher weder Arbeitgeber oder Angestellter eines betheiligten Arbeitgebers, noch Arbeiter ist. 2.

1. Die ordentlichen Gerichte müssen also Klagen, für welche die Zuständigkeit eines Gewerbegerichts begründet ist, wegen sachlicher Unzuständigkeit auch ohne Antrag zurückweisen. Die Begründung der Zuständigkeit eines ordentlichen Gerichts durch ausdrückliche oder stillschweigende Vereinbarung der Parteien (Prorogation, §§ 38 bis 40 ZPO.) ist hier ausgeschlossen. Mot. S. 27 zu § 22 des Entwurfs. Auch in der Berufungsinstanz ist die Frage der Zuständigkeit von Amts wegen zu prüfen. § 528 ZPO. bezieht sich nur auf den örtlichen Gerichtsstand, nicht auf die sachliche Zuständigkeit (Struckmann u. Koch Anm. 2 zu § 528, GG. VII Nr. 2 Sp. 29, AA. Kammergericht in Soz. Pr. XI 296). § 6 bezieht sich aber nur auf das Verhältnis der Gewerbegerichte zu den ordentlichen Gerichten und erklärt letzteren gegenüber die Zuständigkeit der ersteren für eine ausschließliche, nicht aber betrifft er das Verhältnis der Gewerbegerichte zueinander. KommBer. S. 6, Levy bei Gruchot Bd. 35 S. 173, Haas

S. 33, Schier S. 27, 56, Wilhelmi u. Bewer S. 61. Im übrigen s. §§ 27, 28 u. Anm.

2. Zu Abs. 2. An sich kann die Zuständigkeit des Gewerbegerichts, ebenso wie die jedes ordentlichen Gerichts durch einen zwischen den Parteien gültig abgeschlossenen Schiedsvertrag ausgeschlossen werden. § 1025 ZPO. In der XII. Kommission wurde berichtet, daß mit dieser Möglichkeit Mißbrauch getrieben werde; es werde insbesondere in den Fabrikordnungen vielfach vereinbart, daß der Arbeiter in allen Streitigkeiten sich dem Schiedsspruch eines Werkmeisters unterwerfe (vgl. über die Zulässigkeit solcher Fabrikschiedsgerichte GG. III Sp. 19, 25, 47). Man beabsichtigte, solcher Lahmlegung der Gewerbegerichte entgegenzutreten, andrerseits aber die Möglichkeit eines Schiedsvertrages nicht ganz zu unterbinden, sofern das Schiedsgericht ähnlich wie die Gewerbegerichte zusammengesetzt sei: Arbeiter und Arbeitgeber in gleicher Zahl unter einem unparteiischen Vorsitzenden.

Der ursprüngliche Antrag hatte gelautet:

> Vereinbarungen, durch welche der Zuständigkeit des Gewerbegerichts unterliegende Streitigkeiten der Entscheidung dieses Gerichts entzogen werden, sind nichtig. KommBer. XII S. 22.

Danach war zweifellos, daß die Vorschrift bei Zuständigkeit eines ordentlichen Gerichts nicht zu berücksichtigen war.

„Schiedsverträge, durch welche die Zuständigkeit der Gewerbegerichte für künftige Streitigkeiten ausgeschlossen wird," sind aber alle Schiedsverträge über Streitigkeiten aus Rechtsverhältnissen, welche zur sachlichen Zuständigkeit der Gewerbegerichte gehören, auch wenn zu der Zeit, da der Schiedsvertrag wirksam wird, ein örtlich zuständiges Gewerbegericht nicht vorhanden ist. Der Schiedsvertrag kann nur von Anfang an entweder gültig oder ungültig sein, nicht zeitweise gültig, wenn ein örtlich zuständiges Gewerbegericht nicht vorhanden ist, zeitweise — z. B. infolge Änderung der gewerblichen Niederlassung des Arbeitgebers, des Wohnsitzes, der Errichtung eines Gewerbegerichts — ungültig. Vgl. GG. X 25, 112.

Für den Begriff „Arbeiter" ist § 3 maßgebend, vgl. die Worte: „Arbeiter im Sinne dieses Gesetzes" in § 3. Betriebsbeamte usw. mit mehr als 2000 Mark Gehalt (§ 3 Abs. 2) dürfen also auf der Arbeiterseite nicht mitwirken, aber auch nicht auf der Arbeitgeberseite, denn § 16 Abs. 1 Satz 2 stellt die mit der Leitung eines Betriebes oder Betriebszweiges betrauten Stellvertreter nur im Sinne der §§ 12 bis 14 den Arbeitgebern gleich. Zum Vorsitzenden kann auch ein Angestellter eines unbeteiligten Arbeitgebers, der nicht Arbeiter im Sinne des § 3 ist, also ein Betriebsbeamter usw. mit mehr als 2000 Mark Gehalt, bestellt werden.

§. 7.

Die sachliche Zuständigkeit der Gewerbegerichte kann auf bestimmte Arten von Gewerbe- oder Fabrikbetrieben, die örtliche auf bestimmte Theile des Gemeindebezirkes beschränkt werden. 1.

Die Landes-Zentralbehörde kann die örtliche Zuständigkeit eines von ihr errichteten Gewerbegerichts ausdehnen. Die betheiligten Ortsbehörden sind zuvor zu hören. 2.

1. Zu Abs. 1. Nur auf bestimmte Arten von Gewerben oder Fabrikbetrieben kann die sachliche Zuständigkeit beschränkt werden, nicht also auch auf einzelne speziell benannte Betriebe. Die Bestimmung bietet die Möglichkeit, auch andere als die im § 81 genannten

Reichs- und Staatsbetriebe auszuschließen, und rechtlich ist die höhere Verwaltungsbehörde befugt, wegen nicht erfolgter Ausschließung solcher Betriebe die Bestätigung zu versagen; jedoch darf hierbei immer nur die Art des Betriebes, nicht der Umstand, daß er unter öffentlicher Verwaltung steht, maßgebend sein (vgl. StenBer. 1878, S. 976 bis 980), da eine Abgrenzung der Zuständigkeit nach dem letzterwähnten Gesichtspunkte nicht durchführbar ist. „Gemeindebezirk" ist auch der Bezirk eines weiteren Kommunalverbandes oder mehrerer Gemeinden. Wilhelmi u. Bewer S. 70, AA. v. Schulz § 7 Abs. 2, Haas § 6 Abs. 8 und frühere Auflagen.

Wegen der Wahlberechtigung und Wählbarkeit für die in ihrer sachlichen Zuständigkeit beschränkten Gerichte s. § 14 Abs. 2.

Nachdem durch die Vorschrift in § 2 die Errichtung eines Gewerbegerichts für Städte mit mehr als 20000 Einwohnern obligatorisch gemacht ist, wird in solchen Städten § 7 Abs. 1 unanwendbar sein. Andernfalls würde § 2 durch Beschränkung auf einen kleinen Teil der Gemeinde oder eine wenig vertretene Fabrikart illusorisch gemacht werden können (vgl. Anm. zu § 2).

2. Zu Abs. 2. Die Ausdehnung der örtlichen Zuständigkeit kann auf bisher ausgeschlossene Teile einer Gemeinde, auf bestimmte Teile mehrerer Gemeinden, mehrere Gemeinden oder auf den ganzen Bezirk eines weiteren Kommunalverbandes erfolgen. Die Unterlassung der Anhörung der beteiligten Ortsbehörden macht die Anordnung nicht ungültig; hieran wird dadurch nichts geändert, daß der Reichstag an Stelle der Worte „sollen ... gehört werden" die Wendung „sind ... zu hören" gesetzt hat. StenBer. S. 352. Satz 2 findet im Falle des § 82 Abs. 1 keine Anwendung (Abs. 2 Nr. 1 a. a. O.).

„Landes-Zentralbehörde" s. Anm. 1 zu § 83.

§. 8.

Die Grenze der Zuständigkeit (§. 7) sowie die Zusammensetzung des Gerichts nach Maßgabe der Bestimmungen dieses Gesetzes ist durch das Statut zu regeln.

„Statut" s. § 1 Abs. 5

§. 9.

Die Kosten der Einrichtung und der Unterhaltung des Gerichts sind, soweit sie in dessen Einnahmen ihre Deckung nicht finden, von der Gemeinde oder von dem weiteren Kommunalverbande zu tragen. Soll das Gericht nicht ausschließlich für eine Gemeinde oder einen weiteren Kommunalverband zuständig sein, so ist bei Festsetzung der Zuständigkeit zugleich zu bestimmen, zu welchen Antheilen die einzelnen Bezirke an der Deckung der Kosten theilnehmen. 1.

Gebühren, Kosten und Strafen, welche in Gemäßheit dieses Gesetzes zur Hebung gelangen, bilden Einnahmen des Gerichts. 2.

1. Zu Abs. 1. Die Kosten fallen der Gemeinde usw. auch dann zur Last, wenn eine Beschränkung der Zuständigkeit gemäß § 7 Abs. 1 vorliegt, ebenso auch dann, wenn das Gericht gemäß § 1 Abs. 5, § 2 von der Landes-Zentralbehörde eingesetzt ist.

2. Wegen Gebühren und Kosten s. § 58. Als Strafen kommen in Betracht die gegen Beisitzer (§ 23), Zeugen

und Sachverständige und die auf Grund der §§ 38 Abs. 3, 42 Abs. 1 Satz 4, 66 Abs. 1 Satz 2 verhängten Strafen.

3. „Weiterer Kommunalverband" s. Anm. 4 zu § 1, Anm. 3 zu § 88.

4. Eine Ausnahme von der Vorschrift des § 9 s. im § 82 Abs. 2 Nr. 3.

§. 10.

1. Für jedes Gewerbegericht sind ein Vorsitzender und mindestens ein Stellvertreter desselben sowie die erforderliche Zahl von Beisitzern zu berufen; die Zahl der letzteren soll mindestens vier betragen.

2. Bei Gewerbegerichten, welche aus mehreren Abtheilungen (Kammern) bestehen, können mehrere Vorsitzende bestellt werden.

Zu Abs. 2.

„In dem in Abs. 2 vorgesehenen Falle . . . kann die Verteilung der Geschäfte sowohl nach Bezirken, als nach sachlichen Merkmalen, insbesondere auch nach den hauptsächlichsten Industriezweigen erfolgen. Das Nähere hierüber, wie auch die erforderlichen Bestimmungen in betreff der Dienstaufsicht, können der statutarischen Regelung überlassen bleiben." Mot. S. 21, 22.

Es genügt, wenn das Statut der ausführenden Behörde (Magistrat usw.) die Befugnis gibt, im Bedürfnisfalle Abteilungen einzurichten; jedoch wird für diesen Fall über die Abgrenzung der Geschäfte und die Verteilung der Beisitzer Bestimmung zu treffen sein. Auch eine Verteilung der Geschäfte nach dem Alphabet ist zulässig.

§. 11.

Zum Mitglied eines Gewerbegerichts soll nur 1. berufen werden, wer das dreißigste Lebensjahr vollendet und in dem der Wahl vorangegangenen Jahre für sich oder seine Familie Armenunterstützung aus öffentlichen Mitteln nicht empfangen oder die empfangene Armenunterstützung erstattet hat. Als Beisitzer soll nur berufen werden, wer in dem Bezirke des Gerichts seit mindestens zwei Jahren wohnt oder beschäftigt ist.

Personen, welche zum Amte eines Schöffen un- 2. fähig sind (Gerichtsverfassungsgesetz §§. 31, 32), können nicht berufen werden.

1. Das Statut darf die Bedingungen für die Wählbarkeit der Mitglieder nicht weiter beschränken als das Gesetz, welches nicht nur Minimal-, sondern auch Maximalforderungen aufstellt; unzulässig ist es daher, durch das Statut die im § 33 Nr. 4 GVG. bezeichneten Kategorien (Personen, welche wegen geistiger oder körperlicher Gebrechen zu dem Amte nicht geeignet sind) auszuschließen, wie im Reichstage angenommen wurde (StenBer. S. 353). AM. Haas S. 38, Wilhelmi u. Bewer S. 79. Wegen des Vorsitzenden s. Anm. 4 zu § 12.

2. Durch die Novelle ist das Erfordernis zweijährigen Wohnsitzes oder zweijährige Beschäftigung im Gerichtsbezirk für den Vorsitzenden fortgefallen, im übrigen bezieht sich § 11 auf alle Mitglieder, also auf die Vorsitzenden, Stellvertreter und Beisitzer.

3. Zu Abs. 1: „Soll nur berufen werden." Eine Berufung entgegen dieser instruktionellen Vorschrift

(vgl. §§ 33, 34 GVG.) macht das Verfahren nicht zu einem mangelhaften und das Gericht nicht zu einem nicht vorschriftsmäßig besetzten (s. Anm. 4 und § 56), indes kann eine solche Berufung gemäß § 17 Abs. 1 mit Erfolg angefochten werden (Schier S. 32). Beisitzer, welche zuwider dem Abs. 1 berufen werden, können unter Berufung hierauf die Dienstleistung verweigern und sind des Amtes zu entheben (Wilhelmi u. Bewer S. 75, s. § 20 Anm. 2, § 21 Anm. 1).

„In dem der Wahl vorangegangenen Jahre." Entscheidend ist der Tag der Wahl.

„Armenunterstützung aus öffentlichen Mitteln" ist für den Bereich des Gesetzes über den Unterstützungswohnsitz v. 6. Juni 1870 (BGBl. S. 360) nur eine solche, welche von einem Ortsarmenverbande oder Landarmenverbande (§ 2 a. a. O.), nicht etwa eine solche, welche von milden Stiftungen, Religionsgemeinschaften, aus Legaten gewährt worden ist. Was als Armenunterstützung gilt, bestimmen die Landesgesetze (§ 8 a. a. O.); für Preußen vgl. § 1 des Gesetzes, betr. die Ausführung des Bundesgesetzes über den Unterstützungswohnsitz, v. 8. März 1871 (GS. S. 130).

Die — vollständige — Erstattung der im letzten Jahre empfangenen Unterstützung soll nach dem Wortlaut des Gesetzes spätestens bis zur Wahl erfolgt sein (es soll nur berufen werden, wer . . . erstattet hat); die im Reichstage (StenBer. S. 359) ausgesprochene abweichende Ansicht hat im Gesetze keinen Rückhalt.

„beschäftigt ist." Die Bestimmung bezieht sich nicht bloß auf die Beschäftigung als Arbeiter, sondern wird auch auf Arbeitgeber Anwendung zu finden haben, die, ohne im Gerichtsbezirke zu wohnen, daselbst ihre gewerbliche Niederlassung haben. Mot. S. 12. Zeitweise Unterbrechung wegen Arbeitslosigkeit, Ende der Saisonarbeit kann je nach Lage des Einzelfalles als unerheblich angesehen werden (Erl. des Min. für Handel v. 21. Aug. 97, GG. IV Sp. 129, s. auch Anm. 1 Abs. 2 zu § 13).

Ein Beisitzer kann nach der Schlußbestimmung des Abs. 1 sowohl an seinem Wohnorte, als auch an seinem Beschäftigungsorte gewählt werden (KommBer. S. 10). Der Vorsitzende und sein Stellvertreter brauchen nicht im Gerichtsbezirk zu wohnen oder beschäftigt zu sein.

4. Zu Abs. 2.

GVG. „§ 31. Das Amt eines Schöffen ist ein Ehrenamt. Dasselbe kann nur von einem Deutschen versehen werden.

§ 32. Unfähig zu dem Amte eines Schöffen sind:

1. Personen, welche die Befähigung infolge strafgerichtlicher Verurteilung verloren haben;
2. Personen, gegen welche das Hauptverfahren wegen eines Verbrechens oder Vergehens eröffnet ist, das die Aberkennung der bürgerlichen Ehrenrechte oder der Fähigkeit zur Bekleidung öffentlicher Ämter zur Folge haben kann;
3. Personen, welche infolge gerichtlicher Anordnung in der Verfügung über ihr Vermögen beschränkt sind."

Wenn Personen, welche hiernach unfähig sind, im Gerichte mitwirken, so ist letzteres nicht vorschriftsmäßig besetzt. Ein unter Mitwirkung einer solchen Person ergangenes Urteil leidet an einem wesentlichen Mangel, der mit der Berufung (vgl. hierzu § 55 d. Gesetzes, § 539 ZPO.), ev. mit der Nichtigkeitsklage (§§ 578, 579 Nr. 1 ZPO.) geltend gemacht werden kann (§ 56).

Durch die Bezugnahme auf § 31 GVG. („von einem Deutschen") ist die Wählbarkeit der Frauen ausgeschlossen.

§. 12.

Der Vorsitzende sowie dessen Stellvertreter dürfen 1. weder Arbeitgeber noch Arbeiter sein.

2. Sie werden durch den Magistrat und, wo ein solcher nicht vorhanden ist oder das Statut dies bestimmt, durch die Gemeindevertretung, in weiteren Kommunalverbänden durch die Vertretung des Verbandes auf mindestens ein Jahr gewählt.

1. „Weitere Voraussetzungen für die persönliche Qualifikation des Vorsitzenden sind, abgesehen von den allgemeinen Anforderungen des § 8 (jetzt 11), nicht aufgestellt. Insbesondere wird rechtsgelehrte Bildung oder Befähigung zum Richteramt nicht verlangt; denn wenn auch die Aufgabe, welche der Vorsitzende zu erfüllen hat, der Regel nach die Wahl auf Personen lenken wird, welche nicht ohne Rechtskenntnis sind, so kann doch unter Umständen ein vertrauenswürdiger und mit den Verhältnissen des gewerblichen Lebens näher bekannter Mann sehr wohl geeignet sein, in der Stelle des Vorsitzenden ersprießlich zu wirken, auch wenn ihm rechtsgelehrte Bildung abgeht. Mot. S. 22.

„Ist das Gewerbegericht für mehrere Gemeinden eingesetzt (§ 1 Abs. 2 [jetzt Abs. 3]), so wird bei der Errichtung zu bestimmen sein, in welcher Weise die beteiligten Gemeindevorstände oder Gemeindevertretungen bei der Wahl mitzuwirken haben." Mot. S. 23.

2. Zu Abs. 1. Ausgeschlossen sind nur Arbeiter im Sinne dieses Gesetzes (§ 3) a. A. Wilhelmi u. Bewer S. 81, sowie Arbeitgeber im Sinne des § 16 Abs. 1, nicht z. B. Personen, welche nur land- und forstwirtschaftliche Arbeiter beschäftigen. Dagegen sind auch solche Arbeiter im Sinne dieses Gesetzes ausgeschlossen, welche im konkreten Falle der Zuständigkeit des Gewerbegerichts nicht unterstehen (§§ 7, 81, 84, 85), und ebenso ihre Arbeitgeber, da andernfalls eine gleichmäßige Besetzung des Gerichts mit beiden Kategorien der Beisitzer nicht erreicht werden würde.

Wenn eine hiernach ausgeschlossene Person den Vorsitz geführt hat, so ergeben sich die in Anm. 4 zu § 11 erwähnten Folgen.

Handlungsunfähige Personen, wie Kommunalverbände, Gemeinden, Aktiengesellschaften, Minderjährige, welche Arbeiter im Sinne des § 3 des Ges. beschäftigen, sind selbst als Arbeitgeber anzusehen, nicht ihre gesetzlichen Vertreter; nur soweit er gemäß § 16 Abs. 1 als Stellvertreter des selbständigen Gewerbetreibenden den Arbeitgebern im Sinne des § 12 gleichsteht, ist auch der gesetzliche Vertreter eines Arbeitgebers vom Vorsitz ausgeschlossen. AM. Entsch. d. OVG. v. 30. November 93, Entsch. Bd. 25 S. 314—326; vgl. Anm. 3 zu § 16.

3. Zu Abs. 2. „Wo ein solcher nicht vorhanden ist" vgl. z. B. Städteordnung für die Rheinprovinz vom 15. Mai 1856 (GS. S. 406). Eine Ausnahme von Abs. 2 s. in § 82 Abs. 2 Nr. 4.

In Preußen erfolgt die Wahl der Vorsitzenden und Stellvertreter für Gewerbegerichte, die von Kreisen bzw. Oberamtsbezirken errichtet sind, durch die Kreis-, bzw. Amtsausschüsse, für Gewerbegerichte, die von Provinzen oder von einem der kommunalständischen Verbände Kassel und Wiesbaden oder dem Hohenzollernschen Landeskommunalverbande errichtet sind, durch die Provinzialausschüsse, bzw. die Landesausschüsse, falls nicht durch das Statut die Mitwirkung der Kreistage, der Amtsversammlungen, der Provinziallandtage, bzw. Kommunallandtage vorgesehen ist, für Gewerbegerichte, die für rheinische Bürgermeistereien oder westfälische Ämter errichtet sind, durch die Bürgermeisterei- bzw. Amtsversammlungen. S. Anm. 3 zu § 88.

4. So wenig wie für die Besitzer darf das Statut für die Person des Vorsitzenden und Stellvertreters noch weitere Erfordernisse aufstellen, als § 11; es kann z. B. nicht bestimmen, daß die Befähigung zum Richteramt (§ 2 GVG.) oder für den höheren Verwaltungsdienst

notwendig ist; a. A. Fredrich zu § 12, Wilhelmi u. Bewer S. 81.

Wegen der Verpflichtung zur Annahme des Amtes als Vorsitzender s. Anm. 5 zu § 20. Ob und in welchem Umfange dem Vorsitzenden eine Vergütung zu gewähren ist, bleibt der Bestimmung des Statuts usw. überlassen.

5. „Statut“ s. § 1 Abs. 5.

§. 13.

1. Die Beisitzer müssen zur Hälfte aus den Arbeitgebern, zur Hälfte aus den Arbeitern entnommen werden.

2. Die ersteren werden mittelst Wahl der Arbeitgeber, die letzteren mittelst Wahl der Arbeiter bestellt. Die Wahl ist unmittelbar und geheim.

3. Die Wahl erfolgt auf mindestens ein Jahr und auf höchstens sechs Jahre. Eine Wiederwahl ist zulässig.

1. Von der Wählbarkeit und Wahlberechtigung sind ausgeschlossen die Arbeitgeber und Arbeiter solcher Betriebe, welche der Zuständigkeit des betreffenden Gerichts nicht unterstehen (§§ 14 Abs. 2 und 3, 81, 82, 84, KommBer. S. 14). Die Mitwirkung einer solchen Person als Beisitzer macht das Gericht zwar zu einem nicht vorschriftsmäßig besetzten (aM. Bl. f. soz. Pr. IV Nr. 44 Sp. 825, Nr. 50 Sp. 978), zieht aber Nichtigkeit des Verfahrens und der Entscheidung nicht nach sich. Wilhelmi u. Bewer S. 84, vgl. Anm. 1 zu § 21, § 56.

Über den Begriff „Arbeitgeber“ s. Anm. 1 zu § 16. „Arbeiter“ im Sinne des Abs. 1 und 2 ist auch derjenige, welcher vorübergehend ohne Arbeit ist, sofern er nur berufsmäßig gegen Entgelt selbständigen Gewerbetreibenden seine Arbeitskraft zu Arbeiten im Gewerbebetriebe zur Verfügung stellt und im übrigen die Voraussetzungen der §§ 11 und 14 erfüllt. Vgl. Levin in „Bl. f. soz. Pr.“ Nr. 7 S. 60.

2. Zu Abs. 2:

Nach der aus den Kommissionsbeschlüssen (Ber. S. 13, 14) hervorgegangenen Fassung muß die Wahl unmittelbar und geheim sein. Ausgeschlossen ist jeder indirekte Wahlmodus, z. B. durch Wahlmänner, durch die Vorstände der Krankenkassen; es muß vielmehr jeder bei der Wahl Mitwirkende direkt seine Stimme für den oder die zu Wählenden abgeben. Die Abgabe der Stimmen muß geheim erfolgen, wodurch die Möglichkeit einer mündlichen Abstimmung ausgeschlossen ist. Daß das Stimmrecht auch ein gleiches sein muß, d. h. also daß das Statut usw. je innerhalb des Standes der Arbeitgeber und Arbeiter keine Ungleichheit auf Grund der Steuerleistungen usw. aufstellen darf, hat im Gesetze keinen Ausdruck gefunden. In der Kommission (Ber. S. 13) erklärte der Vertreter der verbündeten Regierungen, daß derartige Bestimmungen nur in ganz besonderen Ausnahmefällen genehmigt werden dürften. Vgl. im übrigen wegen der Wahl § 15.

3. Zu Abs. 3. Zulässig ist die Einführung eines Turnus, doch muß auch hiernach jeder Beisitzer mindestens ein Jahr und höchstens sechs Jahre sein Amt ausüben können.

Zu beachten ist jedoch, daß mit dem Grundsatz der Verhältniswahl ein turnusweises Ausscheiden der Mitglieder unverträglich ist. GG. XI Beilage zu Nr. 1 Sp. 65.

§. 14.

Zur Theilnahme an den Wahlen (§. 13) ist nur 1.
berechtigt, wer das fünfundzwanzigste Lebensjahr

vollendet und in dem Bezirke des Gewerbegerichts Wohnung oder Beschäftigung hat. Die im §. 11 Abs. 2 bezeichneten Personen sind nicht wahlberechtigt.

2. Ist die Zuständigkeit des Gewerbegerichts auf bestimmte Arten von Gewerbe- oder Fabrikbetrieben beschränkt (§ 7 Abs. 1), so sind nur die Arbeitgeber und Arbeiter dieser Betriebe wählbar und wahlberechtigt.

3. Mitglieder einer Innung, für welche ein Schiedsgericht in Gemäßheit des §. 81 b Nr. 4 und der §§. 91 bis 91 b der Gewerbeordnung errichtet ist, sowie deren Arbeiter sind weder wählbar noch wahlberechtigt.

Zu Abs. 1:

„Wohnung oder Beschäftigung" vgl. Anm. 1 und 3 zu § 11 (Mot. S. 22), Anm. 1 zu § 13. Das Erfordernis, daß die Wohnung oder Beschäftigung seit mindestens einem Jahre bestehen muß, ist durch die Novelle beseitigt. Durch die Bezugnahme auf § 11 Abs. 2 sind Frauen von der Wahlberechtigung ausgeschlossen; vgl. Anm. 4 zu § 11. Anträge, welche diese Ausschließung beseitigen wollten, fanden nicht die Billigung der Kommission (Ber. S. 14, 15) und des Plenums vgl. auch KommBer. XII S. 28. Das Statut darf keine der nach Abs. 1 berechtigten Personen vom aktiven Wahlrecht ausschließen. Mot. S. 23, Wilhelmi u. Bewer S. 87, aM. Haas S. 43.

§. 15.

1. Die näheren Bestimmungen über die Wahl und das Verfahren bei derselben werden durch das

Statut getroffen. Es kann insbesondere festgesetzt werden, daß bestimmte gewerbliche Gruppen je einen oder mehrere Beisitzer zu wählen haben. Auch ist eine Regelung nach den Grundsätzen der Verhältnißwahl zulässig; dabei kann die Stimmabgabe auf Vorschlagslisten beschränkt werden, die bis zu einem im Statute festgesetzten Zeitpunkte vor der Wahl einzureichen sind.

Ist in dem Statute bestimmt, daß die Gemeinde- 2.
behörde Wahllisten aufzustellen hat, so sind die Polizeibehörden sowie Krankenkassen, welche im Bezirke des Gewerbegerichts bestehen oder eine örtliche Verwaltungsstelle haben, verpflichtet, der Gemeindebehörde auf Verlangen die für die Fertigung der Wählerliste für Arbeitgeber und Arbeitnehmer erforderlichen Auskünfte zu geben, insbesondere Einsicht der Mitgliederverzeichnisse beziehungsweise der Gewerbeanzeigen zu gewähren.

1. Zu Abs. 1 Satz 1 und Abs. 2.

In der Kommission wurde als einstimmige Auffassung der Mitglieder und der Regierungsvertreter konstatiert, „daß eine Wahl nach Wahlbezirken durch die angenommene Fassung des Absatz 4 (jetzt § 15 Abs. 1) nicht ausgeschlossen, und daß eine Aufstellung von Wählerlisten für die Wahl nicht notwendig sei, es vielmehr den Ortsstatuten freistehe, auch andere Unterlagen für die Wahl zu benutzen, sofern sie vorhanden, oder solche zu schaffen. Dementsprechend sei auch das bisherige Verfahren bei den rheinischen Gewerbegerichten, wonach nur diejenigen mitwählen dürfen, welche sich unter Nachweis ihres aktiven Wahlrechts vorher in die offen zu legende Wählerliste hätten eintragen lassen, keineswegs ausgeschlossen." KommBer. S. 16. Ein Vorschlag, die Aufstellung von Wählerlisten obligatorisch zu machen, wurde von der XII. Komm. wegen der damit verbundenen Mühen und Kosten abgelehnt. Falls aber das Statut die Aufstellung vorschreibt, soll die neue Vorschrift in Abs. 2 die Beschaffung des Materials für die Wählerliste erleichtern. KommBer. XII S. 33.

2. Zu Abs. 1 Satz 2.

„Es wurde zwar anerkannt, daß auch ohne eine solche ausdrückliche Bestimmung die Anordnung einer Wahl nach Gruppen den Statuten freistehe. Doch war man der Meinung, daß es sich empfehle, auf diese Art der Wahl, welche in vielen Fällen die naturgemäße sei, ausdrücklich hinzuweisen." KommBer. S. 16.

3. Zu Abs. 1 Satz 3.

Verhältniswahl im Gegensatz zur Mehrheitswahl liegt vor, wenn nicht die Stimmenmehrheit entscheidet, sondern jeder Partei nach Verhältnis der für sie abgegebenen Stimmen eine entsprechende Anzahl von Plätzen zugewiesen werden. „Dieses Wahlverfahren sei geeignet, die Wahlkämpfe zu mildern, es gewähre und sichere auch einer größeren Minderheit eine angemessene Vertretung." KommBer. XII S. 27.

Über die Verhältniswahl vgl. GG. X Verbandsbeilage zu Nr. 11 S. 296ff. und XI Beilage zu Nr. 1 S. 64ff., sowie das Musterstatut des preußischen Ministers für Handel u. Gewerbe vom 20. September 1904, den Entwurf eines Ortsstatuts unten S. 263 und die Erläuterungen dazu. Die früheren Darlegungen über Ergänzungslisten, Berechnungen des Ergebnisses usw. in GG. VI 209ff., VII 104ff., 181, sowie IX Beilage zu Nr. 1 sind dadurch überholt.

§. 16.

Als Arbeitgeber im Sinne der §§. 12 bis 14 gelten diejenigen selbständigen Gewerbetreibenden, welche mindestens einen Arbeiter (§. 3) regelmäßig das Jahr hindurch oder zu gewissen Zeiten des Jahres beschäftigen. Den Arbeitgebern stehen im Sinne der bezeichneten Vorschriften die mit der Leitung eines Gewerbebetriebs oder eines bestimmten Zweiges desselben betrauten Stellvertreter der selbständigen Gewerbetreibenden gleich, sofern sie nicht nach §. 3 Abs. 2 als Arbeiter gelten. 1.

Inwieweit die nach §. 5 der Zuständigkeit der Gewerbegerichte unterstellten Hausgewerbetreibenden als Arbeitgeber oder als Arbeiter wahlberechtigt und wählbar sind, wird durch das Statut bestimmt. 2.

1. Zu Abs. 1 Satz 1.

Der Satz ist durch die Novelle eingefügt. In der Praxis hat sich die Bestimmung des Begriffs „Arbeitgeber" als notwendig erwiesen; „regelmäßig" ist dahin zu verstehen, „daß als Arbeitgeber gelten soll, wer unter normalen gewöhnlichen Verhältnissen einen Arbeiter beschäftigt"; „zu gewissen Zeiten des Jahres" berücksichtigt die Verhältnisse der Saisongewerbe (KommBer. XII S. 35).

2. Zu Abs. 1 Satz 2.

„Durch die Fassung ist zum Ausdruck gebracht, daß die Vertretungsbefugnis der betreffenden Personen, wenn sie sich auch nicht auf die gesamte Tätigkeit des Gewerbeunternehmers zu erstrecken braucht, doch notwendig einen

Geschäftskreis umfassen muß, der seiner Natur nach zur Tätigkeit des Unternehmers gehört. Gewöhnliche Werkmeister, Faktoren und ähnliche Betriebsbeamte fallen nicht unter die Bestimmung." Mot. S. 23, 24. Vgl. Entsch. der Kgl. Regierung der Pfalz v. 9. Oktober 1896, GG. III Nr. 1 Sp. 5, VI Sp. 205.

Im übrigen ist eine Stellvertretung des Wahlberechtigten nicht gestattet.

Die im Abs. 1 bezeichneten Vertreter sind auch in bezug auf die Ausübung des aktiven Wahlrechts den Arbeitgebern völlig gleichgestellt; sie können daher neben denselben, nicht nur im Verhinderungsfalle, an den Wahlen teilnehmen, ebenso können sie neben ihren Arbeitgebern zu Beisitzern gewählt werden. StenBer. S. 417, 418, 421 — immer vorausgesetzt, daß sie den Anforderungen des § 14 entsprechen. Auch sind sie, ebenso wie ihre Arbeitgeber, vom Vorsitz ausgeschlossen. S. Anm. 2 zu § 12.

Wegen der Bergwerksbetriebe usw. s. § 82 Abs. 2 Nr. 5.

3. Das Gesetz hat sich nicht darüber ausgesprochen, ob juristische Personen ihr Stimmrecht durch ihre gesetzlichen Vertreter ausüben dürfen, ob die Vertreter den Voraussetzungen des § 14 entsprechen müssen, wie das Wahlrecht auszuüben sei, wenn die gesetzliche Vertretung einer Mehrheit von Personen zusteht, ohne daß jede für sich allein vertretungsberechtigt ist (Magistrat einer Stadtgemeinde, Vorstand einer Aktiengesellschaft), vgl. Anm. 2 zu § 12. Da die juristische Person doch nur eine Stimme führen könnte, würde das vertretende Organ sein Stimmrecht nur durch einen Bevollmächtigten ausüben können. Eine solche Vertretung in der Ausübung des Wahlrechts kennt aber das Gesetz nicht. Man wird daher annehmen müssen, daß juristische Personen als Arbeitgeber nicht wahlberechtigt sind. AM. Wilhelmi u. Bewer S. 96. Sie können daher nur nach

Maßgabe des Abs. 1 Satz 2 dieses Paragraphen bei der Wahl beteiligt sein. (Vgl. Soetbeer in den Bl. f. soz. Pr. Nr. 103 Sp. 222.)

Die herrschende Meinung nimmt an, daß zu den „Stellvertretern" im Sinne des Abs. 1 Satz 2 auch die gesetzlichen Vertreter gehören. Sofern also die gesetzliche Vertretung eines Handlungsunfähigen einer einzelnen Person zustehe (Vormund eines Minderjährigen, Bürgermeister einer Stadtgemeinde ohne kollegialen Gemeindevorstand, Vorstand einer Aktiengesellschaft, nach deren Statut jedes Vorstandsmitglied für sich allein zur Vertretung berechtigt ist), seien diese Personen wahlberechtigt und wahlfähig, vorausgesetzt, daß sie den Anforderungen des § 14 entsprechen. Dagegen könne Abs. 1 Satz 2 nicht ohne weiteres auf das einzelne Mitglied eines vertretenden Organs angewendet werden, da eben nur das Organ in seiner Gesamtheit Vertreter sei, das einzelne Mitglied nur an der Vertretung teilnehme, vgl. die bei § 12 zit. Entsch. d. OVG. v. 30. November 1893, Entsch. Bd. 25 S. 314ff. Wilhelmi u. Bewer S. 96, v. Schulz § 16 Anm. 5. Diese Ansicht entspricht dem Sinne und Wortlaut des Gesetzes nicht. Abs. 1 Satz 2 bestimmt nicht, daß gewisse Personen in Vertretung von wahlunfähigen Personen wählen und gewählt werden dürfen, sondern gibt ihnen ein selbständiges aktives und passives Wahlrecht als Arbeitgeber und schließt sie damit gemäß § 12 vom Vorsitz aus. Hätte das Gesetz jeden gesetzlichen Vertreter eines Arbeitgebers dem Arbeitgeber gleichstellen wollen, so hätte es dieses ausdrücklich bestimmt. Der Begriff stand in der Gesetzessprache schon 1891 fest.

Statt dessen spricht das Gesetz nur von „Stellvertretern", „welche mit der Leitung eines Gewerbebetriebes betraut sind." Die Motive sagen: „Dagegen wird es keinen Unterschied begründen können, ob der Stellvertreter außer der technischen Leitung auch mit der geschäftlichen Vertretung nach außen betraut ist oder nicht. Die Bestimmung hat daher ebensowohl auf die Vorstandsmitglieder von Aktiengesellschaften, Genossenschaften usw. als auf die dirigierenden Betriebsbeamten größerer Fabrikunternehmungen Anwendung zu finden."

Das entscheidende Gewicht wird also darauf gelegt, daß diese Personen den Betrieb wirklich leiten. Der Rechtsanwalt, welcher als Konkursverwalter oder Pfleger für einen Gewerbetreibenden bestellt ist, der Bürgermeister einer Stadt, welche ein Gewerbe betreibt, fällt daher unter § 16 nicht schon wegen der Vertretung nach außen, sondern nur, wenn er mit der Leitung des Betriebes betraut ist, die Stellung des Arbeitgebers gegenüber den Arbeitern vertritt. Die bloße rechtsgeschäftliche Vertretung macht z. B. den Bürgermeister noch nicht zu einem Angehörigen der sozialen Schicht „Arbeitgeber", die dem Arbeiter im wirtschaftlichen Kampf gegenübersteht. Die gesetzlichen Vertreter kommunaler Körperschaften sind stets als die Unparteiischen in diesem Kampf angesehen worden. Daß das Gesetz sie gerade vom Vorsitz ausgeschlossen hätte, könnte nur angenommen werden, wenn zwingende Gründe der Gesetzesauslegung vorlägen. Bei Erwerbsgesellschaften werden in der Regel alle Vorstandsmitglieder mit der technischen Leitung betraut sein, bei öffentlichen Verbänden, die Gewerbebetriebe nur neben ihren sonstigen Zwecken als nicht notwendige Aufgaben betreiben, werden nur die als Stellvertreter im Sinne des § 16 gelten, welche den Betrieb technisch leiten, also der Gewerksdirektor, nicht der Bürgermeister. (Vgl. Luppe in GG. IX Sp. 188 ff.)

4. Das Gesetz wollte die Zahl der Wähler und Wählbaren vermehren aber nicht die Zahl der Stimmen, ein mehrfaches Wahlrecht, z. B. als Arbeitgeber auf Grund des Satz 1 und als Stellvertreter im Sinne des Abs. 2 oder als Arbeitgeber mehrerer Betriebe kennt das Gesetz nicht. GG. IX Sp. 190, aM. Wilhelmi u. Bewer S. 96, GG. III Sp. 5.)

5. Zu Abs. 2. Die in Rede stehenden Personen gelten im Verhältnis zu ihren Arbeitgebern gemäß § 5 teils ohne weiteres, teils nach der Bestimmung des Statuts, als Arbeiter im Sinne dieses Gesetzes, im Verhältnis zu ihren Arbeitern dagegen als Arbeitgeber. In welcher Kategorie sie nun wahlberechtigt und wählbar sein sollen, kann nur unter Berücksichtigung der lokalen Verhältnisse bestimmt werden; die Regelung kann auch für verschiedene Arten von Hausgewerbetreibenden abweichend erfolgen.

„Statut" s. § 1 Abs. 5.

§. 17.

Beschwerden gegen die Rechtsgültigkeit der 1.
Wahlen sind nur binnen eines Monats nach der Wahl zulässig. Sie werden durch die höhere Verwaltungsbehörde entschieden. Dieselbe hat auf erhobene Beschwerde Wahlen, welche gegen das Gesetz oder die auf Grund des Gesetzes erlassenen Wahlvorschriften verstoßen, für ungültig zu erklären.

Die Wahl der Vorsitzenden und der Stellver- 2.
treter bedarf der Bestätigung der höheren Verwaltungsbehörde, in deren Bezirke das Gewerbegericht seinen Sitz hat. Diese Bestimmung findet auf Staats- oder Gemeindebeamte, welche ihr Amt kraft staatlicher Ernennung oder Bestätigung verwalten, keine Anwendung, solange sie dieses Amt bekleiden.

1. Abs. 1 bezieht sich sowohl auf die Wahl der Beisitzer, als auch auf die der Vorsitzenden und ihrer Stellvertreter.

„Ein . . . Antrag, zu sagen,

„Beschwerden gegen die Rechtsgültigkeit der Wahlen der Beisitzer werden durch die höhere Verwaltungsbehörde entschieden usw."

wurde abgelehnt, weil auch Beschwerden gegen die Wahlen des Vorsitzenden und seines Stellvertreters, sofern sie nicht aus dem Schoße des Wahlkörpers kommen, auf demselben Wege entschieden werden sollen, während Beschwerden aus dem Schoße des Wahlkörpers heraus in dem gewöhnlichen, von den Städte- und Gemeindeordnungen geregelten Wege zu erledigen sind." Komm.-Ber. S. 18. Die letzterwähnte Beschränkung ist im Gesetze nicht zum Ausdruck gelangt; nach demselben können auch aus dem Schoße des Wahlkörpers heraus Beschwerden an die höhere Verwaltungsbehörde gelangen. Darüber, wer zur Erhebung der Beschwerde berechtigt ist, besteht keine Vorschrift: sie steht daher nicht bloß den an der Wahl beteiligten Personen zu. Wilhelmi u. Bewer S. 97, aM. Menzinger § 17 Anm. 1. Wo die Beschwerde einzulegen ist, bestimmt das Gesetz nicht; es wird zur Wahrung der Frist auch Einlegung bei der die Wahl anordnenden Behörde (dem Magistrat usw.) oder auch beim Wahlvorstande während des Wahlaktes genügen. Verstöße, welche auf das Wahlresultat keinen Einfluß haben konnten, geben keinen Anlaß zur Ungültigkeitserklärung, denn dann verstößt die Wahl nicht gegen das Gesetz usw. Gegen die Entscheidung der höheren Verwaltungsbehörde ist ebenso, wie im Falle des § 21 Abs. 1 (s. Anm. 1 hierzu), Beschwerde innerhalb des landesgesetzlich geordneten Instanzenzuges gegeben (ebenso Haas S. 47, OVG. Bd. 25 S. 314). Ohne erhobene Beschwerde ist eine Ungültigkeitserklärung der Wahlen unzulässig. (Wilhelmi u. Bewer S. 99.)

„Höhere Verwaltungsbehörde" im Sinne des Abs. 1 ist in Preußen der Bezirksausschuß, bzw. für Gewerbegerichte, die von einem Provinzialverbande oder den Kommunalständischen Behörden Kassel und Wiesbaden errichtet sind, der Provinzialrat, für ein vom Hohenzollernschen Kommunalverbande errichtetes Gewerbegericht der Minister des Innern, für Berlin der Oberpräsident. S. Anm. 3 zu § 88.

2. Zu Abs. 2:

Nach dem durch die Kommissionsbeschlüsse (Ber. S. 17, 18) hinzugefügten Satz 2 sind unter bestimmten Voraussetzungen Staats- und Gemeindebeamte dem Bestätigungsrecht nicht unterworfen; Reichsbeamte gehören nicht hierher (aM. Haas S. 47). Der Begriff „Staatsbeamte" bestimmt sich nach den landesrechtlichen Normen. Nach §§ 68, 69 Allg. Landrecht II, 10 gehören hierzu die unmittelbaren und mittelbaren Beamten, also auch die Beamten der Gemeinden und weiteren Kommunalverbände; der Zusatz „und Gemeindebeamte" hat demnach für dieses Rechtsgebiet keine Bedeutung. Die Ernennung oder Bestätigung muß staatlich sein, d. h. von dem Landesherrn oder von einer staatlichen Behörde ausgehen. Unter Satz 2 fallen u. a. im Bereiche der Städteordnung vom 30. Mai 1853 sämtliche Magistratsmitglieder (§ 33 a. a. O.), dagegen nach dem Gemeindeverfassungsgesetz für die Stadt Frankfurt a. M. v. 25. März 1867 (GS. S. 401) nur der erste und zweite Bürgermeister, nicht die Stadträte (§§ 40, 42). — Für die Versagung der Bestätigung ist die Angabe von Gründen nicht notwendig; gegen die Versagung findet die Beschwerde an die vorgesetzten Dienststellen nach Landesrecht statt.

„In deren Bezirk — Sitz hat." Hierdurch soll die Zuständigkeit zur Bestätigung bei gemeinsamen Gewerbegerichten außer Zweifel gestellt worden. Sten. Ber. S. 632.

„Höhere Verwaltungsbehörde" im Sinne des Abs. 2 ist in Preußen der Regierungspräsident, bzw. wenn es sich um ein von einem der Kommunalverbände Kassel und Wiesbaden errichtetes Gericht handelt, sowie für

Berlin der Oberpräsident, wenn es sich um ein von dem Hohenzollernschen Kommunalverbande errichtetes Gericht handelt, der Minister des Innern. S. Anm. 3 zu § 83.

§. 18.

Sind Wahlen nicht zu Stande gekommen oder wiederholt für ungültig erklärt, so ist die höhere Verwaltungsbehörde befugt,

a) die Wahlen, soweit sie durch Arbeitgeber oder Arbeiter vorzunehmen waren, durch den Magistrat und, wo ein solcher nicht vorhanden ist oder wo das Statut dies bestimmt, durch die Gemeindevertretung, in weiteren Kommunalverbänden durch die Vertretung des Verbandes vornehmen zu lassen;

b) soweit die Wahlen vom Magistrat oder der Gemeindevertretung oder der Vertretung eines weiteren Kommunalverbandes vorzunehmen waren, die Mitglieder selbst zu ernennen.

1. Es genügt zur Anwendbarkeit des § 18, daß die Wahlen auch nur teilweise (wegen Wahlenthaltung usw.) nicht zustande gekommen sind, daß also nicht die erforderliche Anzahl von Beisitzern gewählt ist oder auch nur die von einem Bezirke, einer Gruppe usw. vollzogenen Wahlen wiederholt, d. h. mindestens zweimal, für ungültig erklärt worden sind.

2. Abs. a betrifft die Wahl der Beisitzer (§ 13 Abs. 2). Ohne Anordnung der höheren Verwaltungsbehörde darf der Magistrat usw. die Wahlen nicht vornehmen.

Abs. b betrifft zunächst die Wahl des Vorsitzenden und des Stellvertreters (§ 12 Abs. 2), sodann aber auch die gemäß Abs. a vom Magistrat usw. zu vollziehenden Beisitzerwahlen, wenn diese wiederum nicht zustande gekommen oder wiederholt für ungültig erklärt sind.

3. „Statut" s. § 1 Abs. 5. „Höhere Verwaltungsbehörde" ist die in Anm. 2 zu § 17 Abs. 2 genannte Stelle (Regierungspräsident, Oberpräsident, Minister des Innern); s. Anm. 3 zu § 88.

§. 19.

Namen und Wohnort der Mitglieder des Gewerbegerichts werden nach näherer Bestimmung des Statuts öffentlich bekannt gemacht.

„Statut" s. § 1 Abs. 5. Auch Namen und Wohnort der Vorsitzenden und Stellvertreter müssen bekannt gemacht werden.

§. 20.

Das Amt der Beisitzer ist ein Ehrenamt. Die 1.
Uebernahme kann nur aus den Gründen verweigert werden, welche zur Ablehnung eines unbesoldeten Gemeindeamts berechtigen. Wo landesgesetzliche Bestimmungen über die zur Ablehnung von Gemeindeämtern berechtigenden Gründe nicht bestehen, darf die Uebernahme nur aus denselben Gründen verweigert werden, aus welchen das Amt eines Vormundes abgelehnt werden kann. Wer das Amt eines Beisitzers sechs Jahre versehen hat, kann während der nächsten sechs Jahre die Uebernahme

des Amtes ablehnen. Ablehnungsgründe gewählter Beisitzer sind nur zu berücksichtigen, wenn dieselben, nachdem der betheiligte Beisitzer von seiner Wahl in Kenntniß gesetzt ist, schriftlich geltend gemacht werden. Ueber den Ablehnungsantrag entscheidet die im §. 12 Abs. 2 bezeichnete Stelle.

2. Die Beisitzer erhalten für jede Sitzung, der sie beigewohnt haben, Vergütung etwaiger Reisekosten und eine Entschädigung für Zeitversäumniß. Die Höhe der letzteren ist durch das Statut festzusetzen; eine Zurückweisung derselben ist unstatthaft.

1. Zu Abs. 1. Satz 1 „Ehrenamt". Jede Besoldung der Beisitzer ist hierdurch ausgeschlossen.

2. Zu Abs. 1 Satz 2 bis 4. Über Ablehnung der Vormundschaft bestimmt § 1786 BGB. § 74 der Städteordnung für die sechs östlichen Provinzen der Preußischen Monarchie v. 30. Mai 1853 (GS. S. 261) bestimmt:

„Ein jeder stimmfähiger Bürger ist verpflichtet, eine unbesoldete Stelle in der Gemeindeverwaltung oder -Vertretung anzunehmen, sowie eine angenommene Stelle mindestens drei Jahre lang zu versehen.

Zur Ablehnung oder zur früheren Niederlegung einer solchen Stelle berechtigen nur folgende Entschuldigungsgründe:

1. anhaltende Krankheit;
2. Geschäfte, die eine häufige oder lange dauernde Abwesenheit mit sich bringen;
3. ein Alter über sechzig Jahre;
4. die früher stattgehabte Verwaltung einer unbesoldeten Stelle für die nächsten drei Jahre;
5. die Verwaltung eines anderen öffentlichen Amtes;

6. ärztliche oder wundärztliche Praxis;
7. sonstige besondere Verhältnisse, welche nach dem Ermessen der Stadtverordnetenversammlung eine gültige Entschuldigung begründen."

Die Anwendung der Nr. 4 auf die hier in Rede stehenden Fälle in Verbindung mit Satz 4 des Abs. 1 ergibt, daß, wer einmal das Amt eines Beisitzers weniger als sechs Jahre hindurch bekleidet hat, für die nächsten drei Jahre ablehnen kann, daß dagegen derjenige, welcher sechs Jahre hindurch Beisitzer gewesen ist, für die nächsten sechs Jahre befreit ist. Vgl. StenBer. S. 429, 430, Wilhelmi u. Bewer S. 106. An die Stelle der Stadtverordnetenversammlung (Nr. 7) tritt die im § 12 Abs. 2 bezeichnete Stelle (Magistrat usw.).

Auch eine den Vorschriften des § 11 zuwider erfolgte Berufung berechtigt zur Ablehnung; Anm. 3 zu § 11.

Nicht nur die Ablehnung der Annahme, sondern auch die Niederlegung des angenommenen Beisitzeramtes ist aus den erwähnten Gründen zulässig.

Ob und inwieweit bei erfolgreicher Verweigerung der Übernahme Ersatzwahlen anzuordnen sind, wird das Statut zu bestimmen haben.

3. Zu Abs. 1 Satz 5 und 6. Eine Frist für die Geltendmachung der Ablehnungsgründe (d. h. Weigerungsgründe, da es sich auch um die Niederlegung des bereits angenommenen Amtes handelt), ist gesetzlich nicht vorgeschrieben; solange ein Beisitzer einen Ablehnungsgrund nicht mit Erfolg geltend gemacht hat, unterliegt er der Strafvorschrift des § 23 Abs. 1. Gegen die Entscheidung über die Ablehnung findet die Beschwerde innerhalb des landesrechtlich geordneten Instanzenzuges statt. StenBer. S. 430.

4. Zu Abs. 2. Während der Entwurf nur die Vergütung der Reisekosten obligatorisch machte, die Gewährung einer Vergütung für Zeitversäumnis aber dem Statut

überließ, ging die gegenwärtige Gestalt des Abs. 2 aus der Erwägung hervor, „daß Arbeiter, welche keine Entschädigung für Zeitversäumnis erhielten, wohl selten in der Lage sein würden, das Amt eines Beisitzers anzunehmen. Wenn die Annahme der Wahl obligatorisch sein solle, so könne man den Arbeitern eine Vergütung für Zeitversäumnis ohne Unbilligkeit nicht verweigern. Der Gleichheit halber und damit die Arbeiter sich nicht als Beisitzer zweiter Klasse fühlten, sei es notwendig, auch den Arbeitgebern diese Vergütung zu geben. Komm.-Ber. S. 19.

Die Höhe der Vergütung für Zeitversäumnis muß im Statut für Arbeiter und Arbeitgeber gleichmäßig und auch ohne weitere Abstufungen innerhalb der einzelnen Kategorien festgesetzt sein; zulässig aber ist eine Abstufung nach der aufgewendeten Zeit. Für etwaige Reisekosten sind die tatsächlich erwachsenen baren Auslagen zu erstatten, falls das Statut nicht bestimmte Sätze vorschreibt (Wilhelmi u. Bewer S. 107). Eine Zurückweisung des Ersatzes der Reisekosten ist statthaft; der Schluß des Abs. 2 bezieht sich nur auf die Entschädigung für Zeitversäumnis. In der Zurückweisung der letzteren kann eine grobe Verletzung der Amtspflicht (§ 21 Abs. 3) gefunden werden; direkter Zwang zur Annahme ist nicht anwendbar.

Den Parteien fallen die Vergütungen für Reisekosten nicht zur Last. Mot. S. 25.

5. Der ganze Paragraph bezieht sich nur auf die Beisitzer, nicht auf die Vorsitzenden und Stellvertreter. Wegen der Besoldung der letzteren s. Anm. 4 zu § 12. Eine Verpflichtung zur Annahme und Beibehaltung des Amts als Vorsitzender oder Stellvertreter kennt das Gesetz nicht. Inwieweit Beamte des betr. Kommunalverbandes zur Annahme und Führung des Amtes verpflichtet sind und welche Folgen die Weigerung nach sich zieht, bestimmen die landesrechtlichen Normen. Ob und inwieweit ein Beamter, welcher nicht dem betr. Kommunalverbande

dient, zur Übernahme des Amtes der Genehmigung seiner Dienstbehörde bedarf, richtet sich ebenfalls nach den betr. dienstpragmatischen Vorschriften.

6. „Statut“ s. § 1 Abs. 5.

§. 21.

Ein Mitglied des Gewerbegerichts, hinsichtlich 1. dessen Umstände eintreten oder bekannt werden, welche die Wählbarkeit zu dem von ihm bekleideten Amte nach Maßgabe dieses Gesetzes ausschließen, ist des Amtes zu entheben. Die Enthebung erfolgt durch die höhere Verwaltungsbehörde nach Anhörung des Betheiligten.

Aus den Arbeitgebern entnommene Beisitzer, 2. die erst nach ihrer Wahl Mitglied einer im §. 14 Abs. 3 bezeichneten Innung werden, sowie aus den Arbeitern entnommene Beisitzer, die erst nach ihrer Wahl bei einem Mitglied einer solchen Innung in Arbeit treten, bleiben bis zur nächsten Wahl im Amte.

Ein Mitglied des Gewerbegerichts, welches sich 3. einer groben Verletzung seiner Amtspflicht schuldig macht, kann seines Amtes entsetzt werden. Die Entsetzung erfolgt durch das Landgericht, in dessen Bezirke das Gewerbegericht seinen Sitz hat. Hinsichtlich des Verfahrens und der Rechtsmittel finden die Vorschriften entsprechende Anwendung, welche für die zur Zuständigkeit der Landgerichte gehörigen

Strafsachen gelten. Die Klage wird von der Staatsanwaltschaft auf Antrag der höheren Verwaltungsbehörde erhoben.

1. Zu Abs. 1:

Zu den im Abs. 1 bezeichneten „Umständen" gehören auch die im § 11 Abs. 1, § 14 Abs. 2 und 3 hervorgehobenen Hindernisse (s. Anm. 3 zu § 11, Anm. 1 zu § 13). Eine Ausnahme schreibt der durch die Novelle eingefügte Abs. 2 vor. Solange die Enthebung nicht erfolgt ist, kann eine unter Mitwirkung eines solchen Mitgliedes ergangene Entscheidung mit der Nichtigkeitsklage nur angefochten werden, wenn ein Beisitzer mitwirkte, der zur Zeit der Wahl zum Amte eines Schöffen unfähig war (§ 56, Bl. f. Soz. Pr. IV Nr. 44 Sp. 825, Nr. 50 Sp. 978).

„Höhere Verwaltungsbehörde" im Sinne des Abs. 1 ist in Preußen der Bezirksausschuß, bzw. sofern es sich um ein von einem Provinzialverbande oder einem der Kommunalverbände Kassel und Wiesbaden errichtetes Gericht handelt, der Provinzialrat, sofern es sich um ein von dem Hohenzollernschen Kommunalverbande errichtetes Gericht handelt, der Minister des Innern, für Berlin der Oberpräsident. S. Anm. 3 zu § 88.

Gegen die Entscheidung der höheren Verwaltungsbehörde ist die Beschwerde innerhalb des geordneten Instanzenzuges gegeben; StenBer. S. 435. Die Anhörung des Beisitzers kann mündlich oder schriftlich erfolgen, auch durch den Vorsitzenden.

2. Zu Abs. 2.

Der durch die Novelle eingefügte Zusatz will im Interesse der Stetigkeit in der Besetzung der Gewerbegerichte dem Mißstand vorbeugen, daß bisher ein Ausscheiden stattfinden mußte, wenn ein Arbeitgeberbeisitzer Mitglied einer Innung wurde, für die ein Innungsschiedsgericht besteht, oder ein Arbeiterbeisitzer bei einem solchen Innungsmitglied in Arbeit trat. In solchem Fall soll ein Ausscheiden erst bei der „nächsten Wahl" — nicht etwa erst am Ende der Amtsdauer — erfolgen (Komm.-Ber. XII S. 30ff.). Dem „in Arbeit treten" wird es gleich zu erachten sein, wenn ein Arbeiterbeisitzer bei einem Arbeitgeber in Arbeit bleibt, welcher erst nach der Wahl einer Innung beitritt.

3. Zu Abs. 3:

Zuständig ist die Strafkammer des betr. Landgerichts (§ 72 Abs. 2 GVG.) ev. auch nach Anordnung der Landesjustizverwaltung die sog. detachierte Strafkammer (§ 78 a. a. O.), in deren Bezirk das Gewerbegericht seinen Sitz hat, und zwar ist die Kammer in der Hauptverhandlung mit fünf Mitgliedern besetzt (§ 77 a. a. O.). Die Klage ist die öffentliche Klage der StPO. (§§ 151, 152 Abs. 1) und wird durch den Antrag auf gerichtliche Voruntersuchung oder durch Einreichung einer Anklageschrift erhoben (§ 168 Abs. 1 a. a. O.). Lehnt die Staatsanwaltschaft den Antrag der höheren Verwaltungsbehörde ab, so hat letztere die Beschwerde im Instanzenzuge, nicht aber das Recht zur Herbeiführung einer gerichtlichen Entscheidung (§§ 170ff. a. a. O.), da sie nicht als „Verletzter" im Sinne des § 170 gelten kann. Verhaftung, vorläufige Festnahme und Vorführung des Beschuldigten (vgl. § 155 a. a. O.) müssen als unzulässig angesehen werden (Haas S. 56, aM. teilweise Wilhelmi u. Bewer S. 113). Gegen das Urteil der Strafkammer findet die Revision gemäß §§ 374ff. a. a. O. statt. Der Antrag der höheren Verwaltungsbehörde hat nicht den Charakter eines Strafantrages gemäß §§ 61ff. des Strafgesetzbuchs, die nicht für anwendbar erklärt sind. Die Staatsanwaltschaft darf nicht von Amts wegen einschreiten; wenn sie aber einmal infolge des Antrages die öffentliche Klage erhoben hat, so kann diese nach Eröffnung der Untersuchung nicht zurückgenommen werden (§ 154 StPO.).

„Höhere Verwaltungsbehörde" im Sinne des Abs. 3 ist der Regierungspräsident, bzw. sofern es sich um ein von einem Provinzialverbande oder einem der Kommunalverbände Kassel und Wiesbaden errichtetes Gericht handelt, und für Berlin der Oberpräsident, sofern es sich um ein von dem Hohenzollernschen Kommunalverbande errichtetes Gericht handelt, der Minister des Innern.

4. Abs. 1 und 3 beziehen sich auch auf den Vorsitzenden und Stellvertreter. Letztere unterliegen neben der Vorschrift des Abs. 3 natürlich auch ev. dem für ihr Hauptamt angeordneten Disziplinarverfahren: Erl. d. preuß. Min. d. J. u. f. Handel v. 11. März 1901, GG. VI Nr. 11 Sp. 302. Entsch. d. großherz. hessischen Ministeriums des Innern GG. III Nr. 3 Sp. 29. In Württemberg sind durch Landesgesetz vom 14. April 1893 die Gewerbegerichte der Dienstaufsicht des Landgerichts in derselben Weise unterstellt wie die Amtsgerichte. Ebenso in Baden durch Gesetz vom 19. Februar 1892; für Preußen vgl. Erlaß der Minister des Innern und für Handel und Gewerbe v. 18. August 1898, MinBl. d. i. V. S. 188 und v. 30. Mai 1899 GG. VI Nr. 11 Sp. 301. Wegen einer Kollision des Straf- und Disziplinarverfahrens vgl. § 4 des preuß. Ges. betr. die Dienstvergehen der nicht richterlichen Beamten usw. v. 21. Juli 1852 (GS. S. 465) und § 3 des preuß. Ges. betr. die Dienstvergehen der Richter usw. v. 7. Mai 1851 (GS. S. 218).

§. 22.

Der Vorsitzende des Gewerbegerichts und dessen Stellvertreter sind vor ihrem Amtsantritte durch den von der höheren Verwaltungsbehörde beauftragten Beamten, die Beisitzer vor der ersten Dienstleistung durch den Vorsitzenden auf die Erfüllung der Obliegenheiten des ihnen übertragenen Amtes eidlich zu verpflichten.

1. Eine Eidesnorm ist reichsgesetzlich nicht vorgeschrieben. Ein Antrag, Mitglieder, welche bereits im Hauptamt eidlich verpflichtet sind, von der neuen Eidesleistung zu entbinden, wurde in der Komm. abgelehnt, da ein solcher Eid sich mit den hier zu übernehmenden Verpflichtungen vielfach nicht decke. „Doch schloß sich die Komm. darin einstimmig der Anschauung des Antragstellers an, daß, wenn ein entsprechender Eid bereits geleistet sei, auch nach dem Paragraphen, wie er jetzt geblieben ist, eine Bezugnahme auf den geleisteten Eid bei Antritt des Amtes genüge." KommBer. S. 20. Es genügt für die ganze Wahlperiode Vereidigung bei der ersten Dienstleistung; bei Wiederwahl ist eine Wiederholung der Vereidigung nicht erforderlich. Öffentlichkeit der Vereidigung ist nicht vorgeschrieben. Die Unterlassung der Vereidigung macht das Gericht zu einem nicht vorschriftsmäßig besetzten; s. Anm. 4 zu § 11.

2. Für Preußen s. Erlaß der Minister für Handel u. Gewerbe und des Innern v. 17. Februar 1891 (MBl. d. i. V. S. 26):

a) Behufs Vereidigung derjenigen Mitglieder eines Gewerbegerichts, welche den Staatsdienereid abgelegt haben oder als Mitglieder eines Gewerbegerichtes bereits vereidigt worden sind, genügt der Hinweis auf den früher geleisteten Eid.

b) Die Vereidigung der übrigen Mitglieder eines Gewerbegerichts hat in folgender Weise zu geschehen:

Der mit der Vereidigung beauftragte Beamte oder Vorsitzende des Gewerbegerichts richtet an die zu Vereidigenden die Worte:

„Sie schwören bei Gott dem Allmächtigen und Allwissenden, die Pflichten eines Vorsitzenden (Beisitzers) des Gewerbegerichts getreulich zu erfüllen und Ihre Stimme nach bestem Wissen und Gewissen abzugeben."

Die zu Vereidigenden leisten alsdann den Eid, indem jeder unter Erheben der rechten Hand die Worte spricht:

„Ich schwöre es, so wahr mir Gott helfe."

Dem Schwörenden bleibt es dabei überlassen, diesen Eidesworten die seinem religiösen Bekenntnisse entsprechende Bekräftigungsformel hinzuzufügen. Ist der zu Vereidigende Mitglied einer Religionsgesellschaft, welcher das Gesetz den Gebrauch gewisser Beteuerungsformeln an Stelle des Eides gestattet,[1]) so wird die Abgabe einer Erklärung unter der Beteuerungsformel dieser Religionsgesellschaft der Eidesleistung gleichgeachtet.

Über die Vereidigung wird ein Protokoll aufgenommen."

3. „Höhere Verwaltungsbehörde" ist die in Anm. 3 zu § 21 Abs. 2 bezeichnete Stelle: s. Anm. 3 zu § 88.

§. 23.

1. Beisitzer, welche ohne genügende Entschuldigung zu den Sitzungen nicht rechtzeitig sich einfinden oder ihren Obliegenheiten in anderer Weise sich entziehen, sind zu einer Ordnungsstrafe bis zu dreihundert Mark sowie in die verursachten Kosten zu verur-

[1]) Dies ist in Preußen für die Mennoniten durch Verordn. v. 11. März 1827 (GS. S. 28) und für die Philipponen durch Kabinettsorder v. 19. November 1836 (v. Kamptz, Jahrbücher Bd. 49 S. 175) geschehen.

theilen. Die Verurtheilung wird durch den Vorsitzenden ausgesprochen. Erfolgt nachträglich genügende Entschuldigung, so kann die Verurtheilung ganz oder theilweise zurückgenommen werden.

Gegen die Entscheidung findet Beschwerde an 2.
das Landgericht statt, in dessen Bezirke das Gewerbegericht seinen Sitz hat. Das Verfahren richtet sich nach den Vorschriften der Strafprozeßordnung.

1. Zu Abs. 1. Eine Strafe wegen Ausbleibens oder zu späten Erscheinens kann nur verhängt werden, wenn der Beisitzer in gehöriger Weise vorgeladen ist. Ob eine Entschuldigung genügt, unterliegt dem Ermessen des Vorsitzenden. Seinen Obliegenheiten entzieht sich auch ein Beisitzer, welcher die Teilnahme an einer Abstimmung verweigert (§ 53 Abs. 3 d. Ges., § 197 GVG.). Vgl. Löwe, StPO. Anm. 2 bis 4 zu § 56 GVG. Auch derjenige Beisitzer fällt hierunter, welcher, solange er nicht gemäß § 20 einen Ablehnungsgrund mit Erfolg geltend gemacht hat, die Ausübung des Amtes überhaupt verweigert oder die Eidesleistung ablehnt. Die Substituierung einer Freiheitsstrafe für den Fall des Unvermögens ist unzulässig. Der verurteilende Beschluß wird in analoger Anwendung des § 35 StPO. dem Beisitzer zu verkünden, ev. zuzustellen und gemäß § 34 a. a. O. mit Gründen zu versehen sein. Die Vollstreckung der Geldstrafe erfolgt auf Grund einer vom Gerichtsschreiber zu erteilenden vollstreckbaren Ausfertigung durch den Gerichtsvollzieher (vgl. Anm. 2 zu § 25). Die verursachten Kosten sind dagegen gemäß § 59 Abs. 2 wie Gemeindeabgaben einzuziehen. Wilhelmi u. Bewer S. 119. Teilnahme an den Sitzungen des Gewerbegerichts oder eines Ausschusses desselben zur Abgabe von Gutachten gehört zu den Obliegenheiten des Beisitzers (GG. II S. 44).

2. Die Beschwerde steht nach § 338 Abs. 1 StPO. hier nur dem Verurteilten zu, nicht etwa anderen Beisitzern usw. Die Entscheidung erfolgt durch die Strafkammer in der Besetzung von drei Mitgliedern (§§ 72, 77, 78 GVG.). Die Beschwerde, welche an keine Frist gebunden ist, ist beim Gewerbegericht schriftlich oder zu Protokoll des Gerichtsschreibers einzulegen, in dringenden Fällen auch beim Beschwerdegericht; letzterem ist die Beschwerde, falls der Vorsitzende ihr nicht abhelfen will, sofort spätestens vor Ablauf von drei Tagen, vorzulegen. Das Rechtsmittel hat keine aufschiebende Wirkung; doch kann der Vorsitzende des Gewerbegerichts oder auch das Beschwerdegericht die Aussetzung der Vollziehung anordnen. Gegen die Entscheidung des Landgerichts ist ein weiterer Rechtsbehelf nicht gegeben. §§ 348, 349, 352 Abs. 2 StPO.

§. 24.

1. Das Gewerbegericht verhandelt und entscheidet, soweit nicht in diesem Gesetz ein Anderes bestimmt ist, in der Besetzung von drei Mitgliedern mit Einschluß des Vorsitzenden.

2. Durch das Ortsstatut kann bestimmt werden, daß allgemein oder für gewisse Streitigkeiten eine größere Zahl von Beisitzern zuzuziehen ist.

3. In gleicher Weise ist zu bestimmen, nach welchen Grundsätzen der Vorsitzende die einzelnen Beisitzer zuzuziehen hat.

4. Arbeitgeber und Arbeiter müssen stets in gleicher Zahl zugezogen werden.

1. Zu Abs. 2. Die Regelung muß durch das Statut erfolgen; ohne eine diesbezügliche Vorschrift darf der

Vorsitzende nicht mehr Beisitzer teilnehmen lassen; doch kann ihm das Statut die Vollmacht erteilen, in den ihm geeignet erscheinenden Fällen mehr Beisitzer einzuberufen. Nach dem gemäß § 53 Abs. 3 anwendbaren § 194 GVG. kann aber der Vorsitzende bei Verhandlungen von längerer Dauer Ergänzungsbeisitzer heranziehen, welche der Verhandlung beizuwohnen und im Falle der Verhinderung eines Beisitzers einzutreten haben. Die Zuziehung von Beisitzern mit beratender Stimme kennt das Gesetz nicht. Vgl. KommBer. S. 24.

2. Zu Abs. 3:

„Die Auswahl der zu den einzelnen Sitzungen zuzuziehenden Beisitzer ausschließlich dem Ermessen des Vorsitzenden zu überlassen, kann schon mit Rücksicht auf die Möglichkeit einer zu ungleichmäßigen Belastung der einzelnen Personen nicht als ratsam betrachtet werden. Gewisse Regeln wird der Vorsitzende hierbei jedenfalls beobachten müssen, und der Entwurf verlangt deshalb, daß in dieser Richtung entsprechende Vorschriften in das Statut aufgenommen werden. Dieselben können sehr wohl in der Weise getroffen werden, daß der Vorsitzende in der Lage bleibt, die für die einzelnen Fälle durch ihre Sachkenntnis besonders geeigneten Personen heranzuziehen." Mot. S. 26.

3. Zu Abs. 4. Wenn das Statut nach Abs. 2 mehr als zwei Beisitzer verlangt, die Beschlußfähigkeit aber beim Erscheinen einer geringeren Zahl annimmt, so muß es für den Fall des Ausbleibens von Einberufenen Vorkehrungen zur Herstellung der Gleichheit beider Kategorien treffen, z. B. dahin, daß der jüngste Beisitzer der stärker besetzten Kategorie ausscheidet.

4. „Statut" s. § 1 Abs. 5.

§. 25.

Bei jedem Gewerbegerichte wird eine Gerichtsschreiberei eingerichtet. 1.

2. Für die Bewirkung der Zustellungen in dem Verfahren vor den Gewerbegerichten können an Stelle der Gerichtsvollzieher Gemeindebeamte verwendet werden.

1. „Die näheren Bestimmungen über die Einrichtung der Gerichtsschreibereien und über die Auswahl der für die Zustellungen zu verwendenden Gemeindebeamten kann der statutarischen Regelung überlassen bleiben. Die Verwendung von Gemeindebeamten zur Bewirkung der Zustellungen wird jedenfalls die Regel bilden; sie unbedingt vorzuschreiben, ist nicht angezeigt, da unter besonderen Umständen auch die Beauftragung eines Gerichtsvollziehers mit der Zustellung zweckmäßig sein kann. Ein Grund, dies auszuschließen, ist um so weniger vorhanden, als Gebühren für die Zustellung weder in dem einen noch in dem anderen Falle von den Parteien erhoben werden (vgl. § 51 [jetzt 58] Abs. 5 und die Begründung zu demselben)." Mot. S. 26.

2. Zu Abs. 2. Statt der Gerichtsvollzieher dürfen Gemeindebeamte nur für Zustellungen, nicht auch für Zwangsvollstreckungen verwendet werden. Letztere müssen, auch soweit es sich um Strafen handelt (§ 9 Abs. 2), durch Gerichtsvollzieher bewirkt werden; wegen der Beitreibung der Gerichtskosten s. § 59 Abs. 2. Wenn Gerichtsvollzieher vom Gewerbegericht mit Zustellungen oder Zwangsvollstreckungen beauftragt werden, so haben sie nach der Gebührenordnung vom 20. Mai 1898 (RGBl. 1898 S. 659) gegenüber dem im § 9 bezeichneten Verbande Anspruch auf Gebühren und Auslagen.

Eine Modifikation des Abs. 2 s. in § 82 Abs. 2 Nr. 4.

3. Über die Vereidigung der Gerichtsschreiber bestimmt für Preußen der Erlaß v. 17. Februar 1891 (Anm. 2 zu § 22):

„Vorstehende Bestimmungen[1]) finden auf die Verpflichtung der bei den Gewerbegerichten amtierenden Gerichtsschreiber, welche mit Rücksicht auf den § 24 (jetzt 26) a. a. O. und im Hinblick auf die Vorschrift des § 9 Abs. 3 des Gesetzes, betreffend die Dienstverhältnisse der Gerichtsschreiber, v. 3. März 1879 ebenfalls zu vereidigen sind, mit der Maßgabe entsprechende Anwendung, daß bei der Vereidigung dieser Personen, welche durch die Vorsitzenden der Gewerbegerichte zu erfolgen hat, in der Eidesformel an die Stelle der Worte „Vorsitzenden (Beisitzers)" das Wort „Gerichtsschreibers" tritt und die Worte „und Ihre Stimme nach bestem Wissen und Gewissen abzugeben" in Fortfall kommen."

Zweiter Abschnitt.

Verfahren.

§. 26.

Auf das Verfahren vor den Gewerbegerichten finden, soweit im Nachstehenden nicht besondere Bestimmungen getroffen sind, die für das amtsgerichtliche Verfahren geltenden Vorschriften der Civilprozeßordnung entsprechende Anwendung.

1. „Besondere Bestimmungen": Dabei . . „ist als die prinzipiell wichtigste Änderuug hervorzuheben, daß der Grundsatz des Prozeßbetriebes durch die Parteien, wie er der Zivilprozeßordnung eigentümlich ist, in der Hauptsache beseitigt und durch den Offizialbetrieb seitens des

---

[1]) d. h. die S. 98 abgedruckten Bestimmungen über die Vereidigung der Mitglieder.

Gerichts ersetzt ist. Auch in der einigermaßen abgeschwächten Form, in welcher die Zivilprozeßordnung jenen Grundsatz für das amtsgerichtliche Verfahren durchführt, eignet sich derselbe für das Verfahren vor den Gewerbegerichten nicht. Die des Geschäftsganges unkundigen Parteien müßten dabei, um dem Prozesse Fortgang zu geben, immer noch in ausgedehntem Maße tätig werden, womit Verzögerungen und Arbeitsversäumnisse notwendig verbunden sein würden. Die hauptsächlichen Konsequenzen des im Entwurfe befolgten Prinzips äußern sich darin, daß alle Zustellungen von Amts wegen erfolgen (§ 26 [jetzt § 32]), die erforderlichen Verhandlungstermine von Amts wegen angesetzt und die Ladungen den Parteien abgenommen und durch den Gerichtsschreiber veranlaßt werden (§ 29 [jetzt § 33])". Mot. S. 26, 27.

2. Die ZPO. bestimmt:

§ 495. „Auf das Verfahren vor den Amtsgerichten finden die Vorschriften über das Verfahren vor den Landgerichten Anwendung, soweit nicht aus den allgemeinen Bestimmungen des ersten Buchs, aus den nachfolgenden besonderen Bestimmungen und aus der Verfassung der Amtsgerichte sich Abweichungen ergeben."

Von den „besonderen Vorschriften" der ZPO. über das amtsgerichtliche Verfahren sind § 496 durch § 36, § 497 durch § 32, § 498 durch § 35 Abs. 2, § 499 durch § 36 Abs. 2, § 500 durch § 37, § 501 durch § 32, § 503 durch § 42 ersetzt. §§ 505 und 506 sind nicht anwendbar, vgl. Anm. 3 u. 6 zu § 28. Die im gewerbegerichtlichen Verfahren anwendbaren Paragraphen des zweiten Abschnittes des zweiten Buches der ZPO. lauten:

§. 502. „Auch wenn eine Partei nicht zu laden ist, können ihr Anträge und Erklärungen, auf welche sie ohne vorgängige Mitteilung voraussichtlich eine Erklärung in einer mündlichen Verhandlung nicht abzugeben vermag, durch Zustellung eines Protokolls des Gerichtsschreibers mitgeteilt werden.

Diese Mitteilung kann auch unmittelbar und ohne besondere Form geschehen. [1])

§ 504. Die Vorschrift, daß prozeßhindernde Einreden gleichzeitig und vor der Verhandlung zur Hauptsache vorzubringen sind, findet nur insoweit Anwendung, als die Einrede der Unzuständigkeit des Gerichts vor der Verhandlung zur Hauptsache geltend zu machen ist.

Ist das Amtsgericht sachlich unzuständig, so hat es vor der Verhandlung des Beklagten zur Hauptsache denselben auf die Unzuständigkeit aufmerksam zu machen.

Auf Grund prozeßhindernder Einreden darf die Verhandlung zur Hauptsache nicht verweigert werden; das Gericht kann jedoch die abgesonderte Verhandlung über diese Einreden auch von Amts wegen anordnen. [2])

§ 507. Wegen unterbliebener Erklärung ist eine Urkunde nur dann als anerkannt anzusehen, wenn die Partei durch das Gericht zur Erklärung über die Echtheit der Urkunde aufgefordert ist.

§ 508. Die Vorschriften des § 261 Abs. 2, des § 297 und der §§ 348—354 finden auf das Verfahren vor den Amtsgerichten keine Anwendung.

§ 509. Anträge, sowie die Erklärungen über Annahme oder Zurückschiebung zugeschobener Eide sind durch das Sitzungsprotokoll festzustellen; anstatt der Feststellung

---

[1]) Der Gerichtsschreiber ist verpflichtet, das Protokoll aufzunehmen, auch wenn er eine Mitteilung nicht für erforderlich hält. Nach Abs. 2 braucht er das Protokoll nicht zuzustellen; es genügt Zusendung durch die Post. A. A. Struckmann u. Koch zu § 502, welche Abs. 2 nur auf die unmittelbare Mitteilung von Partei zu Partei beschränken wollen.

[2]) Das Gewerbegericht muß die sachliche Zuständigkeit von Amts wegen prüfen und bei sachlicher Unzuständigkeit die Klage abweisen.

genügt die Bezugnahme auf den Inhalt eines vorbereitenden Schriftsatzes.

Sonstige Erklärungen einer Partei, insbesondere Geständnisse, sind durch das Protokoll soweit festzustellen, als das Gericht bei dem Schlusse der mündlichen Verhandlung die Feststellung für angemessen erachtet.

§ 510. Wer eine Klage zu erheben beabsichtigt, kann unter Angabe des Gegenstandes seines Anspruchs zum Zwecke eines Sühneversuchs den Gegner vor das Amtsgericht laden, vor welchem dieser seinen allgemeinen Gerichtsstand hat.

Erscheinen beide Parteien, und wird ein Vergleich geschlossen, so ist derselbe zu Protokoll festzustellen. Kommt ein Vergleich nicht zustande, so wird auf Antrag beider Parteien der Rechtsstreit sofort verhandelt; die Erhebung der Klage erfolgt in diesem Falle durch den mündlichen Vortrag derselben.

Ist der Gegner nicht erschienen, oder der Sühneversuch erfolglos geblieben, so werden die erwachsenden Kosten als Teil der Kosten des Rechtsstreits behandelt."

3. Das Mahnverfahren (§§ 688—703 ZPO.) ist hier unzulässig; nach §§ 36 ff. kann nur auf Grund mündlicher Verhandlung entschieden werden; die Bestimmungen über den Urkundenprozeß (§§ 592 ff. ZPO.) sind von der Anwendung nicht ausgeschlossen. Im übrigen vgl. Anm. zu den einzelnen Paragraphen dieses Abschnittes.

4. Die Vorschriften des GVG. (§§ 201—204) über die Gerichtsferien sind nicht für anwendbar erklärt; demgemäß bleiben auch die Vorschriften der ZPO. (§ 223) über den Einfluß der Ferien auf die Fristen außer Betracht.

§. 27.

1. Zuständig ist dasjenige Gewerbegericht, in dessen Bezirke die streitige Verpflichtung zu erfüllen ist

oder sich die gewerbliche Niederlassung des Arbeitgebers befindet oder beide Parteien ihren Wohnsitz haben.

Unter mehreren zuständigen Gewerbegerichten 2.
hat der Kläger die Wahl.

1. Das Gesetz vom 29. Juli 1890 hatte aus Zweckmäßigkeitsgründen nur den Gerichtsstand des Erfüllungsortes zugelassen. Man meinte, daß der Erfüllungsort stets leicht feststellbar sei und das Gericht des Erfüllungsortes mit den maßgebenden örtlichen Zuständen am meisten vertraut sei. Die in der Praxis hervorgetretenen Mißstände haben in der Novelle auch zur Zulassung des Gerichtsstandes der gewerblichen Niederlassung des Arbeitgebers und des Wohnsitzes beider Parteien geführt. (KommBer. XII S. 36.)

Wo der Ort der Erfüllung für die streitige Verpflichtung ist, bestimmt das materielle Recht. Vgl. § 269 BGB., Struckmann u. Koch Anm. 2 u. 3 zu § 29. Gewerbliche Niederlassung vgl. § 21 ZPO. Es kommt nur die Niederlassung in Betracht, von der aus das Arbeitsverhältnis eingegangen ist. Soz. Pr. XIII Sp. 1268, XIV Sp. 820. Wohnsitz vgl. § 13 ZPO., §§ 7—11 BGB. Die Zuständigkeit irgend eines Gewerbegerichts schließt die Zuständigkeit jedes ordentlichen Gerichtes aus. Soz. Pr. XIII Sp. 476.

2. „Den Gerichtsstand zu einem ausschließlichen im Sinne der Zivilprozeßordnung zu machen, fehlt es an einem genügenden Grund; den Parteien bleibt es daher unbenommen, kraft ausdrücklicher oder stillschweigender Übereinkunft (ZPO. §§ 38—40) die Entscheidung ihres Streites einem anderen, als dem im § 22 [jetzt 27] bezeichneten Gewerbegericht zu übertragen. Die Prorogation auf das ordentliche Gericht ist durch die Bestimmung im § 3 Abs. 2 (jetzt § 6) ausgeschlossen." Mot. S. 27,

vgl. auch StenBer. S. 438, 439, Anm. 1 zu § 6, RGr. 33 S. 430 (teilweise abweichend Bachem S. 45, a. A. v. Wilmowski, GG. II Sp. 44, Unger Nr. 220, s. jedoch auch GG. III Sp. 42).

Stillschweigende Vereinbarung ist anzunehmen, wenn der Beklagte, ohne die Unzuständigkeit geltend zu machen, zur Hauptsache mündlich verhandelt. § 39 ZPO.

3. Eine weitere örtliche Zuständigkeit ist vorgesehen in § 6 des RG. betr. die Binnenschiffahrt v. 20. Mai 1898:

„Das Gericht des Ortes, von dem aus die Schiffahrt mit dem Schiffe betrieben wird (Heimatsort), ist für alle gegen den Schiffseigner als solchen zu erhebenden Klagen zuständig, ohne Unterschied, ob er persönlich oder nur mit Schiff und Fracht haftet.

Unter mehreren hiernach in Betracht kommenden Orten gilt als Heimatsort der Ort, wo die Geschäftsniederlassung, bei mehreren Niederlassungen die Hauptniederlassung und in Ermangelung einer Geschäftsniederlassung der Wohnsitz des Schiffseigners sich befindet.

Ist ein Heimatsort nicht festzustellen, so gilt als solcher der Ort, wo der Schiffseigner zur Gewerbesteuer oder Einkommensteuer veranlagt wird."

Der hier angeordnete Gerichtsstand hat jedoch nur für das Verfahren vor den ordentlichen Gerichten Bedeutung; er ist ein besonderer, welcher den übrigen nach der ZPO. begründeten Gerichtsständen hinzutritt, sie aber nicht ausschließt (Urt. d. RGr. v. 12. Juli 1897 Deutsche Juristen-Zeitung III S. 352). Für die örtliche Zuständigkeit eines Gewerbegerichts ist lediglich § 27 maßgebend. Wilhelmi u. Bewer S. 135.

4. „Die Bestimmungen über den Gerichtsstand der Widerklage finden auch auf die Gewerbegerichte Anwendung. Aus der beschränkten Jurisdiktion dieser Gerichte ergibt sich aber von selbst, daß eine Widerklage bei denselben nur insoweit erhoben werden kann, als es sich

dabei um einen Anspruch der im § 3 (jetzt § 4) bezeichneten Art handelt." Mot. S. 27, 28.

Vgl. ZPO. **§ 33.** „Bei dem Gerichte der Klage kann eine Widerklage erhoben werden, wenn der Gegenanspruch mit dem in der Klage geltend gemachten Anspruche oder mit den gegen denselben vorgebrachten Verteidigungsmitteln in Zusammenhang steht.

Diese Bestimmung findet keine Anwendung, wenn die Zuständigkeit des Gerichts für eine Klage wegen des Gegenanspruchs auch durch Vereinbarung nicht würde begründet werden können."

§ 280. „Bis zum Schlusse derjenigen mündlichen Verhandlung, auf welche das Urteil ergeht, kann der Kläger durch Erweiterung des Klageantrags, der Beklagte durch Erhebung einer Widerklage beantragen, daß ein im Laufe des Prozesses streitig gewordenes Rechtsverhältnis, von dessen Bestehen oder Nichtbestehen die Entscheidung des Rechtsstreits ganz oder zum Teile abhängt, durch richterliche Entscheidung festgestellt werde."

Eine Widerklage, für welche das Gewerbegericht sachlich nicht zuständig ist, muß wegen Unzuständigkeit des Gerichts abgewiesen werden; aber auch eine Widerklage, die an sich vor dem Gewerbegericht zulässig ist, auch mit der Klageforderung oder den Verteidigungsmitteln tatsächlich, jedoch nicht rechtlich im Zusammenhange steht, kann nach § 145 Abs. 2 ZPO. vom Gewerbegericht zum getrennten Verfahren — hier natürlich vor dem Gewerbegericht — verwiesen werden und zwar in Beschlußform (Urt. d. RGr. v. 23. Februar 1888, Gruchot Bd. 32 S. 1170, v. 22. Oktober 1888, ebenda Bd. 33 S. 1143, v. 12. November 1889, Entsch. Bd. 24 S. 423); wenn dagegen Klage- und Widerklageanspruch in demselben Rechtsverhältnis ihre tatsächliche Begründung finden (RGr. Entsch. Bd. 25 S. 396), so ist in demselben Verfahren auch über die Widerklage zu entscheiden. Ferner hat nach § 301 ZPO. das Gewerbegericht, sofern keine vorherige Trennung stattgefunden hat, die Befugnis, wenn nur die Klage oder die Widerklage zur Entscheidung reif ist, ein Teilurteil zu erlassen.

Über die prozessuale Behandlung der Aufrechnung bestimmen:

§ 145 Abs. 3. „Macht der Beklagte die Aufrechnung einer Gegenforderung geltend, welche mit der in der Klage geltend gemachten Forderung nicht in rechtlichem Zusammenhange steht, so kann das Gericht anordnen, daß über die Klage und über die Aufrechnung getrennt verhandelt werde; die Vorschriften des § 302 finden Anwendung."

§ 302. „Hat der Beklagte die Aufrechnung einer Gegenforderung geltend gemacht, welche mit der in der Klage geltend gemachten Forderung nicht in rechtlichem Zusammenhange steht, so kann, wenn nur die Verhandlung über die Forderung zur Entscheidung reif ist, diese unter Vorbehalt der Entscheidung über die Aufrechnung erfolgen.

Enthält das Urteil keinen Vorbehalt, so kann die Ergänzung des Urteils nach Vorschrift des § 321 beantragt werden.

Das Urteil, welches unter Vorbehalt der Entscheidung über die Aufrechnung ergeht, ist in betreff der Rechtsmittel und der Zwangsvollstreckung als Endurteil anzusehen.

In betreff der Aufrechnung, über welche die Entscheidung vorbehalten ist, bleibt der Rechtsstreit anhängig. Soweit sich in dem weiteren Verfahren ergibt, daß der Anspruch des Klägers unbegründet war, ist das frühere Urteil aufzuheben, der Kläger mit dem Anspruch abzuweisen und über die Kosten anderweit zu entscheiden. Der Kläger ist zum Ersatze des Schadens verpflichtet, der dem Beklagten durch die Vollstreckung des Urteils oder durch eine zur Abwendung der Vollstreckung gemachte Leistung entstanden ist. Der Beklagte kann den

Anspruch auf Schadensersatz in dem anhängigen Rechtsstreite geltend machen; wird der Anspruch geltend gemacht, so ist er als zur Zeit der Zahlung oder Leistung rechtshängig geworden anzusehen."

Danach kann das Gewerbegericht zwar, wenn die Gegenforderung mit der Forderung nicht in rechtlichem Zusammenhange steht, die Trennung der Verhandlung anordnen oder über die zur Entscheidung reife Forderung ein Urteil erlassen, das Urteil über die Klageforderung erledigt aber den Rechtsstreit nicht endgültig, es ist vielmehr im weiteren Verfahren vor demselben Gericht darüber zu entscheiden, ob das über die Klageforderung ergangene Urteil wieder aufzuheben ist, weil die Einrede der Aufrechnung für begründet befunden wird. Daraus ergibt sich, daß auch über eine Gegenforderung nichtgewerblicher Natur vom Gewerbegericht trotz Trennung der Verhandlung Entscheidung zu treffen ist. Die Vorschrift der §§ 145 Abs. 3, 302 entspricht der durch die Rechtsprechung des Reichsgerichts (Beschluß der vereinigten Zivilsenate v. 11. April 1893, Entsch. Bd. 31 S. 1) zur Anerkennung gelangten Auslegung der §§ 136 Abs. 2, 274 der ZPO. v. 30. Januar 1877. Sie wird allein dem materiellen Recht gerecht; denn § 388 Satz 1, § 389 BGB. bestimmen, daß die Forderung durch die Erklärung der Aufrechnung mit der Gegenforderung als erloschen gilt. Wilhelmi u. Bewer S. 138.

Die in den früheren Auflagen und bei v. Schulz § 27 Anm. 8 vertretene Ansicht, daß das Gewerbegericht eine Gegenforderung nichtgewerblicher Natur im Urteil über die Klageforderung zurückweisen könne, beruhte auf der vom RGr. mißbilligten Auslegung der §§ 136 Abs. 2, 274 alter Fassung, wonach nach Erledigung der Klage durch Zusprache der Forderung des Klägers über die Gegenforderung in demselben Rechtsstreit nicht weiter verhandelt werden könne, die Aufrechnung der Gegenforderung vielmehr in besonderer Klage geltend zu machen sei.

Materiell wird übrigens die Aufrechnung gegen gewerbliche Forderungen vielfach durch die Vorschrift des § 394 BGB. sich erledigen (vgl. v. Schulz § 27 Anm. 8).

§. 28.

Die Vorschrift im §. 11 der Civilprozeßordnung über die bindende Wirkung der rechtskräftigen Entscheidung, durch welche ein Gericht sich für sachlich unzuständig erklärt hat, findet in dem Verhältnisse der Gewerbegerichte und der ordentlichen Gerichte Anwendung. Eine solche Entscheidung des ordentlichen Gerichts ist auch insoweit, als sie auf der Annahme der örtlichen Zuständigkeit eines bestimmten Gewerbegerichts beruht, für das letztere bindend.

1. ZPO. **§. 11.** „Ist die Unzuständigkeit eines Gerichts auf Grund der Bestimmungen über die sachliche Zuständigkeit der Gerichte rechtskräftig ausgesprochen, so ist diese Entscheidung für das Gericht bindend, bei welchem die Sache später anhängig wird."

2. „Dem Mißstande, welcher sich ergeben würde, wenn infolge einer Meinungsverschiedenheit sowohl das ordentliche als das Gewerbegericht in derselben Streitsache sich für sachlich unzuständig erklären, sucht der Entwurf dadurch vorzubeugen, daß er die Bestimmung im § 11 . . . auf das Verhältnis der beiden Gattungen von Gerichten zueinander für anwendbar erklärt. Hierbei kommt jedoch in Betracht, daß das ordentliche Gericht, da nicht für jeden Bezirk ein Gewerbegericht bestehen wird, nur dann dazu gelangen kann, seine sachliche Zuständigkeit zu verneinen, wenn es sich zugleich von dem Vorhandensein eines für die einzelne Streitsache örtlich zuständigen Gewerbegerichts überzeugt, also die Zuständigkeit eines

solchen auch in dieser Hinsicht geprüft und bejaht hat. Eine Trennung der bezeichneten Elemente der Entscheidung ist nicht wohl durchführbar, und, um Komplikationen zu verhüten, räumt der Entwurf der Entscheidung des ordentlichen Gerichts auch insoweit, als sie auf die örtliche Zuständigkeit eines bestimmten Gewerbegerichts gestützt ist, bindende Wirkung für das letztere ein." Mot. S. 28.

Sollte trotzdem sowohl das Gewerbegericht als das ordentliche Gericht sich rechtskräftig für unzuständig erklärt haben, so findet § 36 Z. 6 ZPO. Anwendung. Beschl. d. Kammergerichts v. 6. Januar 01, Soz. Pr. XI Sp. 164.

§ 11 ZPO. findet aber auch auf das gegenseitige Verhältnis mehrerer Gewerbegerichte mit verschiedener sachlicher Zuständigkeit (§ 7 Abs. 1, § 82) Anwendung (Bachem S. 71, Haas S. 68, Schier S. 59, Wilhelmi u. Bewer S. 142). Vgl. ferner § 86. Ebenso findet er Anwendung im Verhältnis der ordentlichen Gerichte zu den Kaufmannsgerichten § 16 Abs. 2 KGG. Über das Verhältnis des Gewerbegerichts zu dem Kaufmannsgericht vgl. unten § 16 Abs. 3 KGG. „Sachliche" Zuständigkeit deckt nicht nur die in § 4 vorgesehenen Streitigkeiten, sondern auch den Personenkreis nach den §§ 3 und 5. AM. Soz. Pr. XIV Sp. 340.

3. Die Vorschriften der §§ 276 und 505 ZPO., wonach das Landgericht im Falle seiner sachlichen Unzuständigkeit den Rechtsstreit auf Antrag des Klägers an ein bestimmtes Amtsgericht des Bezirks und das Amtsgericht in gleichem Falle den Rechtsstreit vor das Landgericht verweisen kann, beides mit der Wirkung, daß mit der Rechtskraft dieses Urteils der Rechtsstreit als bei dem betr. Amts- bez. Landgericht anhängig gilt, können für das Verhältnis der ordentlichen Gerichte zu den Gewerbegerichten keine Anwendung finden. Denn § 276 kann im amtsgerichtlichen Verfahren überhaupt nicht Anwendung

finden. § 505 setzt ein dem Amtsgericht übergeordnetes Landgericht voraus, das nach den Zuständigkeitsvorschriften der ZPO. sachlich zuständig sein muß, wenn das Amtsgericht unzuständig ist. Für eine „entsprechende" Anwendung des § 505 ist im Verhältnis des Gewerbegerichts zu den ordentlichen Gerichten kein Raum. Es ist also stets neue Erhebung der Klage vor dem ordentlichen Gericht bzw. dem Gewerbegericht notwendig. Levy bei Gruchot Bd. 35 S. 744, Struckmann u. Koch Anm. 3 zu § 505, Soz. Pr. XIV 603. (aM. Wilhelmi u. Bewer S. 141, Schier S. 59, teilweise Haas S. 68. Noch weiter geht v. Schulz Anm. 2 zu § 28, welcher sogar dem ordentlichen Gericht die Befugnis zuweist, den Rechtsstreit an das Gewerbegericht zu verweisen, obwohl für das Verhältnis des ordentlichen Gerichts zum Gewerbegericht keine die entsprechende Anwendung der §§ 276 und 505 ZPO. zulassende Bestimmung besteht, wie sie in § 26 GGG. gegeben ist. Wilhelmi u. Bewer S. 142, unter c, Soz. Pr. XIII Sp. 1371.

4. Die örtliche Zuständigkeit des ordentlichen Gerichts wird durch die rechtskräftige Erklärung der sachlichen Unzuständigkeit seitens des Gewerbegerichts nicht bindend festgestellt, ist vielmehr von jenem unabhängig hiervon zu prüfen; nur für den umgekehrten Fall macht das Gesetz eine Ausnahme. Wilhelmi u. Bewer S. 144.

5. Hat das ordentliche Gericht auf Grund des § 11 sich für unzuständig erklärt, weil es die Zuständigkeit eines Gewerbegerichts annimmt, so wirkt das nur negativ dahin, daß das Gewerbegericht nicht seinerseits die Zuständigkeit des ordentlichen Gerichts annehmen darf, nicht auch positiv, daß das Gewerbegericht seine Zuständigkeit annehmen muß. Hält das Gewerbegericht nunmehr ein Kaufmannsgericht für zuständig, so findet § 16 Abs. 3 KGG. Anwendung. Soz. Pr. XIII Sp. 1371.

6. § 506 ZPO. (s. Anm. 2 zu § 26) kann auf das Verfahren vor dem Gewerbegericht schon deshalb nicht

angewendet werden, weil die Zuständigkeit desselben ohne Rücksicht auf den Wert des Streitgegenstandes (§ 4 Abs. 1), andrerseits aber nur für bestimmte Materien begründet ist; jedes Überschreiten der letzteren Grenzen muß von Amts wegen zurückgewiesen werden, während der übrige Rechtsstreit anhängig bleibt; eine Erweiterung des Klageantrages usw. innerhalb der sachlichen Zuständigkeit aber kann eine Unzuständigkeitserklärung nicht begründen.

§. 29.

Ueber Gesuche wegen Ablehnung von Gerichtspersonen entscheidet das Gewerbegericht.

1. Über die Voraussetzungen der Ablehnungen von Mitgliedern des Gewerbegerichts und des Gerichtsschreibers (wegen Vorliegens eines gesetzlichen Ausschließungsgrundes und wegen Besorgnis der Befangenheit) und das Verfahren s. §§ 41—49 ZPO.

2. Nach der Vorlage sollte über Ablehnungsgesuche das Gewerbegericht unter Teilnahme von Beisitzern entscheiden; dieses Erfordernis ist im Plenum in der dritten Lesung beseitigt. Wird die Ablehnung in der mündlichen Verhandlung erklärt, so müssen, wenn nicht § 54 durchgreift, nach § 53 die Beisitzer bei der Entscheidung mitwirken, jedoch (§ 45 Abs. 1 ZPO.) ohne Mitwirkung des abgelehnten Mitgliedes; an Stelle der abgelehnten Beisitzer sind andere einzuberufen, an Stelle des Vorsitzenden sein Vertreter. Ist ein solcher Ersatz nicht ausführbar, so entscheidet nach § 45 Abs. 1 ZPO. das Landgericht (Zivilkammer), und zwar auch dann, wenn sich die Beschlußunfähigkeit nur auf eine Kammer (§ 10 Abs. 2) erstreckt. (Beschl. d. RGr. v. 19. Juni 1886, Entsch. Bd. 16 S. 413.) Geht das Ablehnungsgesuch vor der mündlichen Verhandlung ein, so kann, da nach § 46 Abs. 1 ZPO. die Entscheidung ohne mündliche Verhandlung ergehen

kann, der Vorsitzende, bez. wenn dieser abgelehnt wird, sein Vertreter das Gesuch allein erledigen. (§ 53 Abs. 1.) Vgl. StenBer. S. 642, 643.

§. 30.

1. Nichtprozeßfähigen Parteien, welche ohne gesetzlichen Vertreter sind, kann auf Antrag bis zum Eintritte des gesetzlichen Vertreters von dem Vorsitzenden ein besonderer Vertreter bestellt werden.

2. Das Gleiche gilt im Falle erheblicher Entfernung des Aufenthaltsorts des gesetzlichen Vertreters.

3. Die nicht prozeßfähige Partei ist auf ihr Verlangen selbst zu hören.

1. § 57 Abs. 1 ZPO. bestimmt: „Soll eine nicht prozeßfähige Partei verklagt werden, welche ohne gesetzlichen Vertreter ist, so hat der Vorsitzende des Prozeßgerichts derselben, falls mit dem Verzuge Gefahr verbunden ist, auf Antrag bis zu dem Eintritte des gesetzlichen Vertreters einen besonderen Vertreter zu bestellen."
Nach Abs. 1 des § 30 kann die Bestellung auch ohne Gefahr im Verzuge, nach Abs. 2 auch bei erheblicher Entfernung des Aufenthaltsortes erfolgen. „Gerade bei Streitigkeiten aus Arbeitsverhältnissen wird es nicht selten vorkommen, daß minderjährige Personen, deren Vormund nicht am Platze ist, beteiligt sind, und es erscheint geboten, gegen das hieraus sich ergebende Hemmnis des sofortigen Antrages der Sache tunlichst Vorkehrung zu treffen." Mot. S. 28.

2. Abs. 3 wurde von der Kommission eingefügt: „mit Rücksicht darauf, daß es wünschenswert ist, das Anhören der Partei selbst durch das Gericht sowohl im Interesse der Gerechtigkeit gegen die Partei, als auch im Interesse

der Klarstellung des Sachverhalts überall da sicherzustellen, wo es irgend möglich ist ... Der Zusatz: „auf ihr Verlangen", besagt nach Ansicht der Kommission, daß ein Anhören der Partei auch dann nicht notwendig ist, wenn dieselbe im Termin nicht persönlich erscheint." KommBer. S. 21, 22. Das Gericht kann aber nach § 157 Abs. 1 ZPO. der nicht prozeßfähigen Partei, der die Fähigkeit zum geeigneten Vortrage mangelt, den weiteren Vortrag untersagen.

3. Wegen der Prozeßfähigkeit s. im übrigen ZPO. §§ 50 bis 56, insbesondere § 52: „Eine Person ist insoweit prozeßfähig, als sie sich durch Verträge verpflichten kann. Die Prozeßfähigkeit einer Frau wird dadurch, daß sie Ehefrau ist, nicht beschränkt."

Die Fähigkeit, sich durch Verträge zu verpflichten, bestimmt sich nach den §§ 104—115 BGB. Für Minderjährige kommen namentlich die §§ 112, 113 in Frage. Da die Ermächtigung des gesetzlichen Vertreters zur Eingehung eines Dienst- oder Arbeitsverhältnisses auch stillschweigend erteilt werden kann, so wird sie in der Regel bei in Arbeitsstellen befindlichen Minderjährigen ohne weiteres anzunehmen sein (GG. V Sp. 110, VI Sp. 44).

§. 31.

Rechtsanwälte und Personen, welche das Verhandeln vor Gericht geschäftsmäßig betreiben, werden als Prozeßbevollmächtigte oder Beistände vor dem Gewerbegericht nicht zugelassen.

1. Mit den Rechtsanwälten sind auch die von ihnen substituierten Personen ausgeschlossen. Dagegen wurde in der Kommission einstimmig festgestellt, daß durch diese Bestimmung Rechtsanwälte nur als Prozeßvertreter ausgeschlossen sind, nicht auch etwa dann, wenn sie selber

domini causae, z. B. in ihrer Eigenschaft als Direktoren einer Aktiengesellschaft beteiligt sind. KommBer. S. 22.

2. „Geschäftsmäßig." Ein gewerbsmäßiges Betreiben ist nicht erforderlich, so daß der Nachweis der Annahme eines Entgeltes nicht geführt zu werden braucht. Struckmann u. Koch Anm. 2 zu § 157. Darum braucht aber noch nicht in der gemeinnützigen Tätigkeit der Arbeitersekretariate, Auskunftsstellen, Gewerkschaftsbeamten das Merkmal des geschäftsmäßigen gefunden zu werden (GG. IV 47, 91, XI Sp. 101).

3. Die Nichtzulassung erstreckt sich nicht nur auf die mündliche Verhandlung (so § 157 Abs. 2 ZPO.), sondern auf das ganze Verfahren vor dem Gewerbegericht. Schriftsätze, welche von einer in § 31 bezeichneten Person unterschrieben sind, müssen zurückgewiesen werden. Gegen den zurückweisenden Beschluß findet in entsprechender Anwendung des § 157 Abs. 3 ZPO. kein Rechtsbehelf statt (Baum Nr. 82, aM. Haas § 31 Anm. 2, Wilhelmi u. Bewer S. 158).

4. Im übrigen kann als Prozeßbevollmächtigter oder Beistand vor dem Gewerbegericht jede prozeßfähige Person auftreten; §§ 79, 90 ZPO. Vgl. wegen der Vollmacht §§ 80 bis 88 a. a. O. Wegen der Erstattung der durch die Zuziehung eines Bevollmächtigten oder Beistandes erwachsenen Kosten s. § 52 d. Ges.

§. 32.

1. Die Zustellungen in dem Verfahren vor den Gewerbegerichten erfolgen von Amtswegen.

2. Urtheile und Beschlüsse, gegen welche ein Rechtsmittel stattfindet, sind den Parteien zuzustellen, soweit diese nicht auf die Zustellung verzichten. Sonstige Urtheile und Beschlüsse sind einer Partei

nur zuzustellen, wenn sie nicht in Anwesenheit derselben verkündet sind. Auf Verlangen einer Partei ist derselben auch Ausfertigung eines in ihrer Anwesenheit verkündeten Urtheils oder Beschlusses zu ertheilen.

Anträge und Erklärungen einer Partei, welche 3.
zugestellt werden sollen, sind bei dem Gericht einzureichen oder mündlich zum Protokolle des Gerichtsschreibers anzubringen.

Sofern durch die Zustellung eine Frist gewahrt 4.
oder die Verjährung unterbrochen werden soll, tritt diese Wirkung, wenn die Zustellung demnächst erfolgt, bereits mit der Einreichung oder Anbringung des Antrags oder der Erklärung ein.

1. Über Zustellungen von Amts wegen vgl. §§ 208 bis 213 ZPO. Unter Abs. 1 fällt die Zustellung der Klage, etwaiger vorbereitender Schriftsätze, von Nebeninterventionen, Streitverkündungen usw., ferner von sämtlichen im Laufe des Verfahrens notwendigen Ladungen der Parteien, der Zeugen und Sachverständigen. Wegen der Zustellung der Urteile und Beschlüsse gelten die besonderen Vorschriften des Abs. 2. Aber auch dann, wenn die Zustellung nur auf Antrag einer Partei erfolgt (vgl. § 57 Abs. 4), geschieht die Zustellung insofern von Amts wegen, als auch hier der Gerichtsschreiber für die Bewirkung der Zustellung Sorge zu tragen, und die zu übergebenden Abschriften zu beglaubigen hat. Es findet also in dem Verfahren vor dem Gewerbegerichte niemals eine Zustellung infolge ausdrücklich erteilten oder vermuteten (§§ 168, 497 ZPO.) Parteiauftrages statt, sondern nur, wenn nötig, auf Antrag der Partei, durch

den Gerichtsschreiber und die von ihm beauftragten Organe; die Partei steht hier niemals in einem Auftragsverhältnis zu dem Zustellungsbeamten, der Gerichtsschreiber ist hier nicht vermittelndes Gerichtsorgan, sondern Auftraggeber im Namen des Gerichts. Zustellung im Auftrag der Partei ist wirkungslos (Entsch. des Landgerichts Stuttgart, GG. II Sp. 23, Unger Nr. 231 u. 232, Baum Nr. 83).

2. Zu Abs. 2. Ob gegen das Urteil oder den Beschluß ein Rechtsmittel — d. h. die Berufung oder die Beschwerde, s. § 55 — stattfindet, muß der Gerichtsschreiber (§ 33 Abs. 1) von Amts wegen prüfen; jede Partei kann aber auf die Zustellung verzichten. Urteile und Beschlüsse, die in Abwesenheit einer Partei verkündet sind, insbesondere alle Versäumnisurteile, sind der ausgebliebenen Partei von Amts wegen zuzustellen. Jede Partei hat aber außerdem das Recht, eine Ausfertigung eines in ihrer Anwesenheit verkündeten Urteils oder Beschlusses dann zu verlangen, wenn eine Zustellung an sie von Amts wegen nicht zu erfolgen hat; hier ist jedoch keine förmliche Zustellung erforderlich, es genügt eine formlose Übermittlung. Schreibgebühren kommen auch hier nicht zum Ansatz; § 58 Abs. 5.

Die zuzustellenden Ausfertigungen von Urteilen und Beschlüssen sind vom Gerichtsschreiber zu unterschreiben und mit dem Gerichtssiegel (s. Anm. 7 zu § 1) zu versehen. §§ 317 Abs. 3, 329 Abs. 2 ZPO.

3. Unter Abs. 3 fallen die in Anm. 1 bezeichneten Schriftstücke. Notwendig ist hier nur die Einreichung einer Urschrift, welche bei den Akten verbleibt. Die erforderlichen Abschriften sind — kostenfrei (§ 58 Abs. 5) — in der Gerichtsschreiberei anzufertigen.

4. Zu Abs. 4. Es bedarf „einer besonderen Vorschrift in bezug auf den Zeitpunkt, in welchem die Wirkungen der Zustellung als eingetreten gelten. Denn wenn die letztere der Einwirkung und insbesondere der

Beschleunigung seitens der Parteien entzogen wird, so muß Sorge dafür getragen werden, daß in den Fällen, in welchen die Zustellung zur Wahrung einer Frist oder zur Unterbrechung der Verjährung erforderlich ist, der Zeitraum, welchen die Bewirkung derselben nach der Einreichung oder Anbringung des Antrages oder der Erklärung durch die Partei noch in Anspruch nimmt, dieser nicht zum Nachteile gereiche. Der Abs. 4 enthält zu diesem Zweck eine an den § 207 der Zivilprozeßordnung sich anlehnende Vorschrift". Mot. S. 29.

Wegen Unterbrechung der Verjährung s. § 267 ZPO.

§. 33.

Der Gerichtsschreiber hat für die Bewirkung der Zustellung Sorge zu tragen und die bei derselben zu übergebenden Abschriften zu beglaubigen. 1.

Er hat das zu übergebende Schriftstück in einem verschlossenen, mit der Adresse der Person, an welche zugestellt werden soll, sowie mit einer Geschäftsnummer versehenen Briefumschlage dem Zustellungsbeamten und im Falle der Zustellung durch die Post dieser zur Zustellung zu übergeben. Auf den Briefumschlag ist der Vermerk zu setzen: Vereinfachte Zustellung. 2.

Die auf den Briefumschlag angegebene Geschäftsnummer ist in den Akten zu vermerken. 3.

1. „Die in der ZPO. vorgesehenen Arten der Zustellung, insbesondere die Zustellung durch den Zustellungsbeamten in Person und die Zustellung durch die Post, müssen auch in dem gewerbegerichtlichen Verfahren

Anwendung finden. Die Zustellung von Anwalt zu Anwalt fällt hier von selbst weg. Auch die Vorschriften der Prozeßordnung über Ort und Zeit der Zustellung und über die Person, an welche zugestellt werden muß (§§ 171 bis 187), bleiben unberührt." Mot. S. 29.

Ebenso greifen die Vorschriften der ZPO. über die Zustellung im Auslande (§ 199), an exterritoriale Deutsche und die Vorsteher der Reichskonsulate (§ 200), an Personen, welche zu einem mobilen Truppenteile usw. gehören (§ 201), Platz. Hier erläßt der Vorsitzende des Gewerbegerichts die erforderlichen Ersuchungsschreiben, und es wird die Zustellung durch das schriftliche Zeugnis der ersuchten Behörden und Beamten nachgewiesen (§ 202). Ferner aber finden die Vorschriften der ZPO. über die öffentliche Zustellung (§§ 203 bis 207) entsprechende Anwendung; in den im § 203 bezeichneten Fällen hat daher das Prozeßgericht, und zwar, wenn eine Zustellung ohne Parteiantrag vorgeschrieben ist, von Amts wegen, andernfalls auf einen solchen Antrag die öffentliche Zustellung anzuordnen, die dann vom Gerichtsschreiber von Amts wegen besorgt wird. Die hierdurch erwachsenden, oft bedeutenden baren Auslagen fallen nach § 58 Abs. 5 auch hier der Partei nicht zur Last. — Auch § 188 ZPO. (Zustellung an Sonn- und Feiertagen) findet Anwendung.

2. Zu Abs. 1. Wenn eine Ausfertigung zuzustellen ist (Ladungen, Urteile, Beschlüsse), so wird nicht eine beglaubigte Abschrift, sondern die Ausfertigung selbst übergeben (§ 170 Abs. 1 ZPO.).

3. Zu Abs. 2 bis 3. „Im übrigen wird durch den Grundsatz, daß für die Bewirkung sämtlicher Zustellungen von Amts wegen Sorge zu tragen ist, eine erhebliche Vereinfachung des Zustellungsverfahrens ermöglicht. Das zu übergebende Schriftstück kann ohne Unterschied der verschiedenen Zustellungsarten in einem verschlossenen Briefumschlage behändigt werden. Die Identität desselben ist aus der auf dem adressierten Briefumschlag und

in den Akten zu vermerkenden Geschäftsnummer zu entnehmen, und die Übereinstimmung der in dem Briefumschlage befindlichen Abschrift mit der Urschrift wird durch den Beglaubigungsvermerk des Gerichtsschreibers bezeugt. Es bedarf hiernach weder der Aushändigung der Urschrift an den Zustellungsbeamten, noch der Verbindung der Zustellungsurkunde mit der Urschrift, noch im Falle der Zustellung durch die Post einer Bescheinigung der Übergabe an die Post (ZPO. § 155, § 173 Abs. 2, §§ 177, 179, 211—213 ZPO.)."

Nach dem preuß. MinErl. v. 13. Februar 1892 (VMBl. S. 88) soll dem Vermerke „vereinfachte Zustellung" noch der Zusatz „Gewerbegerichtssache" hinzugefügt werden (Wilhelmi und Bewer S. 177).

§. 34.

Die von dem Zustellungsbeamten oder dem 1.
Postboten aufzunehmende Zustellungsurkunde muß die Art und Weise, in welcher der seiner Adresse und seiner Geschäftsnummer nach bezeichnete Briefumschlag übergeben ist, insbesondere den Ort und die Zeit der Uebergabe sowie die Person, welcher zugestellt ist, bezeichnen und, wenn die Zustellung nicht an den Adressaten persönlich erfolgt ist, den Grund hiervon angeben. Die Urkunde ist von dem die Zustellung vollziehenden Beamten zu unterschreiben.

Bei der Zustellung wird eine Abschrift der Zu- 2.
stellungsurkunde nicht übergeben. Der Tag der

Zustellung ist von dem zustellenden Beamten auf dem Briefumschlage zu vermerken.

Zu Abs. 1. Wenn nach § 182 ZPO. verfahren wird (Niederlegung des zuzustellenden Schriftstückes auf der Gerichtsschreiberei des Amtsgerichts, in dessen Bezirk der Ort der Zustellung liegt, bei der Postanstalt, dem Gemeinde- oder Polizeivorsteher), so muß aus der Urkunde hervorgehen, wie die bezeichneten Vorschriften befolgt sind. § 191 Nr. 4 a. a. O., § 182 ZPO. kann nicht in der Weise entsprechend angewendet werden, daß die Niederlegung auf der Gerichtsschreiberei des Gewerbegerichts erfolgen muß oder kann; denn es handelt sich hier um eine den Amtsgerichten als Distriktsbehörden, nicht als Prozeßgerichten, zugewiesene Funktion (s. Busch Bd. 16 S. 332, Wilhelmi u. Bewer S. 177).

§. 35.

1. Die zur Erledigung des Rechtsstreits erforderlichen Verhandlungstermine werden von dem Vorsitzenden von Amtswegen angesetzt. Nach Ansetzung des Termins ist die Ladung der Parteien durch den Gerichtsschreiber zu veranlassen. Ladungen durch die Parteien finden nicht statt.

2. Die Zustellung der Ladung muß spätestens am Tage vor dem Termin erfolgen.

3. Die Zustellung der Ladung an eine Partei ist nicht erforderlich, wenn der Termin in Anwesenheit derselben verkündet oder ihr bei Einreichung oder Anbringung der Klage oder des Antrags, auf Grund dessen die Terminsbestimmung stattfindet,

mitgetheilt worden ist. Die erfolgte Mittheilung ist zu den Akten zu vermerken.

1. Zu Abs. 1. „Aus der Vorschrift, daß die erforderlichen Verhandlungstermine von Amts wegen anzusetzen und Ladungen durch die Parteien ausgeschlossen sind, folgt einerseits, daß dem Verfahren, soweit angängig — z. B. nach Erledigung eines Zwischenstreites oder nach Eintritt der Rechtskraft eines bedingten Endurteils —, durch Anberaumung des Termins von Amts wegen Fortgang zu geben ist, und andrerseits, daß der Vorsitzende auch ohne besonders darauf gerichteten Antrag einen Termin anzusetzen hat, sofern eine Parteihandlung, wie die Anbringung der Klage, des Einspruchs, des Antrags auf Ergänzung des Urteils usw., dies erforderlich macht. Die Befugnis der Parteien, das Verfahren ruhen zu lassen (ZPO. § 251, Entwurf § 33 [jetzt 39] Abs. 3), wird hierdurch nicht berührt." Mot. S. 30.

Die Schriftsätze bedürfen also nicht, wie nach §§ 214 Abs. 2, 253 Abs. 2 Nr. 3 ZPO. des Vermerks, daß die Partei den Gegner zur Verhandlung lade. Die Ladung erfolgt hier nach Ansetzung des Termins durch Zustellung einer vom Gerichtsvollzieher vollzogenen und mit dem Gerichtssiegel versehenen Ausfertigung der Ladung, sowie einer beglaubigten Abschrift des gleichzeitig zuzustellenden Schriftsatzes oder Protokolles. Der Androhung der Versäumnisfolgen bedarf es bei der Ladung der Parteien nach § 231 Abs. 1 ZPO. nicht.

Die Bestimmung der Termine hat nach § 216 Abs. 2 ZPO. binnen 24 Stunden durch den Vorsitzenden zu erfolgen; auf Sonntage und allgemeine Feiertage sind Termine nur im Notfalle anzuberaumen (Abs. 3 a. a. O.).

2. Abs. 2 bestimmt sowohl die Ladungsfrist (§ 217 ZPO.), als auch die Einlassungsfrist (§§ 262, 498 a. a. O.). Eine weitere Abkürzung dieser Fristen ist nach § 226 ZPO. auf Antrag zulässig (Wilhelmi u.

Bewer S. 182, aM. Schier S. 71). Ist die Zustellung der Klage im Auslande vorzunehmen, so hat das Gericht (d. h. der Vorsitzende, Abs. 1 dieses Paragraphen, § 53 Abs. 1) bei Festsetzung des Termins die Einlassungsfrist zu bestimmen (§ 498 Abs. 2 ZPO.). Im übrigen ist für Zustellungen, welche nicht im Bezirke des Prozeßgerichts erfolgen, die Wahrung einer längeren Frist nicht vorgeschrieben. Ist die Frist nicht innegehalten, so kann gegen den Ausgebliebenen ein Versäumnisurteil nicht ergehen (§ 335 Nr. 2 ZPO.). Erscheint der Geladene, so kann er Vertagung verlangen; durch Unterlassung der Rüge des Mangels und Verhandeln zur Sache wird derselbe gemäß § 295 ZPO. geheilt.

3. Zu Abs. 3. Nach § 218 ZPO. ist die Ladung nur entbehrlich, wenn der Termin in einer durch das Gericht verkündeten Entscheidung bestimmt ist; hier aber genügt auch Bekanntmachung durch den Gerichtsschreiber. Die Verkündung durch das Gericht ersetzt die Ladung nach der ausdrücklichen Vorschrift des Abs. 3 nur gegenüber der anwesenden Partei (anders §§ 218, 312, 329 Abs. 2 ZPO.); die ausgebliebene Partei muß daher zu dem etwa erforderlichen neuen Termin stets von Amts wegen geladen werden.

§. 36.

1. Nachdem die Klage eingereicht oder zum Protokolle des Gerichtsschreibers angebracht ist, hat der Vorsitzende einen möglichst nahen Termin zur Verhandlung anzusetzen.

2. Die Klage gilt, unbeschadet der Bestimmung im §. 32 Abs. 4, erst mit der Zustellung an den Beklagten als erhoben.

1. Zu Abs. 1. Die Klage muß enthalten: a) die Bezeichnung der Parteien und des Gerichts; b) die bestimmte Angabe des Gegenstandes und des Grundes des erhobenen Anspruchs, sowie einen bestimmten Antrag (§ 253 Abs. 2 Nr. 1 u. 2 ZPO., letzterer kann bei der Klage auf Rechnungslegung (GG. IV Sp. 21) oder Vorlegung eines Vermögensverzeichnisses vorbehalten werden (§ 254 ZPO.). Sie muß von der Partei, ihrem gesetzlichen Vertreter oder zuzulassenden Bevollmächtigten unterschrieben sein (Unger Nr. 226, GG. I 29, RGr. Bd. 31 S. 378). Die Ladung des Beklagten (Nr. 3 a. a. O.) ist nicht notwendig (s. § 35 Abs. 1), ebensowenig die Angabe des Wertes des nicht in einer bestimmten Summe bestehenden Streitgegenstandes (Abs. 3 a. a. O.), da die Zuständigkeit des Gewerbegerichts von dem Werte des Streitgegenstandes unabhängig ist (§ 4). Ferner soll die Klage enthalten: die beabsichtigten Anträge, die Angabe der zur Begründung der Anträge dienenden tatsächlichen Verhältnisse, die Bezeichnung der Beweismittel; die in bezug genommenen Urkunden sind in Abschrift oder Urschrift beizufügen (§§ 130, 131, 253 Abs. 4 ZPO.). Über die Folgen der Nichtbeachtung dieser instruktionellen Vorschriften s. § 335 Abs. 1 Nr. 3 ZPO. (§ 39 des Ges. u. Anm.).

Wegen der Zulässigkeit der Klage auf künftige Zahlung oder Leistung s. §§ 257—259 ZPO. Das Reichsgericht hält Klagen auf künftig fällige Mieten nach §§ 257, 258 nicht für zulässig, weil die Forderung noch von einer Gegenleistung abhängig ist, außer im Fall des § 259. Deutsche Juristen-Ztg. v. 15. Dezember 1905 S. 1169. Das müßte auch von Klagen auf künftige Lohnzahlung gelten.

Wegen der Abschrift der Klage s. Anm. 3 zu § 32, wegen der Einlassungsfrist s. § 35 Abs. 2 u. Anm.

2. Die Einreichung einer Klagebeantwortung oder weiterer vorbereitender Schriftsätze ist nicht notwendig

(§ 129 Abs. 2 ZPO.). An Stelle derartiger Schriftsätze können auch Erklärungen zum Protokoll des Gerichtsschreibers treten; dieselben, wie auch die vorbereitenden Schriftsätze können der Gegenpartei ohne besondere Form mitgeteilt werden. § 502 ZPO., s. Anm. zu diesem Paragraphen bei § 26.

3. Über die Zulässigkeit der Verbindung mehrerer Ansprüche des Klägers gegen denselben Beklagten s. § 260 ZPO., über Streitgenossenschaft §§ 59, 60 a. a. O. (vgl. jedoch Anm. 2 zu § 1 S. 44), über die Änderung der Klage §§ 264, 268, 269, 270, über die Zurücknahme derselben § 271 ZPO.

§. 37.

1. An ordentlichen Gerichtstagen können die Parteien zur Verhandlung des Rechtsstreits ohne Terminsbestimmung und Ladung vor dem Gericht erscheinen.

2. Die Erhebung der Klage erfolgt in diesem Falle durch den mündlichen Vortrag derselben. Die Klage ist zu Protokoll zu nehmen, falls die Sache streitig bleibt.

1. Entspricht dem § 500 ZPO. Der zweite Satz des Abs. 2 soll die Partei von der Notwendigkeit befreien, nachher noch schriftlich oder zum Protokolle des Gerichtsschreibers Klage zu erheben. KommBer. S. 23, 24. Wenn nach Erhebung der Klage ein Vergleich zustande kommt, so findet aus demselben gemäß § 57 Abs. 1 die Zwangsvollstreckung statt. Auch § 510 ZPO. (s. Anm. 2 zu § 26) findet entsprechende Anwendung. Wegen der Vollstreckung der geschlossenen Vergleiche s. § 57 Anmerkung 2 a. E.

§. 38.

Die Verhandlung vor dem erkennenden Gericht 1.
einschließlich der Verkündung der Urtheile und Beschlüsse desselben erfolgt öffentlich.

Durch das Gericht kann die Oeffentlichkeit für 2.
die Verhandlung oder für einen Theil derselben nach Maßgabe der Vorschriften in den §§. 173 bis 175 des Gerichtsverfassungsgesetzes ausgeschlossen werden.

Die Vorschriften der §§. 176 bis 193 des Ge- 3.
richtsverfassungsgesetzes über die Aufrechterhaltung der Ordnung in den Sitzungen und über die Gerichtssprache finden Anwendung.

1. Zu Abs. 1. Die Verhandlung vor dem beauftragten oder ersuchten Richter oder Gericht ist nicht öffentlich.

2. Zu Abs. 2. GVG. „§ 173. In allen Sachen kann durch das Gericht für die Verhandlung oder für einen Teil derselben die Öffentlichkeit ausgeschlossen werden, wenn sie eine Gefährdung der öffentlichen Ordnung, insbesondere der Staatssicherheit, oder eine Gefährdung der Sittlichkeit besorgen läßt.

§ 174. Die Verkündung des Urteils erfolgt in jedem Falle öffentlich.

Durch einen besonderen Beschluß des Gerichts kann für die Verkündung der Urteilsgründe oder eines Teiles derselben die Öffentlichkeit ausgeschlossen werden, wenn sie eine Gefährdung der Staatssicherheit oder eine Gefährdung der Sittlichkeit besorgen läßt.

§ 175. Die Verhandlung über die Ausschließung der Öffentlichkeit findet in nicht öffentlicher Sitzung statt, wenn ein Beteiligter es beantragt oder das Gericht es für angemessen erachtet. Der Beschluß, welcher die Öffentlichkeit ausschließt, muß öffentlich verkündet werden. Bei der Verkündung ist anzugeben, ob die Ausschließung wegen Gefährdung der öffentlichen Ordnung, insbesondere wegen Gefährdung der Staatssicherheit, oder ob sie wegen Gefährdung der Sittlichkeit erfolgt.

Ist die Öffentlichkeit wegen Gefährdung der Staatssicherheit ausgeschlossen, so kann das Gericht den anwesenden Personen die Geheimhaltung von Tatsachen, welche durch die Verhandlung, durch die Anklageschrift oder durch andere amtliche Schriftstücke des Prozesses zu ihrer Kenntnis gelangen, zur Pflicht machen. Der Beschluß ist in das Sitzungsprotokoll aufzunehmen. Gegen denselben findet Beschwerde statt. Die Beschwerde hat keine aufschiebende Wirkung."

Strafbestimmungen s. Art. II, III d. Ges. v. 5. April 1888 (RGBl. S. 133) und § 184b StGB. (RG. v. 25. Juni 1900).

3. Zu Abs. 3 GVG. „§ 176. Der Zutritt zu öffentlichen Verhandlungen kann unerwachsenen und solchen Personen versagt werden, welche sich nicht im Besitze der bürgerlichen Ehrenrechte befinden, oder welche in einer der Würde des Gerichts nicht entsprechenden Weise erscheinen.

Zu nicht öffentlichen Verhandlungen kann der Zutritt einzelnen Pesonen vom Gerichte gestattet werden. Einer Anhörung der Beteiligten bedarf es nicht.

Die Ausschließung der Öffentlichkeit steht der Anwesenheit der die Dienstaufsicht führenden Beamten der Justizverwaltung bei den Verhandlungen vor dem erkennenden Gerichte nicht entgegen.

§ 177. Die Aufrechterhaltung der Ordnung in der Sitzung liegt dem Vorsitzenden ob.

§ 178. Parteien, Beschuldigte, Zeugen, Sachverständige oder bei der Verhandlung nicht beteiligte Personen, welche den zur Aufrechterhaltung der Ordnung erlassenen Befehlen nicht gehorchen, können auf Beschluß des Gerichts aus dem Sitzungszimmer entfernt, auch zur Haft abgeführt und während einer in dem Beschlusse zu bestimmenden Zeit, welche 24 Stunden nicht übersteigen darf, festgehalten werden.

§ 179. Das Gericht kann gegen Parteien, Beschuldigte, Zeugen, Sachverständige oder bei der Verhandlung nicht beteiligte Personen, welche sich in der Sitzung einer Ungebühr schuldig machen, vorbehaltlich der strafgerichtlichen Verfolgung, eine Ordnungsstrafe bis zu 100 Mk. oder bis zu drei Tagen Haft festsetzen und sofort vollstrecken lassen.[1])

§ 180. Das Gericht kann gegen einen bei der Verhandlung beteiligten Rechtsanwalt oder Verteidiger, der sich in der Sitzung einer Ungebühr schuldig macht, vorbehaltlich der strafgerichtlichen oder disziplinaren Verfolgung, eine Ordnungsstrafe bis zu 100 Mk. festsetzen.[2])

§ 181. Die Vollstreckung der vorstehend bezeichneten Ordnungsstrafen hat der Vorsitzende unmittelbar zu veranlassen.

§ 182. Die in den §§ 177—181 bezeichneten Befugnisse stehen auch einem einzelnen Richter bei der Vornahme von Amtshandlungen außerhalb der Sitzung zu.

§ 183. Ist in den Fällen der §§ 179, 180, 182 eine Ordnungsstrafe festgesetzt, so findet binnen der Frist von einer Woche nach der Bekanntmachung der Entscheidung Beschwerde statt, sofern die Entscheidung nicht von dem Reichsgerichte oder einem Oberlandesgerichte getroffen ist.

---

[1]) Statt der Geldstrafe kann nicht entsprechende Haft für den Unvermögensfall festgesetzt werden. Struckmann u. Koch, Anm. 3 zu § 178, Wilhelm u. Bewer S. 201.

[2]) Vgl. § 31 Ges.

Die Beschwerde hat in dem Falle des § 179 keine aufschiebende Wirkung, in den Fällen des § 180 und des § 182 aufschiebende Wirkung.

Über die Beschwerde entscheidet das Oberlandesgericht.

§ 184. Ist eine Ordnungsstrafe wegen Ungebühr festgesetzt, oder eine Person zur Haft abgeführt, oder eine bei der Verhandlung beteiligte Person entfernt worden, so ist der Beschluß des Gerichts und dessen Veranlassung in das Protokoll aufzunehmen.

§ 185. Wird eine strafbare Handlung in der Sitzung begangen, so hat das Gericht den Tatbestand festzustellen und der zuständigen Behörde das darüber aufgenommene Protokoll mitzuteilen. In geeigneten Fällen ist die vorläufige Festnahme des Täters zu verfügen.

§ 186. Die Gerichtssprache ist die deutsche.

§ 187. Wird unter Beteiligung von Personen verhandelt, welche der deutschen Sprache nicht mächtig sind, so ist ein Dolmetscher zuzuziehen. Die Führung eines Nebenprotokolls in der fremden Sprache findet nicht statt; jedoch sollen Aussagen und Erklärungen in fremder Sprache, wenn und soweit der Richter dies mit Rücksicht auf die Wichtigkeit der Sache für erforderlich erachtet, auch in der fremden Sprache in das Protokoll oder in eine Anlage niedergeschrieben werden. In den dazu geeigneten Fällen soll dem Protokolle eine durch den Dolmetscher zu beglaubigende Übersetzung beigefügt werden.

Die Zuziehung eines Dolmetschers kann unterbleiben, wenn die beteiligten Personen sämtlich der fremden Sprache mächtig sind.

§ 188. Zur Verhandlung mit tauben oder stummen Personen ist, sofern nicht eine schriftliche Verständigung erfolgt, eine Person als Dolmetscher zuzuziehen, mit deren Hülfe die Verständigung in anderer Weise erfolgen kann.

§ 189. Ob einer Partei, welche taub ist, bei der mündlichen Verhandlung der Vortrag zu gestatten sei, bleibt dem Ermessen des Gerichts überlassen.

Dasselbe gilt in Anwaltsprozessen von einer Partei, die der deutschen Sprache nicht mächtig ist.[1])

§ 190. Personen, welche der deutschen Sprache nicht mächtig sind, leisten Eide in der ihnen geläufigen Sprache.

§ 191. Der Dolmetscher hat einen Eid dahin zu leisten:

daß er treu und gewissenhaft übertragen werde.

Ist der Dolmetscher für Übertragungen der betreffenden Art in allgemeinen beeidigt, so genügt die Berufung auf den geleisteten Eid.

§ 192. Der Dienst des Dolmetschers kann von dem Gerichtsschreiber wahrgenommen werden. Einer besonderen Beeidigung bedarf es nicht.

§ 193. Auf den Dolmetscher finden die Bestimmungen über Ausschließung und Ablehnung der Sachverständigen entsprechende Anwendung. Die Entscheidung erfolgt durch das Gericht oder den Richter, von welchem der Dolmetscher zugezogen ist."

4. Zu § 181 GVG. Die Beitreibung der Geldstrafen erfolgt auf Grund einer vom Gerichtsschreiber zu erteilenden vollstreckbaren Ausfertigung des betr. Beschlusses durch den Gerichtsvollzieher. Die Vollziehung der Haft hat der Vorsitzende gemäß § 181 a. a. O. auch im Falle des § 179 direkt, also ohne Vermittlung der Staatsanwaltschaft (Urt. d. RGr. v. 10./17. Januar 1887, Entsch. i. Strafs. Bd. 15 S. 227), zu veranlassen; der Verurteilte ist daher auf Anordnung des Vorsitzenden durch einen Gerichtsvollzieher (§ 20b der preuß. Gerichtsvollzieherordnung v. 31. März 1900, JMBl. S. 345) oder durch ein Polizeiorgan, und zwar regelmäßig mit einem schriftlichen Annahmebefehl des Vorsitzenden (§ 26 der Gefängnisordnung v. 21. Dezember 1898, JMBl. S. 294), dem Gefängnis zuzuführen. In Preußen sind die Haftstrafen in den zur Aufnahme der Polizeigefangenen aus

1) Vgl. § 31 Ges

dem örtlichen Zuständigkeitsbereiche des Gewerbegerichts bestimmten Gefängnissen zu vollstrecken. MinErl. v. 14. Februar 1898, GS. III Sp. 77. Im Falle des § 178 kann die Haft auch in einem verschlossenen Raume des Gerichtsgebäudes vollstreckt werden. Löwe, StPO., Anm. 8 zu § 178.

§. 39.

1. Erscheint der Kläger im Verhandlungstermine nicht, so ist auf Antrag des Beklagten das Versäumnißurtheil dahin zu erlassen, daß der Kläger mit der Klage abzuweisen sei.

2. Erscheint der Beklagte nicht und beantragt der Kläger das Versäumnißurtheil, so werden die in der Klage behaupteten Thatsachen als zugestanden angenommen. Soweit dieselben den Klageantrag rechtfertigen, ist nach dem Antrage zu erennen; soweit dies nicht der Fall, ist die Klage abzuweisen.

3. Bleiben beide Parteien aus, so raht das Verfahren, bis die Ansetzung eines neuen Verhandlungstermins beantragt wird.

1. Zu Abs. 1 und 2. Abs. 1 entspricht dem § 330, Abs. 2 dem § 331 ZPO. Als nicht erschienen gilt nach § 333 ZPO. auch diejenige Partei, welche im Termine zwar erscheint, aber nicht verhandelt. Über die Zurückweisung des Antrags auf Erlaß eines Versäumnisurteils und Vertagung auf Antrag s. §§ 335 336 ZPO., über die Vertagung von Amts wegen § 337 a. a. O.

2. Zu Abs. 3. Nach § 228 ZPO. können die Parteien die Aufhebung eines Termins vereinbaren; nach

§ 228 a. a. O. kann die Verlegung eines Termins, die Vertagung einer Verhandlung und die Anberaumung eines Termins zur Fortsetzung der Verhandlung auch von Amts wegen erfolgen. Über Unterbrechung und Aussetzung des Verfahrens s. §§ 239—252 ZPO.; die in diesen Paragraphen angeordneten Ladungen und Zustellungen erfolgen hier auf Antrag der Partei durch das Gericht (s. §§ 34, 35).

§. 40.

Die Partei, gegen welche ein Versäumnißurtheil erlassen ist, kann binnen der Nothfrist von drei Tagen seit der an sie bewirkten Zustellung des Urtheils die Erklärung abgeben, daß sie Einspruch einlege. Die Einlegung gilt mit der Einreichung der Erklärung oder mit der Abgabe derselben zum Protokolle des Gerichtsschreibers als bewirkt. 1.

In dem Versäumnißurtheil ist der Partei zu eröffnen, in welcher Form und Frist ihr der Einspruch zusteht. 2.

Nach Einlegung des Einspruchs hat der Vorsitzende einen neuen Verhandlungstermin anzusetzen. 3.

Erscheint die Partei, welche den Einspruch eingelegt hat, auch in dem neuen Termine nicht, so gilt der Einspruch als zurückgenommen. Anderenfalls wird, sofern der Einspruch zulässig ist, der Prozeß in die Lage zurückversetzt, in welcher er sich vor Eintritt der Versäumniß befand. 4.

1. Zu Abs. 1.

Die Einlegung des Einspruchs kann wirksam auch schon vor Zustellung des Urteils erfolgen. Urt. d. RGr. Entsch. Bd. 3 S. 408, Bd. 40 S. 391. Gegen die Versäumung der Notfrist findet gemäß §§ 233—238 ZPO. die Wiedereinsetzung in den vorigen Stand statt, doch kann § 235 wegen der Kürze der Einspruchsfrist hier nicht zur Anwendung kommen (Schier S. 85, Wilhelmi u. Bewer S. 185). Wegen des Einflusses des Einspruchs und des Antrags auf Wiedereinsetzung in den vorigen Stand auf die Zwangsvollstreckung s. §§ 707, 719 ZPO.

Über die Bestimmung der Einspruchsfrist bei der Zustellung im Auslande oder durch öffentliche Bekanntmachung s. § 339 Abs. 2 ZPO.

2. Zu Abs. 2. Ist die Eröffnung unterlassen, so beginnt nicht der Lauf der Einspruchsfrist.

3. Zu Abs. 3. In diesem Termin sind die Parteien durch den Gerichtsschreiber zu laden (§ 35). § 54 Abs. 1 wird Anwendung finden können (§ 342 ZPO.), a. A. Haas S. 87 und frühere Auflagen.

4. Zu Abs. 4. Im Falle des Satz 1 ist ein richterlicher Ausspruch nur notwendig, um die dem Gegner etwa zu gewährende Entschädigung für Zeitversäumnis (§ 49 Abs. 1 Nr. 4) festzusetzen. Ob der Einspruch zulässig ist, hat das Gericht von Amts wegen zu prüfen; ev. ist er durch Urteil zu verwerfen. § 341 ZPO.

§. 41.

1. Erscheinen die Parteien in dem Termine, so hat das Gewerbegericht thunlichst auf eine gütliche Erledigung des Rechtsstreits hinzuwirken. Es kann den Sühneversuch in jeder Lage des Verfahrens

erneuern und hat denselben bei Anwesenheit der Parteien am Schlusse der Verhandlung zu wiederholen.

Der Inhalt eines vor dem Gericht abgeschlossenen 2.
Vergleichs ist durch Aufnahme in das Protokoll festzustellen. Die Feststellung ist den Parteien vorzulesen. In dem Protokoll ist zu bemerken, daß die Vorlesung stattgefunden hat und daß die Genehmigung erfolgt ist, oder welche Einwendungen erhoben sind.

1. Zu Abs. 1. Die erfolglose Vornahme des Sühneversuchs im Protokoll zu erwähnen, ist nicht notwendig; s. Abs. 2 u. Anm. zu § 47.

2. Zu Abs. 2. Es genügt nicht, wie nach § 162 ZPO., Vorlegung des Protokolls an die Beteiligten zur Durchsicht. Die Unterschrift der Parteien ist nicht notwendig.

§. 42.

Kommt ein Vergleich nicht zu Stande, so ist 1.
über den Rechtsstreit zu verhandeln. Die Leitung der Verhandlung liegt dem Vorsitzenden ob. Derselbe hat dahin zu wirken, daß die Parteien über alle erheblichen Thatsachen sich vollständig erklären, die Beweismittel für ihre Behauptungen bezeichnen und die sachdienlichen Anträge stellen. Derselbe kann jederzeit das persönliche Erscheinen der Parteien anordnen und für den Fall des Nichter-

scheinens eine Geldstrafe bis zu einhundert Mark androhen. Gegen die Festsetzung der Strafe findet Beschwerde nach den Bestimmungen der Civilprozeßordnung statt.

2. Wird die Fortsetzung der Verhandlung in einem weiteren Termine nothwendig, insbesondere weil eine erforderliche Beweisaufnahme nicht sofort bewirkt werden kann, so ist der weitere Termin alsbald zu verkünden. Der zur Beweisaufnahme vor dem Gericht anberaumte Termin ist zugleich zur Fortsetzung der Verhandlung bestimmt.

3. Erscheinen in dem zur Fortsetzung der Verhandlung bestimmten Termine die Parteien oder eine derselben nicht, so finden die Vorschriften der §§. 39, 40 Anwendung, auch wenn eine Beweisaufnahme vorausgegangen war.

1. Abs. 1. Das Fragerecht des Vorsitzenden ist nach § 503 ZPO. geregelt (s. auch § 139 Abs. 1, 2 a. a. O.). Auch im übrigen finden die Vorschriften der ZPO. über die mündliche Verhandlung — vgl. §§ 136—138 (437, 452, 507), 139 Abs. 3, 140—271 (wegen § 157 s. § 31 Ges.) 274 (504), 278—283 — Anwendung.[1])

Über die Vollstreckung der Geldstrafe s. Anm. 4 zu § 38. „Beschwerde" s. § 55 u. Anm.; aufschiebende

---

[1]) § 277 (vorbereitendes Verfahren) findet nicht Anwendung, da im amtsgerichtlichen Verfahren (s. § 26 des Ges.) ein vorbereitendes Verfahren ausgeschlossen ist (s. § 508 ZPO.). Dungs bei Busch Bd. 16 S. 557, aM. Schier S. 92.

Wirkung hat die Beschwerde nicht (§ 572 Abs. 1 ZPO.), doch kann der Vorsitzende und das Beschwerdegericht die Aussetzung der Vollziehung anordnen (Abs. 2, 3 a. a. O.). Die aus dem Ausbleiben einer persönlich vorgeforderten Partei sich ergebenden Folgerungen hat das Gericht nach der Sachlage auf Grund freier Beweiswürdigung zu bestimmen.

2. Abs. 2. Der neue Termin ist alsbald, also nicht etwa erst in einem Publikationstermine (§ 329 Abs. 2 in Verbindung mit § 310 ZPO.), zu verkünden.

3. Zu Abs. 3. Das Ges. v. 29. Juli 1890 sah in den §§ 41 und 42 ein besonders gestaltetes Versäumnisverfahren vor, wenn in einem zur Fortsetzung der Verhandlung bestimmten Termine die Parteien oder eine derselben nicht erschien. Es durfte nicht ein Versäumnisurteil erlassen werden, es konnte nur ein Endurteil ergehen. Durch Abs. 3 sind nunmehr unter Streichung der genannten Paragraphen die §§ 39 und 40 anwendbar erklärt, d. h. wenn beide Parteien nicht erscheinen, ruht das Verfahren, wenn eine Partei ausbleibt, ergeht Versäumnisurteil.

§. 43.

Die Beweisaufnahme erfolgt in der Regel vor dem Gewerbegerichte. Sie kann nur in den Fällen der §§. 372, 375, 382, 434, 479 der Civilprozeßordnung dem Vorsitzenden des Gerichts oder mittelst Ersuchens einem Amtsgericht übertragen werden. 1.

Die Beweisaufnahme ist auch dann zu bewirken, wenn die Parteien oder eine derselben in dem für die Beweisaufnahme bestimmten Termine nicht erscheinen. 2.

1. Zu Abs. 1. Satz 1 entspricht dem § 355 Abs. 1 Satz 1 ZPO. In den im Satz 2 hervorgehoben Fällen kann die Beweisaufnahme nur dem Vorsitzenden oder einem Amtsgericht übertragen werden, nicht auch, wie nach § 355 Abs. 1 Satz 2 ZPO., einem Beisitzer, auch nicht einem andern Gewerbegericht.

ZPO. „§ 372. Das Prozeßgericht kann anordnen, daß bei der Einnahme des Augenscheins ein oder mehrere Sachverständige zuzuziehen seien.

Es kann einem Mitgliede des Prozeßgerichts oder einem anderen Gerichte die Einnahme des Augenscheins übertragen, auch die Ernennung der zuzuziehenden Sachverständigen überlassen.

§ 375. Die Aufnahme des Zeugenbeweises kann einem Mitgliede des Prozeßgerichts oder einem anderen Gericht übertragen werden:

1. wenn zur Ausmittelung der Wahrheit die Vernehmung des Zeugen an Ort und Stelle dienlich erscheint;
2. wenn die Beweisaufnahme vor dem Prozeßgericht erheblichen Schwierigkeiten unterliegen würde;
3. wenn der Zeuge verhindert ist, vor dem Prozeßgerichte zu erscheinen;
4. wenn der Zeuge in großer Entfernung von dem Sitze des Prozeßgerichts sich aufhält.

Die Landesherren und die Mitglieder der landesherrlichen Familien sowie die Mitglieder der fürstlichen Familie Hohenzollern sind durch ein Mitglied des Prozeßgerichts oder durch ein anderes Gericht in ihrer Wohnung zu vernehmen. Das gleiche gilt in Ansehung der Mitglieder des vormaligen hannoverschen Königshauses, des vormaligen kurhessischen und des vormaligen herzoglich nassauischen Fürstenhauses.

§ 382. Der Reichskanzler, die Minister eines Bundesstaates, die Mitglieder der Senate der freien Hansestädte, die Vorstände der obersten Reichsbehörden und die Vorstände der Ministerien sind an ihrem Amtssitze oder, wenn sie sich außerhalb desselben aufhalten, an ihrem Aufenthaltsorte zu vernehmen.

Die Mitglieder des Bundesrats sind während ihres Aufenthalts am Sitze des Bundesrats an diesem Sitze, die Mitglieder einer deutschen gesetzgebenden Versammlung während der Sitzungsperiode und ihres Aufenthalts am Orte der Versammlung an diesem Orte zu vernehmen.

Zu einer Abweichung von den vorstehenden Bestimmungen bedarf es:

in betreff des Reichskanzlers der Genehmigung des Kaisers,

in betreff der Minister und der Mitglieder des Bundesrats der Genehmigung des Landesherrn,

in betreff der Mitglieder der Senate der freien Hansestädte der Genehmigung des Senats,

in betreff der übrigen vorbezeichneten Beamten der Genehmigung ihres unmittelbaren Vorgesetzten,

in betreff der Mitglieder einer gesetzgebenden Versammlung der Genehmigung der letzteren.

§ 434. Wenn die Vorlegung einer Urkunde bei der mündlichen Verhandlung wegen erheblicher Hindernisse nicht erfolgen kann oder wegen der Wichtigkeit der Urkunde und der Besorgnis des Verlustes oder der Beschädigung bedenklich erscheint, so kann das Prozeßgericht anordnen, daß die Vorlegung vor einem seiner Mitglieder oder vor einem anderen Gerichte geschehe.

§ 479. Das Prozeßgericht kann anordnen, daß die Eidesleistung vor einem seiner Mitglieder oder vor einem anderen Gericht erfolge, wenn der Schwurpflichtige am Erscheinen vor dem Prozeßgerichte verhindert ist oder in großer Entfernung von dem Sitze desselben sich aufhält.

Die Eidesleistung der Landesherren und der Mitglieder der landesherrlichen Familien sowie der Mitglieder der fürstlichen Familie Hohenzollern erfolgt in der Wohnung derselben vor einem Mitgliede des Prozeßgerichts oder vor einem anderen Gerichte. Das gleiche gilt in Ansehung der Mitglieder des vormaligen hannoverschen Königshauses, des vormaligen kurhessischen und des vormaligen herzoglich nassauischen Fürstenhauses."

§§ 375, 382 finden gemäß § 402 auf den Beweis durch Sachverständige entsprechende Anwendung. Nach § 405 ZPO. kann das Gewerbegericht den mit der Beweisaufnahme betrauten Richter zur Ernennung der Sachverständigen ermächtigen (Wilhelmi und Bewer S. 233).

Eine Anfechtung des Beschlusses, durch welchen die eine oder die andere Art der Beweisaufnahme angeordnet wird, findet nicht statt (§ 355 Abs. 2 a. a. O.).

2. Abs. 2 entspricht dem § 367 Abs. 1 ZPO.

3. Soweit §§ 43—46 nicht abweichende Vorschriften enthalten, finden die Vorschriften der Zivilprozeßordnung über die Beweisaufnahme, sowohl die allgemeinen (§§ 355—370, vgl. insbesondere Beweisbeschluß, §§ 358 bis 361, Beweisaufnahme im Auslande, §§ 363, 364), als auch die speziellen Bestimmungen (Beweis durch Augenschein, §§ 371, 372, Zeugenbeweis, §§ 373—401, Beweis durch Sachverständige, §§ 402—414, Beweis durch Urkunden, §§ 415—444, Beweis durch Eid, §§ 445 bis 477 [außer §§ 465—468], Verfahren bei der Abnahme von Eiden, §§ 478—484, Sicherung des Beweises, §§ 485—494 entsprechende Anwendung. Auf die im Falle des § 363 ZPO. (Beweisaufnahme im Ausland) vom Vorsitzenden zu erlassenden Ersuchungsschreiben findet die preuß. Justizministerial-Verf. v. 29. Mai 1905 (JMBl. S. 159), insbes. § 21 Ziffer 1, mit der Maßgabe Anwendung, daß an Stelle der Vermittlung des Justizministers die des Ministers für Handel und Gewerbe in Anspruch zu nehmen ist. (Erl. des Min. für Handel u. Gew. v. 10. August 1901, HMBl. S. 194.)

§. 44.

Beschließt das Gericht die Vernehmung von 1. Zeugen oder Sachverständigen, so sind dieselben, falls sie nicht von den Parteien zur Stelle gebracht sind, zu laden. Von der Ladung der Sachverständigen kann abgesehen werden, wenn schriftliche Begutachtung angeordnet wird.

Die Beeidigung der Zeugen und Sachverständigen 2. erfolgt nur, wenn das Gericht die Beeidigung zur Herbeiführung einer wahrheitsgemäßen Aussage für nothwendig erachtet oder wenn eine Partei dieselbe beantragt. Die Bestimmungen, nach welchen die Beeidigung in gewissen Fällen unzulässig ist (Civilprozeßordnung §. 393), bleiben unberührt.

1. Abs. 1. Die Ladung ist durch den Gerichtsschreiber zu veranlassen (§ 377 ZPO.) und muß den dort aufgestellten Erfordernissen entsprechen; das Gericht kann gemäß § 379 a. a. O. die Ladung von der Hinterlegung eines Vorschusses durch den Beweisführer abhängig machen. Über die Folgen des Ausbleibens, sowie die Verweigerung des Zeugnisses und der Eidesleistung s. §§ 380—390 a. a. O. Vgl. StenBer. S. 482, 483. Die auf Grund dieser Vorschriften verhängten Geldstrafen sind auf Grund vollstreckbarer Ausfertigungen in derselben Weise zu vollstrecken, wie Urteile; die Vollstreckung der Haft als Exekutivstrafe (§ 390 Abs. 2) erfolgt gemäß §§ 904—913 a. a. O., dagegen die Vollstreckung der als Ordnungsstrafe (§§ 380 Abs. 1, 390 Abs. 1) festgesetzten Haft auf Ersuchen des Vorsitzenden durch die zuständige Staatsanwaltschaft (§ 164 GVG.).

2. Abs. 2. „Daß die Vereidigung der Zeugen nur auf Antrag einer Partei notwendig, im übrigen aber von dem Ermessen des Gerichts abhängig ist, entspricht dem Charakter des gewerbegerichtlichen Verfahrens, sowie dem Bedürfnis, Eidesleistungen in geringfügigen Sachen tunlichst einzuschränken. . . . Inwieweit ein vor dem Gewerbegericht abgegebnes unbeeidetes Zeugnis in der Berufungsinstanz zu berücksichtigen ist, bestimmt sich nach den Vorschriften der Zivilprozeßordnung, welche nach § 55 für das Berufungsgericht maßgebend sind. Da hiernach der in erster Instanz vorschriftsmäßig erhobene Zeugenbeweis vom Berufungsgerichte zu berücksichtigen ist, so wird dasselbe auch das unbeeidete Zeugnis seiner Entscheidung zugrunde legen können, sofern es nicht gemäß §§ 398, 523 der Zivilprozeßordnung die wiederholte Vernehmung des Zeugen anordnet." Mot. S. 31.

Der Antrag der Partei auf Beeidigung eines Zeugen kann auch nach der Vernehmung erfolgen; ebenso kann oft erst dann das Gericht ermessen, ob es die Beeidigung für notwendig erachtet; in diesen Fällen erfolgt sie nachträglich, § 391 Abs. 1 ZPO. Sachverständige können nur vor der Erstattung des Gutachtens beeidigt werden, § 410 a. a. O. Die Vorschrift der §§ 391 Abs. 2, 410, wonach beide Parteien wirksam auf die Vereidigung verzichten können, muß auch hier gelten, da Abs. 2 eine Verminderung der Eidesleistungen gegenüber den Vorschriften der Zivilprozeßordnung bezweckt; beim Vorliegen des Verzichtes darf also der Richter den Eid nie verlangen.

§. 45.

Ob die Leistung eines zugeschobenen oder zurückgeschobenen Eides durch bedingtes Urtheil oder durch Beweisbeschluß anzuordnen sei, bestimmt das Gericht nach freiem Ermessen.

„Dagegen würde die Ausdehnung der Vorschrift auf den richterlichen Eid (ZPO. § 475) mit Rücksicht auf die verschiedene Natur des letzteren bedenklich sein. Die Gewerbegerichte könnten hierdurch leicht zu einer vorschnellen Auflage von Eiden unter Abschneidung des Nachbringens sonstiger Beweismittel veranlaßt werden, und es empfiehlt sich daher, an dem Grundsatze der Zivilprozeßordnung festzuhalten, nach welchem die Auflage eines richterlichen Eides nur im Endurteil erfolgen darf. Es hat dies zur Folge, daß gegebenenfalls die Entscheidung noch vor Ableistung des Eides der Prüfung der Berufungsinstanz unterworfen werden kann." Mot. S. 31, 32. Diese Erwägungen haben infolge der beschränkten Zulassung der Berufung (§ 55) erheblich an Bedeutung verloren. Bei Streitigkeiten, in denen eine Berufung nicht gestattet ist, wird das bedingte Endurteil sofort rechtskräftig; der Gegner der schwurpflichtigen Partei kann daher hier gemäß § 312 Abs. 2 ZPO. die sofortige Abnahme des Eides verlangen, ohne daß das Urteil dem Gegner zugestellt werden muß; ist der Gegner im Termin anwesend, so kann das Gericht auch hier, ebenso wie bei der Eidesauflage durch Beweisbeschluß, die sofortige Eidesabnahme anordnen und dann in demselben Termin den Eintritt der Folgen der Leistung oder Nichtleistung des Eides durch Endurteil aussprechen.

§. 46.

Erscheint der Schwurpflichtige in dem zur Leistung 1.
eines Eides bestimmten Termin nicht, so ist der Eid ohne Weiteres als verweigert anzusehen. Dem Verfahren ist Fortgang zu geben.

Der Schwurpflichtige kann binnen einer Noth- 2.
frist von drei Tagen nach dem Termine sich zur

nachträglichen Leistung des Eides erbieten. Auf ein inzwischen ergangenes Urteil finden die Bestimmungen des §. 707 der Civilprozeßordnung entsprechende Anwendung. Ein solches Urtheil ist, wenn der Eid nachträglich geleistet wird, insoweit aufzuheben, als es auf der Annahme der Eidesverweigerung beruht.

3. Erscheint der Schwurpflichtige auch in dem zur nachträglichen Eidesleistung bestimmten Termine nicht, so findet ein nochmaliges Erbieten zur Eidesleistung nicht statt.

1. Die Novelle zur Zivilprozeßordnung hat in den §§ 465—468 das durch § 46 gestaltete Verfahren übernommen, das Versäumniszwischenurteil der früheren Zivilprozeßordnung beseitigt.

2. Zu Abs. 1. Der Schwurpflichtige, welcher zwar erscheint, aber den Eid weder schwört noch verweigert, gilt als nicht erschienen. RGr. Bd. 23 S. 393. War der Eid durch bedingtes Endurteil auferlegt, so sind die für den Fall der Nichtleistung festgesetzten Folgen auszusprechen (§ 462 ZPO.); war der Eid durch Beweisbeschluß angeordnet, so ist das Verfahren unter der Annahme der Nichtleistung des Eides fortzusetzen. Stand der Beweistermin vor dem Gewerbegerichte an, so kann, wenn auch ein Vertreter der schwurpflichtigen Partei nicht erschienen ist, weil das in den §§ 41 u. 42 des Ges. v. 29. Juli 1890 besonders gestaltete Versäumnisverfahren in Fortfall gekommen ist (Anm. 3 zu § 42), nur Versäumnisurteil nach den Vorschriften des § 42 Abs. 3, §§ 39, 40 ergehen. Durch Einlegung des Einspruchs gemäß § 40 wird zwar der Prozeß in die Lage vor Eintritt der Versäumnis zurückversetzt (§ 342 ZPO.). Das vor dem

Fortgang des Verfahrens eingetretene Ergebnis der Beweisaufnahme, daß der Eid als verweigert gilt, kann aber nur nach Abs. 2 dieses Paragraphen beseitigt werden (aM. Wilhelmi u. Bewer S. 256, Haas § 46 Anm. 12). Denn nach § 43 Abs. 2 ist die Beweisaufnahme — und darunter fällt die Eidesleistung — auch dann zu bewirken, wenn eine Partei in dem Beweistermin nicht erscheint, und demnächst erst tritt das Versäumnisverfahren der §§ 39, 40 ein. Die Feststellung ist auch zu treffen, wenn der Gegner des Schwurpflichtigen ausgeblieben ist. Wilhelmi u. Bewer S. 255, aM. v. Schulz § 46 Anm. 2.

3. Zu Abs. 2. Auf die Vollstreckbarkeit des Urteils (§ 57) hat die gegebene Nachfrist zunächst keinen Einfluß; erst nach Eingang des Erbietens kann das Gericht auf Antrag die im § 707 erwähnten Anordnungen treffen.

ZPO. § 707: „Wird die Wiedereinsetzung in den vorigen Stand oder eine Wiederaufnahme des Verfahrens beantragt, so kann das Gericht auf Antrag anordnen, daß die Zwangsvollstreckung gegen oder ohne Sicherheitsleistung einstweilen eingestellt werde oder nur gegen Sicherheitsleistung stattfinde, und daß die erfolgten Vollstreckungsmaßregeln gegen Sicherheitsleistung aufzuheben seien. Die Einstellung der Zwangsvollstreckung ohne Sicherheitsleistung ist nur zulässig, wenn glaubhaft gemacht wird, daß die Vollstreckung einen nicht zu ersetzenden Nachteil bringen würde.

Die Entscheidung kann ohne vorgängige mündliche Verhandlung erfolgen. Eine Anfechtung des Beschlusses findet nicht statt."

Das Erbieten kann schriftlich oder zum Protokolle des Gerichtsschreibers geschehen; ist die Eidesabnahme gemäß §§ 43 Abs. 1, 61 (§ 479 ZPO.) einem ersuchten Amtsgericht übertragen, so wird die Notfrist durch rechtzeitigen Eingang des Erbietens bei diesem Amtsgericht gewahrt (Haas S. 98, Eccius bei Gruchot Bd. 36 S. 147, vgl. § 467 Abs. 2 ZPO.).

Gegen die Versäumnis der Frist ist Wiedereinsetzung in den vorigen Stand zulässig (§§ 233, 234 ZPO.).

§. 47.

Ueber die Verhandlung vor dem Gewerbegericht ist ein Protokoll aufzunehmen. Dasselbe ist von dem Vorsitzenden und dem Gerichtsschreiber zu unterzeichnen.

Vgl. §§ 159—163, 509 ZPO. Danach sind durch das Protokoll festzustellen:

a) Anträge und Erklärungen, deren Feststellung vorgeschrieben ist (§ 509 ZPO. s. diesen Paragraphen bei § 26 Anm. 2).
b) Anerkenntnisse, Verzichtleistungen und Vergleiche, durch welche der geltend gemachte Anspruch ganz oder teilweise erledigt wird;
c) Aussagen der Zeugen und Sachverständigen, sofern dieselben früher nicht abgehört waren oder von ihrer früheren Aussage abweichen; die Feststellung dieser Aussagen kann jedoch unterbleiben, wenn das Endurteil der Berufung nicht unterliegt, in welchem Falle nur zu bemerken ist, daß die Vernehmung stattgefunden habe;
d) das Ergebnis eines Augenscheines;
e) die Entscheidungen des Gerichts, sofern sie nicht dem Protokolle schriftlich beigefügt sind;
f) die Verkündung der Entscheidungen;
g) die Klage im Falle des § 37 dieses Ges.[1])

Der Aufnahme in das Protokoll steht die Aufnahme in eine Schrift gleich, welche dem Protokolle als Anlage beigefügt und als solche in demselben bezeichnet ist.

---

[1]) Vgl. auch §§ 184, 185 GVG. (Anm. 3 zu § 38).

Das Protokoll ist, soweit es die unter a bis d bezeichneten Punkt betrifft, den Beteiligten vorzulesen oder zur Durchsicht vorzulegen, Vergleiche sind stets vorzulesen (§ 41 Abs. 2 und Anm.); in dem Protokolle ist zu bemerken, daß dies geschehen und die Genehmigung erfolgt sei, oder welche Einwendungen erhoben sind. Bei Verhinderung des Vorsitzenden genügt die Unterschrift des Gerichtsschreibers. Nach § 164 ZPO. kann die Beobachtung der für die mündliche Verhandlung vorgeschriebenen Förmlichkeiten nur durch das Protokoll bewiesen werden; gegen seinen darauf bezüglichen Inhalt ist nur der Nachweis der Fälschung zulässig.

§. 48.

Das Urtheil ist in dem Termin, in welchem 1.
die Verhandlung geschlossen wird, zu verkünden. Ist dies nicht ausführbar, so erfolgt die Verkündung in einem sofort anzuberaumenden Termine, welcher nicht über drei Tage hinaus anberaumt werden soll.

Die Wirksamkeit der Verkündung des Urtheils 2.
ist von der Anwesenheit der Parteien und der Beisitzer nicht abhängig.

1. Zu Abs. 1. Der zweite Satz enthält nur eine Anweisung („soll"), durch welche eine weitere Hinausschiebung aus besonderen Gründen nicht ausgeschlossen ist.

Nach § 32 Abs. 2 Satz 2 muß die Anberaumung des Verkündungstermins der nicht anwesenden Partei durch Zustellung des Beschlusses mitgeteilt werden.

Die Verkündung des Urteils erfolgt durch Vorlesen der Urteilsformel; Versäumnisurteile, Urteile, welche auf

Grund eines Anerkenntnisses erlassen werden, sowie Urteile, welche die Folge der Zurücknahme der Klage oder des Verzichts auf den Klageanspruch oder welche den Eintritt der in einem bedingten Endurteil ausgedrückten Folgen aussprechen, können vor Abfassung der Formel verkündet werden. Die etwa für angemessen erachtete Mitteilung der Gründe erfolgt durch Vorlesen oder mündliche Eröffnung des wesentlichen Inhalts. § 311 ZPO. Ein Urteil, welches bei der Verkündung noch nicht in vollständiger Form abgefaßt war, ist vor Ablauf einer Woche von der Verkündung an in vollständiger Abfassung dem Gerichtsschreiber zu übergeben. § 315 Abs. 2 a. a. O.

2. Abs. 2 entspricht dem § 312 Abs. 1 Satz 1 ZPO. und erklärt darüber hinaus auch die Anwesenheit der Beisitzer für entbehrlich.

3. Die Vorschriften der §§ 286, 285 ZPO. (freie Beweiswürdigung) finden auch hier Anwendung.

§. 49.

1. Aus dem Urtheile müssen ersichtlich sein:

1. die Mitglieder des Gerichts, welche bei der Entscheidung mitgewirkt haben,
2. die Parteien,
3. das Sach- und Streitverhältniß in gedrängter Darstellung nebst den wesentlichen Entscheidungsgründen,
4. der Spruch des Gerichts in der Hauptsache und in Betreff der Kosten. Der Betrag der letzteren mit Einschluß einer der obsiegenden Partei etwa zu gewährenden Entschädigung

für Zeitversäumniß soll, soweit sie sofort zu ermitteln sind, im Urtheile festgestellt werden.

Das Urtheil ist von dem Vorsitzenden zu unterzeichnen. 2.

1. § 49 entspricht im wesentlichen dem § 313 ZPO. Bei der Darstellung des Tatbestandes (Nr. 3) ist eine Bezugnahme auf den Inhalt vorbereitender Schriftsätze und auf die Feststellungen des Protokolls nicht ausgeschlossen (§ 313 Abs. 2 a. a. O.).

2. Satz 2 der Nr. 4 soll ein besonderes Kostenfestsetzungsverfahren überflüssig machen; er bezieht sich auf die dem Gegner zu erstattenden Kosten und die Gerichtskosten (§§ 52, 58). Wenn die Festsetzung der ersteren im Urteil unterbleibt, so erfolgt sie gemäß §§ 104, 105 ZPO. im Wege des Kostenfestsetzungsverfahrens regelmäßig durch den Vorsitzenden (§ 53), sofern nicht die Partei im Falle der Übergehung gemäß § 321 ZPO. eine nachträgliche Ergänzung des Urteils beantragt.

§ 91 Abs. 1 Satz 2 ZPO. bestimmt jetzt:

„Die Kostenerstattung umfaßt auch die Entschädigung des Gegners für die durch nothwendige Reisen oder durch die nothwendige Wahrnehmung von Terminen entstandene Zeitversäumniß; die für die Entschädigung von Zeugen geltenden Vorschriften finden entsprechende Anwendung."

Mit Rücksicht auf diesen Zusatz der Novelle zur Zivilprozeßordnung konnte die entsprechende Vorschrift in § 52 Abs. 2 gestrichen, und durch die hier in Nr. 4 eingeschobenen Worte: „mit Einschluß der der obsiegenden Partei etwa zu gewährenden Entschädigung für die Zeitversäumnis" die Festsetzung dieser Entschädigung der sonstigen Kostenfestsetzung gleichgestellt werden. Die Gebührenordnung für Zeugen siehe unten S. 232. Über die Frage, ob trotz der Vorschrift des § 616 BGB. dem

Arbeiter Entschädigung für die Zeitversäumnis zuzusprechen ist, siehe GG. V Sp. 132, VIII Sp. 7. Verf. des pr. Justizministers vom 28. Juni 1903 (siehe unten S. 262).

3. Andere notwendige Bestandteile des Urteils als die im Abs. 1 aufgezählten, können durch das Statut, dem hier kein Spielraum gelassen ist, nicht mit prozessualer Wirksamkeit gefordert werden. Wenn z. B. das Statut vorschreibt, daß das Urteil eine Belehrung über die etwa zulässige Berufung enthalten müsse, so liegt in der Unterlassung dieser Belehrung kein prozessualer Mangel; die Berufungsfrist läuft also unabhängig hiervon (anders § 40 Abs. 2 d. Ges., s. Anm. 2 hierzu); das gleiche gilt von der Vorschrift, wonach diese Belehrung bei der Verkündung des Urteils mündlich zu verkünden ist.

4. Zu Abs. 2. Die Unterschrift der Beisitzer ist auch hier nicht beizufügen.

5. Der Gerichtsschreiber hat auf dem Urteil den Tag der Verkündung zu bemerken und diese Bemerkung zu unterschreiben (§ 315 Abs. 3 ZPO.). Vgl. wegen der Beweiskraft des Tatbestandes § 314, wegen des Aushanges eines Verzeichnisses der verkündeten und unterschriebenen Urteile § 316, wegen der Berichtigung von Schreib- und Rechnungsfehlern usw. § 319, wegen Berichtigung des Tatbestandes § 320, wegen Übergehung von Haupt- und Nebenansprüchen und des Kostenpunktes § 321, wegen der materiellen Rechtskraft der Urteile § 322 ZPO. Wegen der Ausfertigungen s. Anm. 2 a. E. zu § 32.

§. 50.

Ein über den Grund des Anspruchs vorab entscheidendes Zwischenurtheil ist in Betreff der Rechtsmittel nicht als Endurtheil anzusehen.

Die Anwendbarkeit des § 304 ZPO. wird durch diese Bestimmung ausgeschlossen. Die Bestimmung hat für die der Berufung entzogenen Streitfälle keine praktische Bedeutung.

§. 51.

Erfolgt die Verurtheilung auf Vornahme einer 1.
Handlung, so ist der Beklagte zugleich auf Antrag des Klägers für den Fall, daß die Handlung nicht binnen einer zu bestimmenden Frist vorgenommen ist, zur Zahlung einer nach dem Ermessen des Gerichts festzusetzenden Entschädigung zu verurtheilen.

In diesem Falle ist die Zwangsvollstreckung in 2.
Gemäßheit der §§. 887, 888 der Civilprozeßordnung ausgeschlossen.

Dieser Paragraph „gewährt für den bei Streitigkeiten aus Arbeitsverhältnissen nicht seltenen Fall der Verurteilung zur Vornahme einer Handlung dem Kläger das Mittel, gegen den Beklagten, welcher dem Urteil nicht Folge leistet, an Stelle direkter Vollstreckungsmaßregeln den Anspruch auf Schadensersatz ohne Aufstellung einer neuen Klage auf dem kürzesten Wege zur Durchführung zu bringen." Mot. S. 32, 33. Hierher gehören besonders die Urteile auf Rückkehr in die Arbeit oder Vollendung einer zu Unrecht verlassenen Arbeit. Nach § 888 Abs. 2 ZPO. ist es im Falle der Verurteilung zur Leistung von Diensten aus einem Dienstvertrag unzulässig, den Schuldner durch Geldstrafe oder Haft zur Vornahme der Handlung anzuhalten. Soweit die Dienste nicht vertretbar sind (§ 887), würde der Kläger auf eine neue Interessenklage beim Gewerbegericht (§ 893 Abs. 2 a. a. O.) angewiesen sein. Daß das Ermessen des Gerichts über die Höhe der Entschädigung entscheidet, entspricht dem Prinzipe des § 287 a. a. O., vgl. jedoch § 127 g GO.

§. 52.

Die Verpflichtung der unterliegenden Partei, die Kosten des Rechtsstreits zu tragen, erstreckt sich auf die Erstattung der dem Gegner durch die Zuziehung eines Prozeßbevollmächtigten oder Beistandes entstandenen Auslagen nur unter der Voraussetzung, daß die Zuziehung durch besondere Umstände gerechtfertigt war, und nur in Ansehung des Betrags, welchen das Gericht für angemessen erachtet.

Durch diese Vorschrift soll auf die persönliche Prozeßführung der Parteien hingewirkt werden. Die durch Zuziehung einer der im § 31 bezeichneten Personen entstandenen Auslagen sind nie erstattungsfähig. Über die Art der Kostenfestsetzung s. Anm. 2 zu § 49, über die Rechtsbehelfe wegen der Kosten s. § 55 Abs. 1 Satz 3.

§. 53.

1. Die nicht auf Grund einer mündlichen Verhandlung ergehenden Beschlüsse und Verfügungen werden, soweit nicht ein Anderes bestimmt ist, von dem Vorsitzenden allein erlassen.

2. Im Uebrigen sind für die Befugnisse des Vorsitzenden und der Beisitzer die Vorschriften über das landgerichtliche Verfahren maßgebend.

3. In Bezug auf die Berathung und Abstimmung finden die Vorschriften der §§. 194 bis 200 des Gerichtsverfassungsgesetzes entsprechende Anwendung.

1. Zu Abs. 2. Vgl. §§ 127, 130 (464), 131 ZPO., § 181 GVG. (Anm. 3, 4 zu § 38).

2. Zu Abs. 3: GVG. „§ 194. Bei Entscheidungen dürfen Richter nur in der gesetzlich bestimmten Anzahl mitwirken.

Bei Verhandlungen von längerer Dauer kann der Vorsitzende die Zuziehung von Ergänzungsrichtern anordnen, welche der Verhandlung beizuwohnen und im Falle der Verhinderung eines Richters für denselben einzutreten haben.

Die vorstehenden Bestimmungen finden auch auf Schöffen und Geschworene Anwendung.

§ 195. Bei der Berathung und Abstimmung dürfen außer den zur Entscheidung berufenen Richtern nur die bei demselben Gerichte zu ihrer juristischen Ausbildung beschäftigten Personen zugegen sein, soweit der Vorsitzende deren Anwesenheit gestattet.

§ 196. Der Vorsitzende leitet die Berathung, stellt die Fragen und sammelt die Stimmen.

Meinungsverschiedenheiten über den Gegenstand, die Fassung und die Reihenfolge der Fragen oder über das Ergebniß der Abstimmung entscheidet das Gericht.

§ 197. Kein Richter, Schöffe oder Geschworener darf die Abstimmung über eine Frage verweigern, weil er bei der Abstimmung über eine vorhergegangene Frage in der Minderheit geblieben ist.

§ 198. Die Entscheidungen erfolgen, soweit das Gesetz nicht ein Anderes bestimmt, nach der absoluten Mehrheit der Stimmen.

Bilden sich in Beziehung auf Summen, über welche zu entscheiden ist, mehr als zwei Meinungen, deren keine die Mehrheit für sich hat, so werden die für die größte Summe abgegebenen Stimmen den für die zunächst geringere abgegebenen so lange hinzugerechnet, bis sich eine Mehrheit ergibt.

[Bilden sich in einer Strafsache, von der Schuldfrage abgesehen, mehr als zwei Meinungen, deren keine die Mehrheit für sich hat, so werden die dem Beschuldigten nachtheiligsten Stimmen den zunächst minder nachtheiligen so lange hinzugerechnet, bis sich eine Mehrheit ergibt.]

§ 199. Die Reihenfolge bei der Abstimmung richtet sich nach dem Dienstalter, bei den Schöffengerichten und den Kammern für Handelssachen nach dem Lebensalter; der Jüngste stimmt zuerst, der Vorsitzende zuletzt. Wenn ein Berichterstatter ernannt ist, so gibt dieser seine Stimme zuerst ab.

[Bei der Abstimmung der Geschworenen richtet sich die Reihenfolge nach der Auslosung. Der Obmann stimmt zuletzt.]

§ 200. Schöffen und Geschworene sind verpflichtet, über den Hergang bei der Beratung und Abstimmung Stillschweigen zu beobachten."

Die Beisitzer sind als Schöffen im Sinne der vorstehenden Bestimmungen anzusehen.

§. 54.

1. In dem ersten, auf die Klage angesetzten Termine kann die Zuziehung der Beisitzer unterbleiben.

2. Erscheint in dem Termine nur eine der Parteien, so erläßt auf Antrag derselben der Vorsitzende das Versäumnißurtheil.

3. Erscheinen beide Parteien, so hat der Vorsitzende einen Sühneversuch vorzunehmen. Kommt ein Vergleich zu Stande, so ist derselbe in Gemäßheit des §. 41 Abs. 2 im Protokolle festzustellen. Das Gleiche gilt, wenn die Klage zurückgenommen oder

wenn auf den Klageanspruch verzichtet oder wenn derselbe anerkannt wird; in diesen Fällen hat, sofern beantragt wird, die Rechtsfolgen durch Urtheil auszusprechen, der Vorsitzende das Urtheil zu erlassen.

Bleibt die Sache in dem Termine streitig, so hat der Vorsitzende die Entscheidung zu erlassen, wenn dieselbe sofort erfolgen kann und beide Parteien sie beantragen. Anderenfalls ist ein neuer Verhandlungstermin, zu welchem die Beisitzer zuzuziehen sind, anzusetzen und sofort zu verkünden. Zeugen und Sachverständige, deren Vernehmung der Vorsitzende für erforderlich erachtet, sind zu diesem Termine zu laden. 4.

1. Zu Abs. 1. Erster Termin ist auch der infolge Einspruchs gegen das im ersten Termin ergangene Versäumnisurteil angesetzte Termin vgl. § 40 Abs. 4, Menzinger S. 97. Das Statut (§ 1 Abs. 5) darf an der Vorschrift nichts ändern. Es bleibt lediglich dem Ermessen des Vorsitzenden überlassen, ob er im ersten Termine Beisitzer zuziehen will oder nicht; im Beschwerdewege kann die Zuziehung nicht erzwungen werden. Vgl. KommBer. S. 23, StenBer. S. 487, 489, 490. (Ebenso Schier S. 130, Wilhelmi u. Bewer S. 283, aM. hinsichtlich der Zulässigkeit abweichender statutarischer Vorschriften Bachem S. 96, Haas § 54 Anm. 1.

2. Zu Abs. 2. Der Inhalt des Versäumnisurteils bestimmt sich nach § 39 Abs. 1, 2. Wird eine andere Entscheidung als Versäumnisurteil notwendig (Beschluß nach § 335 ZPO. Abweisung der Klage nach § 39 Abs. 2 Satz 2), so muß der Vorsitzende neuen Termin ansetzen, zu welchem die Beisitzer zuzuziehen sind und die aus-

gebliebene Partei zu laden ist. (Wilhelmi u. Bewer S. 283.) Die Absicht des Gesetzgebers war wohl eine weitergehende.

3. Zu Abs. 3. Die Rechtsfolgen der Zurücknahme der Klage sind: Tragung der Kosten seitens des Klägers, soweit über die Kosten nicht bereits rechtskräftig erkannt ist, § 271 Abs. 3 ZPO., die des Verzichtes auf den Klageanspruch: Abweisung des Klägers mit dem Anspruche, § 306 a. a. O., die des Anerkenntnisses: Verurteilung dem Anerkenntnisse gemäß § 307 a. a. O., § 93 ZPO. ist dabei anzuwenden.

4. Zu Abs. 4. Sobald aus irgend einem Grunde die Entscheidung erst in einem neuen Termine erfolgen könnte (z. B. wegen erforderlicher Vernehmung von nicht zur Stelle gebrachten Zeugen, wegen einer Eidesleistung seitens einer nicht persönlich erschienenen Partei), muß die Sache vor das vollbesetzte Gericht verwiesen werden. Die mündliche Verhandlung muß nach § 309 ZPO. vor dem letzteren wiederholt werden, nicht dagegen eine etwa vom Vorsitzenden allein vorgenommene und protokollierte Beweisaufnahme. Eine solche Beweisaufnahme — z. B. Vernehmung der von den Parteien zur Stelle gebrachten Zeugen — muß für zulässig erachtet werden; denn der Vorsitzende ist hier „das Gewerbegericht" und hat daher gemäß § 26 jene Befugnis ebenso, wie das ordentliche Gericht (§ 358 ZPO.). Ebenso Bachem S. 96, Haas § 54 Anm. 11, Schier S. 132, Wilhelmi u. Bewer S. 285, Levy bei Gruchot Bd. 35 S. 173; vgl. auch Busch Bd. 16 S. 332, aM. v. Schulz § 43 Anm. 1, § 54 Anm. 6. Der Vorsitzende kann jedoch eine nochmalige Vernehmung für erforderlich halten.

§. 55.

1. In den vor die Gewerbegerichte gehörigen Rechtsstreitigkeiten finden die Rechtsmittel statt, welche in

den zur Zuständigkeit der Amtsgerichte gehörigen bürgerlichen Rechtsstreitigkeiten zulässig sind. Die Berufung ist jedoch nur zulässig, wenn der Werth des Streitgegenstandes den Betrag von einhundert Mark übersteigt. Entscheidungen über die Festsetzung der Kosten einschließlich der gemäß §. 52 ergangenen sind nicht anfechtbar.

Als Berufungs- und Beschwerdegericht ist das Landgericht, in dessen Bezirke das Gewerbegericht seinen Sitz hat, zuständig. 2.

Ist für das Rechtsmittel gegen eine Entscheidung des Gewerbegerichts eine Nothfrist bestimmt, so beginnt diese für jede Partei mit der an sie bewirkten Zustellung und, sofern auf die Zustellung verzichtet war (§. 32 Abs. 2), mit der Verkündung der Entscheidung. Im Uebrigen richtet sich die Einlegung des Rechtsmittels und das Verfahren in der Rechtsmittelinstanz nach den Vorschriften der Civilprozeßordnung. Die Bestimmung im §. 569 Abs. 2 der Civilprozeßordnung über die Einlegung der Beschwerde in den bei einem Amtsgericht anhängigen oder anhängig gewesenen Sachen findet entsprechende Anwendung. 3.

1. Zu Abs. 1. Die im Satz 1 erwähnten Rechtsmittel sind die Berufung (§§ 511—544 ZPO.), sowie die Beschwerde (§§ 567—577 a. a. O.). Der Einspruch (§ 40) ist kein Rechtsmittel im Sinne der Zivilprozeßordnung.

Nach der Vorlage (§ 49) war die Berufung gegen jedes Endurteil gegeben; die Beschränkung des Satz 2 rührt von den Kommissionsbeschlüssen her. Vgl. Komm.-Ber. S. 27, 28. Entscheidend für die Zulässigkeit der Berufung ist nicht der Wert des Beschwerdegegenstandes (§ 546 ZPO.), sondern der des Streitgegenstandes erster Instanz.[1]) Vgl. Sten. Ber. S. 490, 491, 507—509. Dieser Wert ist nach den Vorschriften der §§ 3—9 ZPO. festzusetzen, und zwar (§ 3 a. a. O.) nach freiem Ermessen des Gerichts innerhalb der Grenzen der §§ 4—9 a. a. O., Komm.-Ber. S. 28. Vgl. GG. II Sp. 58, Sp. 124, III Sp. 58, VII Sp. 159.

Nach § 4 ZPO. ist für die Wertberechnung der Zeitpunkt der Erhebung der Klage entscheidend. Diese Bestimmung hat den Zweck, eine Änderung des Werts des unveränderten Streitgegenstandes auf die Wertsberechnung für einflußlos zu erklären. Durch Erweiterung oder Beschränkung der Klageanträge (§ 268 Nr. 2 ZPO.) durch Verbindung mehrerer Prozesse (§ 147 ZPO.) oder Trennung mehrerer in einer Klage erhobenen Ansprüche (§ 145 ZPO.) wird der Streitgegenstand selbst, dessen Wert nach § 4 zu berechnen ist, geändert. Durch die Bezugnahme auf diese Bestimmung ist daher keine Entscheidung darüber zu gewinnen, welcher Streitgegenstand für die Frage der Zulässigkeit der Berufung maßgebend ist. Für das ordentliche Verfahren hat die Änderung der Klageanträge, Verbindung und Trennung mehrerer Prozesse mit der einen Ausnahme des § 596 ZPO. auf die Zuständigkeit keinen Einfluß (§ 263 Abs. 2 Nr. 2 ZPO.); bezüglich des Einflusses solcher Änderung auf die Zulässigkeit der Berufung fehlt eine Bestimmung. Wollte man den Zeitpunkt der Klageerhebung entscheidend sein lassen, so würde, wenn zunächst

[1]) Ähnlich § 18 Abs. 1 d. Ges. über die Konsulargerichtsbarkeit v. 10. Juli 1879 (RGBl. S. 197).

nur ein Teilbetrag bis 100 M. geltend gemacht wird, demnächst der Klageantrag auf über 100 M. erweitert wird, die Berufung unzulässig sein. Der Absicht des Gesetzgebers entspricht es, daß der Streitgegenstand für maßgebend erachtet wird, welcher bei der Urteilsfällung vorliegt, dessen Wert nach §§ 3—8 ZPO. zu berechnen ist. Zweck der Bestimmung ist, die Berufung dann zuzulassen, wenn das Gewerbegericht über erhebliche Vermögenswerte Entscheidung trifft. Diese Annahme führt zu folgendem Ergebnis: Ist im Laufe des Rechtsstreits der Anspruch erweitert (§ 268 Nr. 2, 3, § 280) oder die Verbindung mehrerer Prozesse (desselben oder verschiedener Kläger) angeordnet worden (§ 147), so daß zur Zeit des Urteils der Wert des Streitgegenstandes 100 M. übersteigt, so ist die Berufung zulässig; ob nur einer von mehreren Streitgenossen, für welche im einzelnen der Streitgegenstand unter der in diesem Paragraphen festgesetzten Grenze liegt, von dem Rechtsmittel Gebrauch machen will, ist unerheblich (Wilhelmi u. Bewer S. 292).

Hat bei Erhebung der Klage der Streitgegenstand mehr als 100 M. betragen, ist aber im Laufe des Rechtsstreites durch Beschränkung des Klageanspruchs (§ 271 Abs. 3) oder Trennung mehrerer Ansprüche (§ 145 Abs. 1) § 300 Abs. 2 auf 100 M. und darunter herabgemindert, so ist die Berufung nicht zulässig.

Bei Erlaß eines Teilurteils richtet sich die Zulässigkeit der Berufung sowohl bezüglich des Teilurteils als des Endurteils nach dem Wert des Streitgegenstandes im ganzen, nicht nach den getrennten Werten, über die durch Teilurteil und Endurteil entschieden wird. aM. Wilhelmi u. Bewer S. 292.

Der Wert der Klage und Widerklage, welche nicht denselben Streitgegenstand betreffen, sind zusammenzurechnen. § 5, Satz 2 ZPO. will nur Vorsorge treffen, daß die Zuständigkeit des Gerichts hinsichtlich jedes im Rechtsstreit erhobenen Klageanspruchs besonders geprüft wird; RGr. Bd. VII S. 387. Für die nach § 55 Abs. 1 erforderliche Wertberechnung bildet der einheitlich abgeurteilte Gegenstand der Klage und der Widerklage ein Ganzes. Wilhelmi u. Bewer S. 295, Haas § 55 Abs. 3. aM. GG. II Sp. 214.

In allen diesen Fragen hat die Praxis noch kein festes Prinzip ausgebildet. (Vgl. Bl. f. soz. Pr. Nr. 79 S. 6, Nr. 83 S. 39, Nr. 103 S. 223, Soz. Pr. V Nr. 26 Sp. 729, GG. I Nr. 2 Sp. 13, III Nr. 4 Sp. 46, Nr. 10 Sp. 118, IV Sp. 113, IX Sp. 257, X Sp. 140, 165. Soz. Prax. XIII Sp. 585, 1267. Baum S. 79ff. GG. Berlin S. 309ff. Wilhelmi u. Bewer S. 293ff.)

Die Entscheidung darüber, ob ein Wertgegenstand von mehr als 100 M. vorliegt, steht allein dem Berufungsgericht bei der ihm nach § 535 ZPO. obliegenden Prüfung der Zulässigkeit der Berufung zu. Die vor dem Gewerbegericht oder dem Beschwerdegericht zu einem andern Zweck, z. B. zwecks Berechnung der Gerichtsgebühren oder der Zulässigkeit der vorläufigen Vollstreckbarkeit getroffene Wertfestsetzung ist für das Berufungsgericht nicht bindend. Deshalb ist auch eine Beschwerde gegen die vom Gewerbegericht getroffene Wertfestsetzung lediglich zu dem Zwecke der Erhöhung des Streitgegenstandes auf mehr als 100 M. nicht zulässig. GG. II Sp. 58, III Sp. 30, 57, VII Sp. 159. Wilhelmi u. Bewer S. 293.

Das Rechtsmittel der Beschwerde ist, ohne Rücksicht auf den Wert des Streitgegenstandes, in den in diesem Gesetze und der ZPO. besonders hervorgehobenen Fällen und, von speziellen Ausnahmen abgesehen, gegen solche eine mündliche Verhandlung nicht erfordernde Entscheidungen gegeben, durch welche ein das Verfahren betreffendes Gesuch zurückgewiesen wird. Für das Verfahren vor dem Gewerbegericht ist die Beschwerde besonders hervorgehoben im Falle des § 42 Abs. 1. Jede Anfechtung ist ausgeschlossen in dem Falle des Satz 3 des Abs. 1, sowie nach der ZPO. in den bei Struckmann

u. Koch zu § 473 aufgeführten Fällen. Die sofortige Beschwerde (§ 577 ZPO.) findet nur in den im Gesetze besonders erwähnten Fällen statt (s. Struckmann u. Koch Anm. 1 zu § 577).

Satz 3 des Abs. 1 entzieht alle Entscheidungen über die Festsetzung der Kosten, mögen sie durch Urteil oder Beschluß erfolgt sein (s. Anm. 2 zu § 49), der Anfechtung durch Berufung oder Beschwerde. Wenn aber in der Berufungsinstanz die Kostenpflicht infolge abweichender Entscheidung anders geregelt wird, als in erster Instanz, so wird insoweit auch die Vorentscheidung über die Kosten geändert. Urteile des Gewerbegerichts, welche nur den Kostenpunkt entscheiden, sind trotz § 99 Abs. 3 ZPO. nicht anfechtbar. (GG. Berlin S. 314. Wilhelmi u. Bewer S. 296.)

2. Zu Abs. 2. Zuständig ist die Zivilkammer (§ 17 GVG.). Über die geschäftliche Behandlung der gegen Entscheidungen der Gewerbegerichte eingelegten Rechtsmittel vgl. Geschäftsordnung für die Gerichtsschreibereien vom 27. November 1899 (JMBl. 473) §§ 7 Nr. 19, 24, 29. In den Fällen der §§ 160 und 179 GVG. geht die Beschwerde an das Oberlandesgericht.

3. Zu Abs. 3. Satz 1 ist eine Konsequenz der Vorschriften des § 32. Eine Notfrist ist bestimmt für die Berufung (§ 516 ZPO.) und die sofortige Beschwerde (§ 577 Abs. 2 a. a. O.). Das Material für die Prüfung, ob die Berufung an sich statthaft und in der gesetzlichen Frist eingelegt ist (§ 535 a. a. O.), bieten dem Berufungsrichter die gemäß § 544 a. a. O. vom Gerichtsschreiber einzufordernden Akten des Gewerbegerichts, in denen sich auch die Urkunden über die Zustellung des Urteils befinden.

Die Berufung unterliegt dem Anwaltszwange (§ 78 Abs. 1 ZPO.). Über die obligatorische oder fakultative Zurückweisung der Sache an das Gewerbegericht s. §§ 538, 539 a. a. O.

Gegen die Berufungsurteile der Landgerichte ist ein weiteres Rechtsmittel nicht gegeben; gegen ihre Entscheidungen in Beschwerdesachen findet, sofern in denselben ein neuer selbständiger Beschwerdegrund enthalten ist, weitere Beschwerde (an den Zivilsenat des Oberlandesgerichts § 123 Nr. 4 GVG.) statt. Gegen dessen Entscheidung findet eine weitere Beschwerde nicht statt. (§ 568 Abs. 4 ZPO.).

Vgl. wegen Einlegung der Beschwerde beim Gewerbegericht und der Befugnis desselben zur Abhilfe §§ 569, 571, 577 Abs. 3, wegen der aufschiebenden Wirkung § 572, wegen Beschwerden gegen Entscheidungen des Gerichtsschreibers § 576 a. a. O.

Satz 3 des Abs. 3 stellt die Ausschließung des Anwaltszwanges für das Beschwerdeverfahren sicher. § 569 Abs. 2 ZPO.:

„. . . Die Einlegung kann auch durch Erklärung zum Protokolle des Gerichtsschreibers erfolgen, wenn der Rechtsstreit bei einem Amtsgericht anhängig ist oder anhängig war. . . .“ Eine vom Beschwerdegericht angeordnete mündliche Verhandlung unterliegt jedoch dem Anwaltszwang (GG. IV Sp. 9).

4. Beschwerden, welche Angelegenheiten der Verwaltung, insbesondere den Geschäftsbetrieb und Verzögerungen betreffen, werden im Aufsichtswege erledigt. Da die Gewerbegerichte eine Einrichtung der betr. Gemeinden oder weiteren Kommunalverbände sind, so sind hier zunächst die leitenden Organe und in höherer Instanz die staatlichen Aufsichtsbehörden dieser Gemeinden und Verbände zuständig, vgl. Anm. 4 zu § 21.

§. 56.

Die Anfechtung einer Entscheidung des Gewerbegerichts kann auf Mängel des Verfahrens bei der

Wahl der Beisitzer oder auf Umstände, welche die Wählbarkeit eines Beisitzers zu dem von ihm bekleideten Amte nach Maßgabe dieses Gesetzes ausschließen, nicht gestützt werden. Diese Vorschrift findet keine Anwendung, wenn die Anfechtung darauf gestützt wird, daß ein Beisitzer zu den im §. 11 Abs. 2 bezeichneten Personen gehöre.

Ein durch rechtskräftiges Urteil geschlossenes Verfahren vor dem Gewerbegericht kann nach Maßgabe der §§ 578 bis 591 ZPO. im Wege der Nichtigkeitsklage und Restitutionsklage wieder aufgenommen werden. Die Nichtigkeitsklage findet nach § 579 ZPO. u. a. statt, „wenn das erkennende Gericht nicht vorschriftsmäßig besetzt war." § 56 schreibt eine Ausnahme von dieser Vorschrift vor. Es soll die Anfechtung von Entscheidungen wegen Teilnahme eines Beisitzers, der nicht wählbar ist, auf den Fall der Unfähigkeit zum Schöffenamt beschränkt sein. Auf den Vorsitzenden ist die Vorschrift nicht auszudehnen.

§. 57.

Aus den Endurtheilen der Gewerbegerichte, 1. welche rechtskräftig oder für vorläufig vollstreckbar erklärt sind, sowie aus den Vergleichen, welche nach Erhebung der Klage vor dem Gewerbegerichte geschlossen sind, findet die Zwangsvollstreckung statt.

Die der Berufung oder dem Einspruch unter- 2. liegenden Urtheile sind von Amtswegen für vorläufig vollstreckbar zu erklären, wenn sie die in Nr. 1 des §. 4 bezeichneten Streitigkeiten betreffen oder der Gegenstand der Verurtheilung an Geld oder Geldeswerth die Summe von dreihundert Mark nicht übersteigt.

3. Die vorläufige Vollstreckbarkeit ist nicht auszusprechen, wenn glaubhaft gemacht wird, daß die Vollstreckung dem Schuldner einen nicht zu ersetzenden Nachtheil bringen würde; auch kann sie von einer vorgängigen Sicherheitsleistung abhängig gemacht werden.

4. Im Uebrigen finden auf die Zwangsvollstreckung sowie auf den Arrest und die einstweiligen Verfügungen die Vorschriften im achten Buche der Civilprozeßordnung Anwendung. Die für den Beginn der Zwangsvollstreckung erforderlichen Zustellungen (§§. 750, 751, 798 der Civilprozeßordnung) sind, soweit sie nicht bereits vorher erfolgt sind, auf Antrag des Gläubigers durch das Gewerbegericht zu bewirken.

1. Zu Abs. 1. Gemäß § 705 ZPO. tritt die Rechtskraft der Endurteile vor Ablauf der für die Einlegung der Berufung oder des Einspruchs bestimmten Frist nicht ein und wird der Eintritt durch rechtzeitige Einlegung der Berufung oder des Einspruchs gehemmt. Zeugnisse über die Rechtskraft s. § 706 ZPO. „Vergleiche" s. § 41 Abs. 2. Auch aus den in entsprechender Anwendung des § 510 ZPO. (s. Anm. 2 zu § 26, Anm. zu § 37) geschlossenen Vergleichen findet die Zwangsvollstreckung statt, da nach Satz 1 des Abs. 4 auch § 794 Nr. 2 a. a. O. entsprechend anzuwenden ist.

2. Zu Abs. 2. Wenn das Urteil außer einer Streitigkeit der in Nr. 1 des § 4 bezeichneten Art noch andere Ansprüche (Nr. 2—6) betrifft und der Wert der letzteren 300 M. übersteigt, so ist der auf die erstere Streitigkeit bezügliche Teil des Urteils von Amts wegen, der auf die übrigen bezügliche nur, falls § 709 Abs. 2 ZPO. (s. unten) zutrifft, auf Antrag für vorläufig vollstreckbar zu erklären. Entscheidend ist der Gegenstand der Verurteilung, nicht der Streitgegenstand (§ 55 Abs. 1), welcher höher sein kann. Der Wert des Gegenstandes der Verurteilung ist nach §§ 3—9 ZPO. zu berechnen (§ 709 Nr. 4 ZPO.).

Neben Abs. 2 findet ohne Rücksicht auf die Höhe des Gegenstandes der Verurteilung auch § 708 ZPO. Anwendung:

„Auch ohne Antrag sind für vorläufig vollstreckbar zu erklären:

1. Urtheile, welche auf Grund eines Anerkenntnisses eine Verurtheilung aussprechen (§ 307);
2. Urtheile, welche den Eintritt der in einem bedingten Endurtheile ausgedrückten Folgen aussprechen;
3. [Versäumnißurtheile des Revisionsgerichts sowie] ein zweites oder ferneres in derselben Instanz gegen dieselbe Partei zur Hauptsache erlassenes Versäumnißurtheil;
4. Urtheile, welche im Urkunden-[oder Wechsel-]prozesse erlassen werden;
5. Urtheile, durch welche Arreste oder einstweilige Verfügungen aufgehoben werden;

Nr. 6 kann im Verfahren vor dem Gewerbegericht nicht zur Anwendung kommen.

Ist in Fällen, in denen das Urteil von Amts wegen für vorläufig vollstreckbar zu erklären ist, eine derartige Entscheidung nicht erfolgt, so ist eine Ergänzung gemäß § 321 ZPO. herbeizuführen (§ 716 a. a. O.).

Nach § 709 Abs. 2 sind ferner Urteile auf Antrag für vorläufig vollstreckbar zu erklären, wenn sie Streitigkeiten zwischen Dienstherr und Gesinde, zwischen Arbeitgebern und Arbeitern hinsichtlich des Dienst- und Arbeitsverhältnisses, sowie die im § 4 Abs. 1 des GGG. bezeichneten Streitigkeiten betreffen, insofern dieselben während der Dauer des Dienst-, Arbeits- oder Lehrverhältnisses entstehen.

Die Bestimmung kommt zur Anwendung, wenn das Urteil die in Nr. 2—6 des § 4 bezeichneten Streitigkeiten betrifft und der Wert der Verurteilung die Summe von 300 M. übersteigt.

Außerdem sind Urteile auf Antrag (s. § 714 ZPO.) für vorläufig vollstreckbar zu erklären, wenn glaubhaft gemacht wird (§ 294 ZPO.), daß die Aussetzung der Vollstreckung dem Gläubiger einen schwer zu ersetzenden oder schwer zu ermittelnden Nachteil bringen würde oder wenn der Gläubiger sich erbietet, vor der Vollstreckung Sicherheit zu leisten, § 710 ZPO. Die Sicherheitsleistung erfolgt gemäß § 108 ZPO. durch Hinterlegung von Geld oder solchen Wertpapieren, welche nach § 234 Abs. 1, 3 des BGB. zur Sicherheitsleistung geeignet sind oder nach richterlichem Ermessen eine genügende Deckung gewähren; die Höhe ist unter Berücksichtigung der Hauptsumme nebst Zinsen und Kosten vom Gericht festzusetzen. Die Art der Hinterlegung bestimmt sich nach den landesgesetzlichen Vorschriften; in Preußen erfolgt sie bei den staatlichen Hinterlegungsstellen oder interimistisch bei dem Vollstreckungsgericht, ev. dem Amtsgericht, in dessen Bezirk das Gewerbegericht seinen Sitz hat (§§ 1, 70—73, 74 Nr. 3a, 76 Abs. 1 Nr. 1 der Hinterlegungsordnung v. 14. März 1879, GS. S. 249, Art. 84 des Ausf.-Ges. zum BGB. v. 20. September 1899). Über die Mitwirkung des Gerichts behufs Rückgabe der Sicherheitsl. § 109 ZPO.

Bedingte Endurteile (§ 45) können nie für vorläufig vollstreckbar erklärt werden (§ 460 Abs. 2 ZPO.).

3. Zu Abs. 2. Nach § 712 Schlußsatz ist in diesem Fall der nach §§ 709, 710 gestellte Antrag des Gläubigers

zurückzuweisen. Von einer vorgängigen Sicherheitsleistung, deren Höhe das Gericht hier nach freiem Ermessen bestimmt, kann die vorläufige Vollstreckbarkeit auch ohne Antrag (anders § 713 Abs. 1 ZPO.) abhängig gemacht werden.

Ferner findet aber § 713 Abs. 2 ZPO. Anwendung: „Das Gericht hat auf Antrag dem Schuldner nachzulassen, durch Sicherheitsleistung oder durch Hinterlegung die Vollstreckung abzuwenden, wenn nicht der Gläubiger sich erbietet, vor der Vollstreckung Sicherheit zu leisten."

Auch kann § 721 im gewerbegerichtlichen Verfahren Anwendung finden:

„Wird auf Räumung einer Wohnung erkannt, so kann das Gericht auf Antrag dem Schuldner eine den Umständen nach angemessene Frist zur Räumung gewähren," wenn nämlich die zu räumende Wohnung dem Arbeiter auf Grund des Arbeitsverhältnisses überlassen war.

Auf den Antrag finden die Vorschriften der §§ 714, 716 entsprechende Anwendung.

Betreffs der Wirkungen der vorläufigen Vollstreckbarkeit s. §§ 717—720 ZPO. Nach § 719 a. a. O. kann insbesondere das Gewerbegericht, wenn gegen ein für vorläufig vollstreckbar erklärtes Urteil der Einspruch eingelegt wird, auf Antrag die in § 707 ZPO. (s. Anm. 3 zu § 46) bezeichneten Maßregeln zur Verhütung der Vollstreckung treffen.

4. Zu Abs. 3 Satz 1. „Das Verfahren bei der Vollstreckung selbst folgt lediglich den für die gerichtliche Zwangsvollstreckung geltenden Grundsätzen. Als Vollstreckungsgericht im Sinne des § 764 der ZPO. ist daher nicht das Gewerbegericht, sondern das Amtsgericht zuständig. Nur soweit es sich um Entscheidungen handelt, welche im Lauf der Zwangsvollstreckung von dem Prozeßgericht als solchem zu erlassen sind, gehören dieselben zur Zuständigkeit des Gewerbegerichts. Daß nur in den letzteren Fällen die

besonderen Vorschriften über das gewerbegerichtliche Verfahren Platz greifen, ergibt sich ohne weiteres.

Die vorstehenden Grundsätze finden ... auch in bezug auf den Erlaß von Arresten und einstweiligen Verfügungen Anwendung." Mot. S. 35.

Hiernach erfolgt die Zwangsvollstreckung auf Grund einer mit der Vollstreckungsklausel versehenen, vom Gerichtsschreiber des Gewerbegerichts zu erteilenden Ausfertigung des Urteils (vollstreckbare Ausfertigung) §§ 724, 725 CPO. Die Erteilung erfolgt in den Fällen der §§ 726, 727, 728, 729, 733, 738, 742, 744, 745 Abs. 2, 749 a. a. O. auf Anordnung des Vorsitzenden; im Falle des § 731 muß der Kläger beim Gewerbegericht als Prozeßgericht I. Instanz auf Erteilung der Vollstreckungsklausel klagen. Ebenso entscheidet das Gewerbegericht, wenn dessen Gerichtsschreiber die Vollstreckungsklausel erteilt hat, über Einwendungen des Schuldners, welche die Zulässigkeit der Klausel betreffen, und zwar kann die Entscheidung ohne mündliche Verhandlung, also durch den Vorsitzenden, erfolgen (§ 53 Abs. 1); das Gericht, bzw. der Vorsitzende, kann vor der Entscheidung eine einstweilige Anordnung treffen, insbes. daß die Zwangsvollstreckung gegen oder ohne Sicherheitsleistung einstweilen einzustellen oder nur gegen Sicherheitsleistung fortzusetzen sei. § 732 ZPO. Ferner sind Einwendungen, welche den durch Urteil festgestellten Anspruch selbst betreffen, gemäß § 767 a.a.O. durch Klage beim Gewerbegericht geltend zu machen, ebenso Einwendungen der im § 768 a. a. O. bezeichneten Art, sowie Einwendungen des Erben gemäß §§ 781, 782—784 a. a. O.; in diesen drei Fällen kann das Gewerbegericht (auch ohne mündliche Verhandlung, also durch den Vorsitzenden allein) auf Antrag die im § 769 ZPO. bezeichneten Maßregeln zur Hinderung der Vollstreckung erlassen, und es kann diese Anordnungen in seinem Urteil aufheben, abändern oder bestätigen (§ 770 a. a. O.).[1]) Gemäß § 791 a. a. O. hat, wenn die Zwangsvollstreckung in einem ausländischen Staate erfolgen soll, dessen Behörden im Wege der Rechtshilfe die Urteile deutscher Gerichte vollstrecken, auf Antrag des Gläubigers das Gewerbegericht (d. h. der Vorsitzende) die zuständige ausländische Behörde, vgl. hierüber Anm. 3 zu § 43, oder, falls angängig, einen Reichskonsul um die Vollstreckung zu ersuchen. Weiterhin hat das Gewerbegericht als Prozeßgericht I. Instanz bei der Zwangsvollstreckung zur Erwirkung von Handlungen oder Unterlassungen die in §§ 887, 888, 889, 890 a. a. O. bezeichneten Entscheidungen zu treffen, und zwar ist auch hier mündliche Verhandlung nicht erforderlich; § 891. Ferner hat der Gläubiger, welcher in den Fällen der §§ 883—892 ZPO. die Leistung des Interesses verlangt, beim Prozeßgericht I. Instanz, also beim Gewerbegericht zu klagen. § 893 Abs. 2 a. a. O. Soweit hiernach das Gewerbegericht zuständig ist, kann ein anderes Gericht durch Vereinbarung der Parteien nie zuständig werden (§ 802 a. a. O.). Gegen Entscheidungen, welche im Zwangsvollstreckungsverfahren ohne vorgängige mündliche Verhandlung erfolgen können, findet sofortige Beschwerde statt (§§ 793, 577 a. a. O.).

Eine weitere Tätigkeit liegt dem Gewerbegericht bei der Zwangsvollstreckung nicht ob. Insbesondere erfolgt diese, soweit sie nicht einem Gerichte zugewiesen ist, im Auftrage des Gläubigers durch Gerichtsvollzieher; doch kann der Gläubiger wegen Erteilung des Auftrags die

---

[1]) Im Falle des § 771 ZPO. (Interventionsprozeß) ist das Gewerbegericht nicht zuständig; das Gericht, in dessen Bezirk die Zwangsvollstreckung erfolgt, ist das Amtsgericht bzw. Landgericht; das Gewerbegericht kommt im Zwangsvollstreckungsverfahren nur als Prozeßgericht in Betracht.

Mitwirkung des Gerichtsschreibers in Anspruch nehmen; der von letzterem beauftragte Gerichtsvollzieher gilt als vom Gläubiger beauftragt (§ 753 ZPO.).

5. Für die Anordnung von Arresten und einstweiligen Verfügungen ist das Gewerbegericht als Gericht der Hauptsache zuständig, sofern nicht die Hauptsache bereits in der Berufungsinstanz anhängig ist (§§ 919, 930, 931, 937, 941, 943 ZPO.). Mit dem Gewerbegericht konkurriert nach Wahl des Gläubigers in den Fällen der §§ 919, 942 a. a. O. das dort bezeichnete Amtsgericht. Im übrigen s. §§ 916—945 ZPO. (insbes. vgl. § 944 über die Befugnisse des Vorsitzenden).

6. Zu Abs. 4 Satz 2. ZPO. § 750. „Die Zwangsvollstreckung darf nur beginnen, wenn die Personen, für und gegen welche sie stattfinden soll, in dem Urtheil oder in der demselben beigefügten Vollstreckungsklausel namentlich bezeichnet sind und das Urtheil bereits zugestellt ist oder gleichzeitig zugestellt wird.

„Handelt es sich um die Vollstreckung eines Urtheils, dessen vollstreckbare Ausfertigung nach § 726 Abs. 1 ertheilt worden ist, oder soll ein Urteil, welches nach den §§ 727—729, 738, 742, 744, dem § 745 Abs. 2 und dem § 749 für oder gegen eine der dort bezeichneten Personen wirksam ist, für oder gegen eine dieser Personen vollstreckt werden, so muß außer dem zu vollstreckenden Urteil auch die demselben beigefügte Vollstreckungsklausel und, sofern die Vollstreckungsklausel auf Grund öffentlicher oder öffentlich beglaubigter Urkunden erteilt ist, auch eine Abschrift dieser Urkunden vor Beginn der Zwangsvollstreckung zugestellt sein oder gleichzeitig mit Beginn derselben zugestellt werden.

§ 751. „Ist die Geltendmachung des Anspruchs von dem Eintritt eines Kalendertages abhängig, so darf die Zwangsvollstreckung nur beginnen, wenn der Kalendertag abgelaufen ist.

Hängt die Vollstreckung von einer dem Gläubiger obliegenden Sicherheitsleistung ab, so darf der Beginn der Zwangsvollstreckung nur erfolgen, wenn die Sicherheitsleistung durch eine öffentliche oder öffentlich beglaubigte Urkunde nachgewiesen und eine Abschrift dieser Urkunde bereits zugestellt ist oder gleichzeitig zugestellt wird."

Die in den vorstehenden Paragraphen vorgeschriebenen Zustellungen sind Voraussetzungen der Zwangsvollstreckung, gehören aber nicht zum Zwangsvollstreckungsverfahren selbst. Nach dem Grundsatz des § 32 Abs. 1 darf daher die Partei diese Zustellungen nicht direkt durch einen Gerichtsvollzieher bewirken lassen; sie müssen vielmehr durch den Gerichtsschreiber veranlaßt werden. Ist nun der Schuldtitel gemäß § 32 Abs. 2 bereits dem Schuldner zugestellt, so genügt dies für den Beginn der Zwangsvollstreckung; der Gläubiger kann sich auf der ihm erteilten vollstreckbaren Ausfertigung durch den Gerichtsschreiber bescheinigen lassen, daß und wann die Zustellung an den Schuldern erfolgt sei, und kann sich dann an den Gerichtsvollzieher usw. wenden. Ist aber die Zustellung bisher nicht erfolgt, weil gegen das Urteil oder den Beschluß ein Rechtsmittel nicht stattfindet oder der früher erschienene Schuldner auf die Zustellung verzichtet hatte, so muß der Gläubiger, da die zwingende Vorschrift des § 750 ZPO. für alle Schuldtitel gilt, nachträglich die Zustellung beim Gerichtsschreiber des Gewerbegerichts beantragen und kann sich dann, wie oben, die erfolgte Zustellung bescheinigen lassen. (Ebenso Haas S. 115, sowie Komm.-Bericht XII S. 43, Wilhelmi u. Bewer S. 335, aM. Gewerbegericht und Landgericht Frankfurt a. M., Soz. Pr. IV. Nr. 32 Sp. 497, Prenner in GG. VIII Sp. 148, vgl. Busch Bd. 16 S. 333.) Eine gleiche Bescheinigung wird auch für die Zustellung der Vollstreckungsklausel bzw. von Urkunden gemäß §§ 750 Abs. 2, 751 Abs. 2 erforderlich sein. Diese durch § 30

Abs. 2 bedingte Auslegung des auf einem Antrag Eberty beruhenden zweiten Satzes des Abs. 4 führt zu einer wesentlichen Verzögerung der Zwangsvollstreckung im gewerbegerichtlichen Verfahren. Während im ordentlichen Verfahren meist das Urteil durch den mit der Zwangsvollstreckung beauftragten Gerichtsvollzieher gleichzeitig zugestellt wird, muß hier in allen Fällen, in denen nach § 32 Abs. 2 eine Zustellung des Urteils nicht erforderlich ist, die Partei zunächst das Gewerbegericht um Zustellung des Urteils ersuchen und kann erst, nachdem ihr eine Bescheinigung über die erfolgte Zustellung erteilt ist, den Gerichtsvollzieher mit der Zwangsvollstreckung beauftragen. Nach Absicht des Antragstellers sollten die Worte „auf Antrag des Gläubigers" bedeuten: „sofern der Gläubiger es beantragt", ohne die Zustellung im Parteibetrieb auszuschließen. Es ist übersehen, daß nach § 32 Abs. 1 die Zustellung im Parteibetrieb unzulässig ist. Es empfiehlt sich deshalb im Interesse der Parteien Urteile und Vergleiche, wenn vollstreckbare Ausfertigung erbeten wird, zunächst dem Gegner zuzustellen; im Anschluß an die Vollstreckungsklausel wird die erfolgte Zustellung bescheinigt.

§. 58.

1. Für die Verhandlung des Rechtsstreits vor den Gewerbegerichten wird eine einmalige Gebühr nach dem Werthe des Streitgegenstandes erhoben.

2. Dieselbe beträgt bei einem Gegenstand im Werthe

bis 20 Mark einschließlich . . .	1,00 Mark,
von mehr als 20 Mark bis 50 Mark einschließlich. . . .	1,50 „
von mehr als 50 Mark bis 100 Mark einschließlich . . .	3,00 „ .

Die ferneren Werthsklassen steigen um je einhundert Mark, die Gebühren um je drei Mark. Die höchste Gebühr beträgt dreißig Mark.

Wird der Rechtsstreit durch Versäumnißurtheil oder durch eine auf Grund eines Anerkenntnisses oder einer Zurücknahme der Klage erlassene Entscheidung erledigt, ohne daß eine kontradiktorische Verhandlung vorhergegangen war, so wird eine Gebühr in Höhe der Hälfte der oben bezeichneten Sätze erhoben. 3.

Wird ein zur Beilegung des Rechtsstreits abgeschlossener Vergleich aufgenommen, so wird eine Gebühr nicht erhoben, auch wenn eine kontradiktorische Verhandlung vorausgegangen war. 4.

Schreibgebühren kommen nicht in Ansatz. Für Zustellungen werden baare Auslagen nicht erhoben. Im Uebrigen findet die Erhebung der Auslagen nach Maßgabe des §. 79 des Gerichtskostengesetzes statt. Der §. 2 desselben findet Anwendung. 5.

Durch das Statut (§. 1 Abs. 2 bis 4) kann vorgeschrieben werden, daß Gebühren und Auslagen in geringerem Betrag oder gar nicht erhoben werden. 6.

1. Zu Abs. 1. Für die Wertberechnung sind die §§ 3—9 ZPO. maßgebend. Die Vorschriften der §§ 9—17 GKG. können nur analoge Anwendung finden, soweit sie nicht geradezu von der Zivilprozeßordnung abweichende Vorschriften enthalten wie §§ 9a und 10a. Nach § 15

GKG. ist die zur Entscheidung über die Zulässigkeit der Berufung nach § 55 vom Berufungsgericht getroffene Wertfestsetzung für die Berechnung der Gebühren maßgebend. Im übrigen wird, da das Urteil des Gewerbegerichts auch den Betrag der Kosten festsetzen soll, die Wertfestsetzung erforderlichenfalls in den Gründen erfolgen müssen. Ist dieses nicht geschehen, so muß die Wertfestsetzung nach § 16 GKG. durch den Vorsitzenden in besonderem Beschluß erfolgen, welcher den Parteien zuzustellen ist (§ 32 Abs. 2 Satz 1) und der Anfechtung unterliegt. Wilhelmi u. Bewer S. 340, GG. III 30, 57. Die Entscheidung von Erinnerungen des Zahlungspflichtigen gegen den Ansatz von Gebühren und Auslagen erfolgt gemäß § 4 a. a. O. erstinstanzlich durch das Gewerbegericht (ebenso Schier S. 137, 155, Wilhelmi u. Bewer S. 341, Haas S. 49 Anm. 8). Wegen Nachforderung von Kosten s. § 5 a. a. O.

2. Zu Abs. 5. Nach § 79 GKG. werden daher an baren Auslagen erhoben:

1. . . . . .
2. die Post- und Telegraphengebühren;
3. die durch Einrückung einer Bekanntmachung in öffentliche Blätter entstehenden Kosten;
4. die an Zeugen und Sachverständige zu zahlenden Gebühren;
5. die bei Geschäften außerhalb der Gerichtsstelle den Gerichtsbeamten zustehenden Tagegelder und Reisekosten;
6. die an andere Behörden oder Beamte oder an Rechtsanwälte für deren Tätigkeit zu zahlenden Beträge;
7. die Kosten eines Transports von Personen;
8. die Haftkosten nach Maßgabe der für die Strafhaft geltenden landesgesetzlichen Vorschriften.

Die unter 2 und 3 bezeichneten Auslagen werden jedoch nicht erhoben, wenn sie für Zustellungen erwachsen sind (s. Anm. 1 zu § 33).

§ 2 GKG. lautet:

„Eine Erhebung von Stempeln und anderen Abgaben neben den Gebühren findet nicht statt.

Urkunden, von denen im Verfahren Gebrauch gemacht wird, sind nur insoweit einem Stempel oder einer anderen Abgabe unterworfen, als sie es ohne diesen Gebrauch sein würden.

Urkunden, welche im Verfahren errichtet werden, bleiben, soweit ihr Inhalt über den Gegenstand des Verfahrens hinausgeht, den allgemeinen Vorschriften über Erhebung von Stempeln oder anderen Abgaben unterworfen."

Damit ist insbesondere für Preußen die Stempelpflichtigkeit gewerbegerichtlicher Urteile und Vergleiche ausgeschlossen. Prozeßvollmachten bleiben gemäß Abs. 2 des § 2 in Preußen stempelpflichtig, wenn sie einen Gegenstand von mindestens 150 Mark betreffen.

3. Zu Abs. 6. Eine solche Bestimmung kann nur durch das Statut, nicht auch durch die Anordnung der Landes-Zentralbehörde (§ 1 Abs. 5) getroffen werden; letztere kann den Kommunalverbänden wider ihren Willen das Recht der Kostenerhebung nicht schmälern. Das Statut kann nur anordnen, daß Gebühren und Auslagen oder auch eine dieser Kategorien gar nicht oder in geringerem Maße als in Abs. 1—4 bestimmt, erhoben werden; es darf aber nicht andere Arten von Gebühren einführen, z. B. nicht sog. Sukkumbenzstrafen, wonach der unterliegenden Partei in geeigneten Fällen eine gewisse Gebühr auferlegt werden kann, oder bestimmen, daß die Kosten in geeigneten Fällen außer Ansatz gelassen werden können (Unger in der „Selbstverwaltung" 1892 S. 337).

4. Auch § 6 GKG.: „Die Gerichte sind befugt, Gebühren, welche durch eine unrichtige Behandlung der Sache ohne Schuld der Beteiligten entstanden sind, niederzuschlagen und für abweisende Bescheide, wenn der Antrag

auf nichtanzurechnender Unkenntnis oder auf Unwissenheit beruht, Gebührenfreiheit zu gewähren", findet für das Gewerbegericht Anwendung. Wilhelmi u. Bewer S. 341, Schalhorn in Soz. Pr. XIV Sp. 412, aM. Haas § 58 Anm. 7.

5. Die Vorschriften der Zivilprozeßordnung über das Armenrecht (§§ 114—127) finden nach § 26 entsprechende Anwendung. Gemäß § 115 Nr. 3 ZPO. kann die Partei hier die Beiordnung eines Gerichtsvollziehers zur vorläufig unentgeltlichen Bewirkung von Zustellungen im Vollstreckungsverfahren und von Vollstreckungshandlungen fordern. Für Preußen hat sich die arme Partei nach § 64 Abs. 2 der Gerichtsvollzieherordnung vom 31. März 1900 unmittelbar an den zuständigen Gerichtsvollzieher oder an die bei dem Amtsgericht eingerichtete Verteilungsstelle zu wenden oder die Vermittlung des Gerichtsschreibers zur Beauftragung des Gerichtsvollziehers in Anspruch zu nehmen; die gerichtliche Entscheidung über die Bewilligung des Armenrechts ist vorzulegen. Die Erstattung der baren Auslagen in Gemäßheit des § 21 der Gebührenordnung für Gerichtsvollzieher vom 20. Mai 1898 hat der Gerichtsvollzieher, falls sie nicht gemäß §§ 124, 788 ZPO. von dem Ersatzpflichtigen beigetrieben werden können, von dem nach § 9 d. Ges. verpflichteten Verbande zu verlangen und bei dem Gewerbegericht in Antrag zu bringen (§ 64 Abs. 6 der Gerichtsvollzieherordnung).

§. 59.

1. Schuldner der entstandenen Gebühren und Auslagen ist derjenige, welchem durch die gerichtliche Entscheidung die Kosten auferlegt sind, oder welcher dieselben durch eine vor dem Gewerbegericht abgegebene oder diesem mitgetheilte Erklärung über-

nommen hat, und in Ermangelung einer solchen Entscheidung oder Uebernahme derjenige, welcher das Verfahren beantragt hat.

Die Einziehung der Gerichtskosten erfolgt nach 2. den für die Einziehung der Gemeindeabgaben geltenden Vorschriften.

1. Zu Abs. 1. Die Zahlung eines Kostenvorschusses darf nur im Falle des § 379 ZPO. gefordert werden, s. Anm. 1 zu § 44.

„In Ermangelung einer Übernahme." Dies bezieht sich auf diejenigen Fälle, in denen die Sache liegen geblieben ist und auch ein Vergleich, in welchem über die Tragung der etwaigen baren Auslagen des Gerichts Bestimmung getroffen ist, nicht vorliegt. StenBer. S. 512.

Wem durch die gerichtliche Entscheidung die Kosten aufzuerlegen sind, bestimmt die Zivilprozeßordnung (§§ 91—96, 100—102, 278 Abs. 2, 283 Abs. 2. Vgl. § 52 d. Ges.).

Betreffs der Verpflichtung von Ausländern zur Sicherheitsleistung gegenüber dem Beklagten wegen der Gerichtskosten s. §§ 110—113 ZPO.

2. Zu Abs. 2. Die Einziehung geschieht in Preußen nach Maßgabe der V. betr. das Verwaltungszwangsverfahren wegen Beitreibung von Geldbeträgen v. 15. November 1899 (GS. S. 545), also durch Vollziehungsbeamte, nicht durch Gerichtsvollzieher. Eine Pfändung des Arbeitslohnes wegen Gerichtskosten ist jedoch nur nach Maßgabe des Lohnbeschlagnahmegesetzes zulässig. Erl. v. 9. 11. 04 HMBl. 04 S. 473, unten S. 257.

§. 60.

Die Kosten der Rechtsmittel und der Zwangs- 1. vollstreckung bestimmen sich nach den für die ordentlichen Gerichte maßgebenden Vorschriften. Das

Gesuch um Festsetzung der Kosten zweiter Instanz ist bei dem Landgericht anzubringen.

2. Die Gebührenordnung für Zeugen und Sachverständige findet in dem Verfahren vor den Gewerbegerichten Anwendung.

1. Zu Abs. 1. „In betreff der Gerichtsvollziehergebühren in der Zwangsvollstreckung ergibt sich die Anwendbarkeit der Gebührenordnung aus Abs. 1." Mot. S. 36.

2. Zu Abs. 2. Siehe diese unten S. 232 ff.

§. 61.

Die ordentlichen Gerichte haben den Gewerbegerichten nach Maßgabe der Bestimmungen des Gerichtsverfassungsgesetzes Rechtshülfe zu leisten.

1. GVG. „§ 158. Das Ersuchen um Rechtshülfe ist an das Amtsgericht zu richten, in dessen Bezirke die Amtshandlung vorgenommen werden soll.

§ 159. Das Ersuchen darf nicht abgelehnt werden.

Das Ersuchen eines nicht im Instanzenzuge vorgesetzten Gerichts ist jedoch abzulehnen, wenn dem ersuchten Gerichte die örtliche Zuständigkeit mangelt, oder die vorzunehmende Handlung nach dem Rechte des ersuchten Gerichts verboten ist.

§ 160. Wird das Ersuchen abgelehnt, oder wird der Vorschrift des §. 159 Abs. 2 zuwider dem Ersuchen stattgegeben, so entscheidet das Oberlandesgericht, zu dessen Bezirke das ersuchte Gericht gehört. Eine Anfechtung dieser Entscheidung findet nur statt, wenn dieselbe die Rechtshülfe für unzulässig erklärt, und das ersuchende und das ersuchte Gericht den Bezirken verschiedener Oberlandesgerichte angehören. Über die Beschwerde entscheidet das Reichsgericht.

Die Entscheidungen erfolgen auf Antrag der Betheiligten oder des ersuchenden Gerichts ohne vorgängige mündliche Verhandlung.

§ 161. Die Herbeiführung der zum Zwecke von Vollstreckungen, Ladungen und Zustellungen erforderlichen Handlungen erfolgt nach Vorschrift der Prozeßordnungen ohne Rücksicht darauf, ob die Handlungen in dem Bundesstaate, welchem das Prozeßgericht angehört, oder in einem anderen Bundesstaate vorzunehmen sind.

§ 162. Gerichte, Staatsanwaltschaften und Gerichtsschreiber können wegen Ertheilung eines Auftrags an einen Gerichtsvollzieher die Mitwirkung des Gerichtsschreibers des Amtsgerichts in Anspruch nehmen, in dessen Bezirke der Auftrag ausgeführt werden soll. Der von dem Gerichtsschreiber beauftragte Gerichtsvollzieher gilt als unmittelbar beauftragt.

§ 163. Eine Freiheitsstrafe, welche die Dauer von sechs Wochen nicht übersteigt, ist in demjenigen Bundesstaate zu vollstrecken, in welchem der Verurtheilte sich befindet.

§ 164. Soll eine Freiheitsstrafe in dem Bezirke eines anderen Gerichts vollstreckt oder ein in dem Bezirke eines anderen Gerichts befindlicher Verurtheilter zum Zwecke der Strafverbüßung ergriffen und abgeliefert werden, so ist die Staatsanwaltschaft bei dem Landgerichte des Bezirks um die Auslieferung zu ersuchen.

§ 165. Im Falle der Rechtshülfe unter den Behörden verschiedener Bundesstaaten sind die baaren Auslagen, welche durch eine Ablieferung oder Strafvollstreckung entstehen, der ersuchten Behörde von der ersuchenden zu erstatten.

Im Uebrigen werden Kosten der Rechtshülfe von der ersuchenden Behörde nicht erstattet.

Ist eine zahlungspflichtige Partei vorhanden, so sind die Kosten von derselben durch die ersuchende Behörde einzuziehen und der eingezogene Betrag der ersuchten Behörde zu übersenden.

Stempel-, Einregistrierungsgebühren oder andere öffentliche Abgaben, welchen die von der ersuchenden Behörde übersendeten Schriftstücke (Urkunden, Protokolle) nach dem Rechte der ersuchten Behörde unterliegen, bleiben außer Ansatz.

§ 166. Für die Höhe der den geladenen Zeugen und Sachverständigen gebührenden Beträge sind die Bestimmungen maßgebend, welche bei dem Gerichte gelten, vor welches die Ladung erfolgt.

Sind die Beträge nach dem Rechte des Aufenthaltsorts der geladenen Personen höher, so können die höheren Beträge gefordert werden.

Bei weiterer Entfernung des Aufenthaltsorts der geladenen Personen ist denselben auf Antrag ein Vorschuß zu bewilligen.

§ 167. Ein Gericht darf Amtshandlungen außerhalb seines Bezirks ohne Zustimmung des Amtsgerichts des Orts nur vornehmen, wenn Gefahr im Verzuge obwaltet. In diesem Falle ist dem Amtsgerichte des Orts Anzeige zu machen.

§ 169. Die in einem Bundesstaate bestehenden Vorschriften über die Mittheilung von Akten einer öffentlichen Behörde an ein Gericht dieses Bundesstaates kommen auch dann zur Anwendung, wenn das ersuchende Gericht einem anderen Bundesstaate angehört."

2. Das ordentliche Gericht hat Ersuchen der Gewerbegerichte auch während der Gerichtsferien zu erledigen. Wilhelmi u. Bewer S. 359.

3. Die dem ersuchten Gerichte entstandenen Kosten sind nur insoweit zu erstatten, als eine zahlungspflichtige Partei vorhanden ist. Dies ist bei den Gewerbegerichten nach § 58 Nr. 5 bezüglich der Schreibgebühren und baren Auslagen für Zustellungen nicht der Fall. (Bl. f. soz. Pr. Nr. 70 S. 7, GG. II Sp. 66.) Ein Gewerbegericht ist zur Rechtshilfe nicht verpflichtet, ebensowenig das Amtsgericht im Bezirk des Gewerbegerichts. GG. V Sp. 261.

Dritter Abschnitt.

Thätigkeit des Gewerbegerichts als Einigungsamt.

§. 62.

Das Gewerbegericht kann bei Streitigkeiten zwischen Arbeitgebern und Arbeitern über die Bedingungen der Fortsetzung und Wiederaufnahme des Arbeitsverhältnisses als Einigungsamt angerufen werden.

1. Über die Motive, die zur Betrauung der Gewerbegerichte mit den Funktionen der Einigungsämter geführt haben, s. Einl. Die Einigungsämter haben nie über individuelle Ansprüche einzelner Personen zu entscheiden, sondern nur über die Bedingungen der Fortsetzung oder Wiederaufnahme des Arbeitsverhältnisses, sei es in einem oder in mehreren Betrieben; ihre Aufgabe ist also nur die Verhütung drohender und die Beseitigung eingetretener Arbeitseinstellungen oder Aussperrungen.

Die Vorschriften gehen davon aus, daß Arbeitsbedingungen, welche eine Gesamtheit von Arbeitern eines Arbeitgebers, ja vielleicht sämtliche Arbeiter eines Industriezweiges in einem bestimmten Bezirke oder gar in ganz Deutschland künftig verbinden sollen, nur mit der Gesamtheit der Arbeiter oder deren Vertretern vereinbart werden können.

Eine Streitigkeit im Sinne des § 62 liegt vor, wenn eine von einer Partei — wobei mindestens auf der Arbeiterseite mehrere beteiligt sein müssen — für künftige Arbeitsverträge vorgeschlagene Vertragsbedingung von der andern Partei abgelehnt wird. (Vgl. Lotmar Arbeitsvertrag S. 755ff. und in Brauns Archiv Bd. 15 S. 29, 44, 82.) Ein Streit liegt nicht mehr vor, wenn der Arbeitgeber zu den von ihm bestimmten Bedingungen Arbeitswillige gefunden hat und sich damit zeigt, daß die eine streitende Partei nicht die Gesamtheit hinter sich hatte.

Durch die Tätigkeit des Einigungsamts wird der Regel nach der Abschluß eines sog. Tarifvertrages erstrebt, welcher für unter den Kontrahenten künftig abzuschließende Arbeitsverträge Bedingungen festsetzt. Diese Verträge werden auf der Arbeiterseite stets, auf der Arbeitgeberseite zuweilen, nicht zwischen individuell bestimmten Personen geschlossen, sondern namens einer bestimmten Kategorie, die durch Zugehörigkeit zu einem bestimmten Betriebe, Berufe, Bezirke gebildet wird, deren Angehörige wechseln. (Lotmar a. a. O.)

2. „Eine Verpflichtung, ihre Streitgkeiten vor einem Einigungsamt zum Austrage zu bringen, kann weder den Arbeitgebern noch den Arbeitern auferlegt werden, zumal es an geeigneten Mitteln fehlen würde, die Erfüllung dieser Verpflichtung zu erzwingen. Die Tätigkeit des Gewerbegerichts als Einigungsamt soll daher nur eintreten, wenn sie von beiden Teilen angerufen wird. Dadurch wird nicht ausgeschlossen, daß bei drohenden Arbeitseinstellungen das Gewerbegericht oder dessen Vorsitzender die Arbeitgeber und Arbeiter zur Anrufung zu veranlassen sucht, oder, wenn der eine Teil das Gewerbegericht angerufen hat, den anderen Teil zu gleicher Anrufung auffordert.“ Mot. S. 36. Durch die Novelle ist dem Vorsitzenden dieses zur Pflicht gemacht (§§ 64, 65).

3. Über die Zuständigkeit des Gewerbegerichts als Einigungsamt bei Streitigkeiten zwischen Innungsmeistern und deren Arbeitern s. § 74. Die Grenzen der sachlichen und örtlichen Zuständigkeit des Gewerbegerichts (§ 7)

werden auch hinsichtlich der Zuständigkeit des Einigungsamts zu beachten sein. Doch ist nicht ausgeschlossen, daß der Kreis der an der Streitigkeit Beteiligten weit über die örtliche Zuständigkeit hinausgreift, es müssen nur der örtlichen Zuständigkeit des Gewerbegerichts unterstehende beteiligte Arbeiter und Arbeitgeber vorhanden sein. Auf die im § 81 genannten Personen und überhaupt auf alle Personen, welche nicht Arbeiter im Sinne dieses Gesetzes sind (§§ 3, 5), finden auch die Vorschriften über Einigungsämter keine Anwendung; Streitigkeiten, welche zwischen solchen Personen und ihren Arbeitgebern ausbrechen, können daher dem Gewerbegericht zur Schlichtung nicht unterbreitet werden.

4. Das Gesetz ordnet das Verfahren vor dem Einigungsamt nur in großen Zügen. Im übrigen, z. B. hinsichtlich der Form der Vorladungen, der Protokollierung der Verhandlungen, muß, sofern nicht etwa das Statut (s. § 1 Abs. 5) spezielle Anordnungen enthält, das Ermessen des Vorsitzenden, event. ein Beschluß des Einigungsamts entscheiden, vgl. Cuno, Die Praxis des Berliner Gewerbegerichts als Einigungsamt, Soz. Pr. V Nr. 22 Sp. 623ff., GG. Berlin S. 321; Blendermann, Das Verfahren vor dem Einigungsamt, GG. III Nr. 2 Sp. 13ff., Grote u. Jastrow GG. VII Sp. 44.

5. Die Kosten des Verfahrens vor dem Einigungsamt fallen dem im § 9 bezeichneten Verbande, bei den gemäß § 82 Abs. 1 errichteten Gewerbegerichten nach Nr. 3 a. a. O. dem Staate zur Last; den Beteiligten dürfen keinerlei Kosten auferlegt werden.

§. 63.

Der Anrufung ist Folge zu geben, wenn sie von beiden Theilen erfolgt und die betheiligten Arbeiter und Arbeitgeber — letztere sofern ihre Zahl mehr 1.

als drei beträgt — Vertreter bestellen, welche mit der Verhandlung vor dem Einigungsamte beauftragt werden.

2. Als Vertreter können nur Betheiligte bestellt werden, welche das fünfundzwanzigste Lebensjahr vollendet haben, sich im Besitze der bürgerlichen Ehrenrechte befinden und nicht durch gerichtliche Anordnung in der Verfügung über ihr Vermögen beschränkt sind.

3. Soweit Arbeiter in diesem Alter nicht, oder nicht in genügender Anzahl vorhanden sind, können jüngere Vertreter zugelassen werden.

4. Die Zahl der Vertreter jedes Theiles soll in der Regel nicht mehr als drei betragen. Das Einigungsamt kann eine größere Zahl von Vertretern zulassen.

5. Ob die Vertreter für genügend legitimirt zu erachten sind, entscheidet das Einigungsamt nach freiem Ermessen.

1. „Voraussetzung einer geordneten Verhandlung ist bei einer größeren Zahl von Beteiligten die Bestellung einer nicht zu großen Zahl von Vertretern. Für die Arbeiter wird eine Vertretung immer erforderlich sein, für die Arbeitgeber nur, wenn eine größere Zahl derselben beteiligt ist. Sind nicht mehr als drei Arbeitgeber beteiligt, so werden sie persönlich vor dem Einigungsamt verhandeln können. Der Regel nach soll die Zahl der beiderseitigen Vertreter nicht mehr als je drei betragen. Da es aber unter Umständen, z. B. wenn für einen

Industriezweig verschiedene Klassen von Arbeitern in Betracht kommen, für die Verhandlung förderlich sein kann, wenn eine größere Zahl von Vertretern an denselben teilnimmt, so soll das Einigungsamt befugt sein, eine größere als die regelmäßige Zahl von Vertretern zuzulassen.

Für die Bestellung der Vertreter kann ein bestimmtes Verfahren nicht vorgeschrieben werden, da die in Betracht kommenden Verhältnisse zu verschiedenartig sind, und da derartige Vorschriften leicht zu unnützen Streitigkeiten über die Einhaltung der vorgeschriebenen Formen führen könnten. Es muß daher dem Gewerbegerichte überlassen werden, zu beurteilen, ob diejenigen, welche als Vertreter der beiden Teile auftreten, als solche legitimiert erscheinen. Wo für die Arbeitgeber und Arbeiter organisierte Vereinigungen bestehen, werden die Organe derselben oder die nach den Statuten gewählten besonderen Vertreter sich leicht als solche legitimieren können. Wo solche Vereinigungen nicht bestehen, wird sich für die Vertreter der meist weniger zahlreichen Arbeitgeber die Legitimation leicht durch schriftliche Vollmacht erbringen lassen. In manchen Fällen, z. B. bei Arbeitseinstellungen, die sich auf eine einzelne Fabrik beschränken, wird letzteres auch für die Vertreter der Arbeiter geschehen können. Im übrigen wird die Wahl der Vertreter der Arbeiter in der Regel in einer öffentlichen Versammlung erfolgen, und die darüber in den öffentlichen Blättern erscheinenden Berichte werden meist genügen, um sowohl den beteiligten Arbeitgebern wie dem Einigungsamte selbst ein Urteil über die Legitimation der als Vertreter auftretenden Personen zu ermöglichen." Mot. S. 36, 37. Regelmäßig wird das Einigungsamt die Vertreter nur zulassen können, dann aber auch zulassen müssen, wenn die Vertreter beider Parteien sich gegenseitig — ausdrücklich oder stillschweigend — als legitimiert anerkennen. Vgl. KommBer. S. 31.

2. Eine besondere Form der Anrufung ist nicht vorgeschrieben: dieselbe wird daher auch mündlich beim Vorsitzenden erfolgen können. Wird der Anrufung zu Unrecht keine Folge gegeben, so steht die Beschwerde bei der vorgesetzten Dienstbehörde offen.

3. Als Vertreter werden nur Beteiligte zugelassen, also nur Arbeiter und Arbeitgeber, welche bei der ausgebrochenen Differenz Partei sind; den Arbeitgebern stehen ihre allgemeinen Stellvertreter (§ 45 der Gewerbeordnung) Prokuristen, Betriebsleiter, gleich (§ 66 Abs. 2). § 16 Abs. 1 ist nicht anwendbar.

§. 64.

Erfolgt die Anrufung nur von einer Seite, so soll der Vorsitzende dem anderen Theile oder dessen Stellvertretern oder Beauftragten Kenntniß geben und zugleich nach Möglichkeit dahin wirken, daß auch dieser Theil sich zur Anrufung des Einigungsamts bereit findet.

§. 65.

Auch in anderen Fällen soll der Vorsitzende bei Streitigkeiten der im §. 62 bezeichneten Art auf die Anrufung des Einigungsamts hinzuwirken suchen und dieselbe den Betheiligten bei geeigneter Veranlassung nahe legen.

§. 66.

1. Der Vorsitzende ist befugt, zur Einleitung der Verhandlung und in deren Verlauf an den Streitig-

keiten betheiligte Personen vorzuladen und zu vernehmen. Er kann hierbei, wenn das Einigungsamt gemäß §. 63 oder §. 64 angerufen worden ist, für den Fall des Nichterscheinens eine Geldstrafe bis zu einhundert Mark androhen. Gegen die Festsetzung der Strafe findet Beschwerde nach den Bestimmungen der Civilprozeßordnung statt.

Eine Vertretung betheiligter Personen durch 2.
deren allgemeine Stellvertreter (§. 45 der Gewerbeordnung), Prokuristen oder Betriebsleiter ist zulässig.

Die Strafvorschrift für den Fall, daß das Einigungsamt von beiden Teilen oder auch nur von einer Seite angerufen ist, ist durch die Novelle eingefügt, vgl. KommBer. XII S. 49.

Es besteht die Verpflichtung, zur Vermeidung der Strafe zu erscheinen, nicht aber, sich auf Verhandlungen einzulassen oder sich der Anrufung anzuschließen. Der Vorgeladene muß anwesend bleiben, bis der Vorsitzende die Verhandlung schließt.

Im Falle des § 65 darf der Vorsitzende die Strafandrohung nicht anwenden.

§. 67.

Das Gewerbegericht, welches als Einigungsamt 1.
thätig wird, besteht neben dem Vorsitzenden aus Vertrauensmännern der Arbeitgeber und der Arbeiter in gleicher Zahl.

Die Vertrauensmänner sind von den Betheilig- 2.
ten zu bezeichnen. Erfolgt die Bezeichnung nicht,

so werden die Vertrauensmänner durch den Vorsitzenden ernannt.

3. Einigen sich die Betheiligten über die Zahl der zuzuziehenden Vertrauensmänner nicht, so ist die Zahl derselben von dem Vorsitzenden auf mindestens zwei für jeden Theil zu bestimmen.

4. Die Vertrauensmänner dürfen nicht zu den Betheiligten gehören.

5. Der Vorsitzende ist befugt, eine oder zwei unbetheiligte Personen als Beisitzer mit berathender Stimme zuzuziehen; vor der Zuziehung sind die beiden Theile zu hören.

1. Zu Abs. 1. Falls das Gewerbegericht mehrere Vorsitzende hat (§ 10 Abs. 2), wird das Statut auch darüber, wer von ihnen im Einigungsamt den Vorsitz führt, Vorschriften enthalten müssen.

2. Zu Abs. 3. Während nach den früheren Bestimmungen Beisitzer des Gewerbegerichts als Beisitzer des Einigungsamts zuzuziehen waren, ist nunmehr vorgesehen, daß Vertrauensmänner, welche von den Beteiligten zu bezeichnen sind, dem Einigungsamt angehören.

Der unklare Wortlaut wird erläutert durch die Begründung des Antrags in dem KommBer. XII S. 67:

„Um für eine dem jedesmaligen Bedürfnisse entsprechende Zusammensetzung des Einigungsamtes freie Bahn zu schaffen, werde vorgeschlagen, von der Mitwirkung der ständigen Beisitzer des Gewerbegerichts abzusehen und neben dem Vorsitzenden des Gewerbegerichts nur die von jedem Teile in gleicher Zahl zu benennenden Vertrauensmänner in das Einigungsamt zu berufen. Einigten sich die Parteien nicht über die Zahl, so bestimme diese der Vorsitzende."

Gemeint ist sonach, daß zunächst die Beteiligten auf der Arbeitgeber- und Arbeitnehmerseite sich über die Zahl der Vertrauensmänner, welche jede Partei zu wählen hat, verständigen, daß dann jede Partei die vereinbarte, falls eine Vereinbarung nicht zustande kommt, die vom Vorsitzenden bestimmte Zahl von Vertrauensmännern benennt.

Die „Beteiligten" haben die Zahl der Vertrauensmänner zu vereinbaren und die Vertrauensmänner zu bezeichnen, nicht die nach § 63 bestellten Vertreter. Wie der Wille der Beteiligten ermittelt werden soll, ob Mehrheit genügt oder Widerspruch auch nur eines Beteiligten die Vereinbarung bzw. Bezeichnung verhindert, läßt das Gesetz unklar. Man wird annehmen müssen, daß, wenn nicht alle Beteiligte über die Zahl einig sind, der Vorsitzende zu bestimmen hat, daß, wenn auf seiten einer Partei nicht volle Übereinstimmung über die Beisitzer erzielt wird, der Vorsitzende die Beisitzer für diese Partei zu bestimmen hat. Der Regel nach werden die Vertreter der Parteien auch bezüglich der Bestimmung der Zahl und der Wahl der Vertrauensmänner als Bevollmächtigte der Beteiligten gelten können. Wilhelmi u. Bewer S. 375 hält Mehrheitsbeschluß für ausreichend. Die Einigung sei ein vom Vorsitzenden festzustellender Willensakt der Beteiligten.

3. Zu Abs. 5. „Wenn der Antrag dem Vorsitzenden die Befugnis erteile, nach Anhörung beider Teile, eine oder zwei unbeteiligte Personen, also weder Arbeitgeber noch Arbeiter, als Beisitzer mit beratender Stimme in das Kollegium zu berufen, so sei dabei an die Zuziehung von Männern gedacht, die sich des allgemeinen Vertrauens erfreuten und durch ihre Stellung wie Erfahrung als Vermittler eine besondere Autorität genössen. Gerade die Mitwirkung solcher Männer habe sich vielfach als besonders erfolgreich bewiesen. Für sie müsse man Platz schaffen. Damit sei eine Verstärkung des neutralen Elementes gegeben, welches doch nicht minder

bedeutungsvoll sei wie die Vertrauensstellung der von jedem Teile ernannten Delegierten. Speziell die Position des Vorsitzenden erfahre eine Festigung, die diesem unter Umständen sehr willkommen sein dürfte." (KommBer. XII S. 67.)

4. Ein Zwang zur Übernahme der Funktionen eines Vertrauensmannes oder eines Beisitzers kann nicht ausgeübt werden.

5. Dem Statut, ev. dem Ermessen des Einigungsamts bleibt die Bestimmung überlassen, ob und inwieweit Öffentlichkeit der Verhandlungen stattfindet.

6. Die Zuziehung eines Protokollführers ist nicht vorgeschrieben, aber zulässig.

§. 68.

1. Das Einigungsamt hat durch Vernehmung der Vertreter beider Theile die Streitpunkte und die für die Beurteilung derselben in Betracht kommenden Verhältnisse festzustellen.

2. Das Einigungsamt oder, im Falle des §. 64, der Vorsitzende des Gewerbegerichts ist befugt, zur Aufklärung der in Betracht kommenden Verhältnisse Auskunftspersonen vorzuladen und zu vernehmen.

3. Jedem Beisitzer und Vertrauensmanne steht das Recht zu, durch den Vorsitzenden Fragen an die Vertreter und Auskunftspersonen zu richten.

1. „Die nächste Aufgabe des Einigungsamts besteht in der Klarstellung der Streitpunkte und in der Ermittlung aller derjenigen Verhältnisse, welche für die

Beurteilung derselben von Bedeutung sind. Zu dem Ende sollen zunächst die Vertretungen beider Teile vernommen werden; und um eine beiden Teilen gerecht werdende und möglichst erschöpfende Feststellung zu sichern, soll jedem Beisitzer und Vertrauensmann gestattet sein, Fragen zu stellen. Die Vernehmung von Auskunftspersonen wird namentlich in solchen Fällen einzutreten haben, in denen sich zwischen den tatsächlichen Angaben der Vertreter Widersprüche finden." Mot. S. 37.

2. Das Erscheinen der vorgeladenen Auskunftspersonen, sowie die Abgabe von Erklärungen seitens der Erschienenen kann nicht erzwungen werden. Eine Vereidigung der Auskunftspersonen ist unzulässig.

3. Die Beisitzer und Vertrauensmänner dürfen nur durch den Vorsitzenden, nicht direkt, Fragen stellen.

§. 69.

Nach erfolgter Klarstellung der Verhältnisse ist in gemeinsamer Verhandlung jedem Theile Gelegenheit zu geben, sich über das Vorbringen des anderen Theiles sowie über die vorliegenden Aussagen der Auskunftspersonen zu äußern. Demnächst findet ein Einigungsversuch zwischen den streitenden Theilen statt.

„Nach abgeschlossenem Ermittlungsverfahren — welches übrigens in jedem Stadium der Verhandlung wieder aufgenommen werden kann — soll eine Verhandlung mit den beiderseitigen Vertretern stattfinden, in welcher zunächst die Anerkennung der Ergebnisse des Ermittlungsverfahrens durch die Vertreter beider Teile herbeizuführen und auf der so gewonnenen Grundlage der Versuch einer Einigung anzustellen ist."

Mot. S. 37. Die Verhandlung soll gemeinsam sein; es dürfen also nicht die Vertreter einer Partei in Abwesenheit derjenigen der anderen Partei vernommen werden. Wohl aber ist es zulässig und oft ratsam, zum Zweck des Einigungsversuches mit jeder Partei einzeln zu verhandeln.

§. 70.

Kommt eine Vereinbarung zu Stande, so ist der Inhalt derselben durch eine von sämmtlichen Mitgliedern des Einigungsamts und von den Vertretern beider Theile zu unterzeichnende Bekanntmachung zu veröffentlichen.

1. „Daß eine auf diese Weise herbeigeführte und öffentlich kundgegebene Vereinbarung von allen Beteiligten für die Bedingungen des weiteren Arbeitsverhältnisses als maßgebend anerkannt wird, kann zwar durch äußere Mittel nicht erzwungen werden, wird aber als Regel angenommen werden dürfen.“ Mot. S. 37. Die rechtliche Bedeutung eines vor dem Einigungsamte geschlossenen Vergleichs liegt darin, daß die Parteien einander versprechen, nur zu den im Tarifvertrag vereinbarten Bedingungen Arbeitsverträge abzuschließen. Lotmer, Der Arbeitsvertrag S. 780, nimmt daher an, daß der Tarifvertrag für den Inhalt aller in seinem Geltungsbereich geschlossenen Arbeitsverträge maßgebend ist, für abweichende Abreden in letzteren kein Raum ist. Vgl. auch Sinzheimer in GG. X, Nachtrag zur Verbandsbeilage Sp. 375ff. Der Schiedsspruch unterliegt in Preußen der Stempelsteuer nicht. Erl. des Ministers für Handel u. Gewerbe vom 1. Juli 1896 GG. I Nr. 5 Sp. 43.

2. Über die Art der Veröffentlichung vgl. Anm. 4 zu § 62.

§. 71.

Kommt eine Vereinbarung nicht zu Stande, so hat das Einigungsamt einen Schiedsspruch abzugeben, welcher sich auf alle zwischen den Parteien streitigen Fragen zu erstrecken hat. 1.

Die Beschlußfassung über den Schiedsspruch erfolgt mit einfacher Stimmenmehrheit. Stehen bei der Beschlußfassung über den Schiedsspruch die Stimmen sämmtlicher für die Arbeitgeber zugezogenen Vertrauensmänner denjenigen sämmtlicher für die Arbeiter zugezogenen gegenüber, so kann der Vorsitzende sich seiner Stimme enthalten und feststellen, daß ein Schiedsspruch nicht zu Stande gekommen ist. 2.

1. „Auch wenn eine Einigung zwischen den Vertretern beider Teile nicht erreicht wird, soll das Einigungsamt seine Bemühungen, eine Beilegung der Streitigkeiten herbeizuführen, nicht ohne weiteres einstellen, vielmehr den Versuch machen, über die Bedingungen, auf welche hin eine Einigung billigerweise erwartet werden kann, seinerseits zu einem Beschlusse zu gelangen, und den auf Grund dieses Beschlusses abzugebenden Schiedsspruch den Vertretern beider Teile zur Erklärung vorlegen. Das moralische Gewicht, welches einem solchen Schiedsspruch beiwohnt, wird um so größer sein, je sorgfältiger und objektiver das Einigungsamt bei der Feststellung der Tatsachen und bei den Einigungsverhandlungen vorgegangen ist, und es ist die Hoffnung nicht ausgeschlossen, daß — namentlich wenn die neue Einrichtung erst länger in Wirksamkeit gewesen ist — in nicht

seltenen Fällen beide Teile sich schließlich dem Schiedsspruche unterwerfen werden. Dies wird allerdings in der Regel dann nicht zu erwarten sein, wenn auch innerhalb des Einigungsamts die Ansicht sämtlicher für die Arbeitgeber zugezogenen Vertrauensmänner derjenigen sämtlicher für die Arbeiter zugezogenen gegenübergestanden hat, und der Schiedsspruch nur durch die ausschlaggebende Stimme des Vorsitzenden zustande gekommen ist. Deshalb soll in solchen Fällen der Vorsitzende berechtigt sein, sich seiner Stimme zu enthalten und zu konstatieren, daß ein Schiedsspruch nicht zustande gekommen ist." Mot. S. 38.

2. Ein Zwang für die Vertrauensmänner, ihre Stimmen abzugeben, besteht nicht. Was geschehen soll, wenn ein Vertrauensmann die Stimmabgabe verweigert, ist unklar. Man wird annehmen müssen, daß die Stimme des sich der Abstimmung Enthaltenden nicht mitzählt: man müßte denn annehmen, daß er mit der Stimmenthaltung sich weigert, weiter als Vertrauensmann zu fungieren und dadurch das Einigungsamt beschlußunfähig macht.

Der Vorsitzende darf nur in dem im Abs. 2 Satz 2 bezeichneten Falle sich der Abstimmung enthalten.

§. 72.

1. Ist ein Schiedsspruch zu Stande gekommen, so ist derselbe den Vertretern beider Theile mit der Aufforderung zu eröffnen, sich binnen einer zu bestimmenden Frist darüber zu erklären, ob sie sich dem Schiedsspruch unterwerfen. Die Nichtabgabe der Erklärung binnen der bestimmten Frist gilt als Ablehnung der Unterwerfung.

Nach Ablauf der Frist hat das Einigungsamt eine von sämmtlichen Mitgliedern desselben unterzeichnete öffentliche Bekanntmachung zu erlassen, welche den abgegebenen Schiedsspruch und die darauf abgegebenen Erklärungen der Parteien enthält.

1. Auch wenn die Vertreter ihre Unterwerfung erklären, ist eine Vollstreckbarkeit des Schiedsspruches ausgeschlossen; eine solche wurde als „sowohl vom juristischen, wie vom sozialpolitischen Standpunkte aus für die deutschen Verhältnisse weder möglich noch wünschenswert" erachtet. KommBer. S. 30. Vgl. jedoch Lotmar S. 780ff.

2. „Auch in dem Falle, in welchem nur eine der beiden Parteien oder keine von beiden sich dem Schiedsspruche unterworfen hat, soll eine Veröffentlichung des letzteren stattfinden, da die Möglichkeit nicht ausgeschlossen ist, daß trotzdem größere oder kleinere Kreise der Beteiligten auf beiden Seiten sich entschließen, unter den im Schiedsspruche angegebenen Bedingungen das Arbeitsverhältnis fortzusetzen oder wieder aufzunehmen. Unter allen Umständen wird die Veröffentlichung des Schiedsspruches den Wert haben, daß sie auf die öffentliche Meinung, deren Bedeutung für den Ausgang von Streitigkeiten der in Frage stehenden Art erfahrungsmäßig eine sehr erhebliche ist, aufklärend und berichtigend einzuwirken geeignet ist." Mot. S. 38.

§. 73.

Ist weder eine Vereinbarung (§. 70) noch ein 2.
Schiedsspruch zu Stande gekommen, so ist dies von dem Vorsitzenden des Einigungsamts öffentlich bekannt zu machen.

Die Veröffentlichung wird auch erfolgen müssen, wenn ein Schiedsspruch um deswillen nicht zustande kommt, weil ein Vertrauensmann seine weitere Mitwirkung versagt. Allerdings wird wohl in solchem Fall zunächst versucht werden müssen, einen anderen Vertrauensmann bestimmen zu lassen, ev. zu ernennen. Dieses Verfahren kann aber schließlich nicht ins Endlose fortgesetzt werden.

§. 74.

Das Gewerbegericht als Einigungsamt ist nicht zuständig, wenn bei der Streitigkeit ausschließlich Innungsmitglieder und deren Arbeiter betheiligt sind, und für die Innung zur Erfüllung der im §. 81a Nr. 2 der Gewerbeordnung bezeichneten Aufgabe ein besonderes Einigungsamt besteht, dessen Zusammensetzung und Thätigkeit durch das Statut entsprechend den Bestimmungen der §§. 63 bis 73 dieses Gesetzes geregelt sind. Rufen beide Theile das Gewerbegericht als Einigungsamt an, so ist dieses auch bei solchen Streitigkeiten zuständig.

§ 81a Nr. 2 GO. bezeichnet als Aufgabe der Innung: die Förderung eines gedeihlichen Verhältnisses zwischen Meister und Gesellen (Gehilfen).

„Auf eine Anfrage, ob damit auch verlangt werde, daß der Vorsitzende des Innungs-Einigungsamtes weder Arbeitgeber noch Arbeiter sein dürfe, wird zugestanden, daß die Frage aufgeworfen werden könne, aber gleichzeitig festgestellt, daß die Bejahung dieser Frage die einstimmige Anschauung der Kommission sei, sowie beschlossen, diese Meinungsäußerung im Bericht festzulegen." KommBer. XII S. 68.

Vierter Abschnitt.

Gutachten und Anträge der Gewerbegerichte.

§. 75.

Das Gewerbegericht ist verpflichtet, auf Ansuchen von Staatsbehörden oder des Vorstandes des Kommunalverbandes, für welchen es errichtet ist, Gutachten über gewerbliche Fragen abzugeben. 1.

Das Gewerbegericht ist berechtigt, in gewerblichen Fragen Anträge an Behörden, an Vertretungen von Kommunalverbänden und an die gesetzgebenden Körperschaften der Bundesstaaten oder des Reichs zu richten. 2.

Zur Vorbereitung oder Abgabe von Gutachten sowie zur Vorbereitung von Anträgen können Ausschüsse aus der Mitte des Gewerbegerichts gebildet werden. 3.

Diese Ausschüsse müssen, sofern es sich um Fragen handelt, welche die Interessen beider Theile berühren, zu gleichen Theilen aus Arbeitgebern und Arbeitern zusammengesetzt sein. 4.

Das Nähere bestimmt das Statut. 5.

1. Es wurde hervorgehoben, „daß auch die rheinischen Gewerbegerichte nach ihrer ursprünglichen Verfassung die Aufgabe gehabt hätten, den staatlichen Behörden in gewerblichen Angelegenheiten mit Gutachten zu dienen, daß diese Tätigkeit jedoch niemals zu voller Ausbildung gelangt und nunmehr vollständig eingeschlafen sei.

Eine Tätigkeit der Gewerbegerichte nach dieser Richtung hin sei um so mehr dort erwünscht, wo Gewerbekammern nicht beständen. In Ländern, wo — wie in Sachsen, Bayern und sonstwo — Gewerbekammern beständen, welche dieselbe Aufgabe hätten, könne aber trotzdem eine derartige Bestimmung kein Bedenken erregen, weil der Vorschlag doch nur eine Pflicht der Gewerbegerichte einführen wolle, zu antworten, wenn sie gefragt werden, ohne ihnen ein Recht zu geben, gehört zu werden. Eine Kompetenzstreitigkeit könne also nicht eintreten. Auch würde es vom allgemeinen Gesichtspunkte aus durchaus erwünscht sein, die Möglichkeit zu haben, in gewerblichen Fragen ein Gutachten zu erhalten, das nicht einseitig von den Arbeitgebern ausgehe, wie das auch dort der Fall sei, wo Gewerbekammern beständen, da in diesen doch nur die Arbeitgeber vertreten seien. Namentlich bei den heutigen vielfachen sozialen Schwierigkeiten würde es von hohem Werte sein, im gegebenen Falle ein Gutachten erhalten zu können, das kontradiktorisch zwischen Arbeitgebern und Arbeitern unter der unparteiischen Leitung eines unbeteiligten Dritten festgestellt worden sei. Bedenken gegen eine derartige Tätigkeit der Gewerbegerichte seien nach keiner Richtung hin möglich." KommBer. S. 32, 33.

Zur Begründung des Abs. 2 wurde angeführt, „daß dieses Recht die naturgemäße Ergänzung der den Gewerbegerichten auferlegten Pflicht zur Antworterteilung sei, und die Gewerbegerichte noch viel mehr befähige, diejenigen Funktionen zu erfüllen, welche man sonst von Gewerbekammern zu erwarten pflege." KommBer. S. 33.

Durch die Novelle ist das Recht des Gewerbegerichts zu Anträgen dahin erweitert, daß solche auch an den Bundesrat, Reichstag und die Einzellandtage gerichtet werden können, auch ist es nicht mehr erforderlich, daß die gewerblichen Fragen die der Gerichtsbarkeit des Gewerbegerichts unterliegenden Betriebe berühren.

2. Die Ausschüsse können zur Vorprüfung oder zur Abgabe der Gutachten, im Falle des Abs. 2 nur zur Vorprüfung der vorliegenden Anträge, nicht zur selbständigen Stellung derselben eingerichtet werden. Der Vorsitzende hat in diesen Ausschüssen volles Stimmrecht.

3. Daß bei der Abstimmung stets die gleiche Zahl von Arbeitgebern und Arbeitnehmern mitwirken muß, ist nicht vorgeschrieben, wird aber zweckmäßig im Statut geregelt.

4. „Statut" s. § 1 Abs. 5.

Fünfter Abschnitt.

Verfahren vor dem Gemeindevorsteher.

§. 76.

Ist ein zuständiges Gewerbegericht nicht vor- 1.
handen, so kann bei Streitigkeiten der im §. 4 Abs. 1 Nr. 1 und 5 bezeichneten Art jede Partei die vorläufige Entscheidung durch den Vorsteher der Gemeinde (Bürgermeister, Schultheiß, Ortsvorsteher u. s. w.) nachsuchen. Zuständig ist der Vorsteher der Gemeinde, in deren Bezirke die streitige Verpflichtung aus dem Arbeitsverhältnisse zu erfüllen ist oder sich die gewerbliche Niederlassung des Arbeitgebers befindet, oder beide Parteien ihren Wohnsitz haben.

Den Parteien ist Gelegenheit zu geben, ihre 2.
Ausführungen und Beweismittel in einem Termine

vorzubringen. Eine Beweisaufnahme durch Ersuchen anderer Behörden findet nicht statt; Vereidigungen sind nicht zulässig.

3. Kommt ein Vergleich zu Stande, so ist ein Protokoll darüber aufzunehmen und von den Parteien und dem Gemeindevorsteher zu unterschreiben.

1. Eine Verpflichtung zur Anrufung des Gemeindevorstehers besteht nicht. Die Zuständigkeit des Gemeindevorstehers ist außer beim Vorhandensein eines zuständigen Gewerbegerichts auch dann ausgeschlossen, wenn eine Innung oder ein Innungsschiedsgericht (§§ 81a Ziffer 4, 81b Ziffer 4 GO.) oder ein nach § 14 Nr. 4 GVG. auf Grund der Landesgesetze berufenes Gewerbegericht für den betreffenden Fall zuständig ist (vgl. §§ 84, 85), außerdem auch, wenn es sich um die im § 81 bezeichneten Personen handelt (s. jedoch Anm. 2). Die Zuständigkeit ist beschränkt auf die Fälle der Nr. 1 und 5 des § 4. Bei Ansprüchen gemäß Nr. 2—4 und 6 des § 4 ist der Gemeindevorsteher nicht zuständig.

2. Da eine zeitliche Grenze nicht gesetzt ist, kann die Entscheidung des Gemeindevorstehers ohne Rücksicht auf etwaige Rechtshängigkeit bei dem ordentlichen Gericht angerufen werden. Wilhelmi u. Bewer S. 390, aM. Eccius bei Gruchot Bd. 36 S. 147, 47 S. 873. Gemäß § 77 ist gegen die Entscheidung des Gemeindevorstehers neue Klage erforderlich, widrigenfalls letztere rechtskräftig wird. Wilhelmi u. Bewer S. 390 nimmt daher an, daß die Rechtshängigkeit bei Gericht den Einlassungszwang im Verfahren vor dem Gemeindevorsteher beseitigt. Im Gesetz steht nichts davon.

3. In den Fällen des § 4 Nr. 5 (Krankenversicherungsbeiträge, Anm. 5 zu § 4) erstreckt sich die Zuständigkeit des Gemeindevorstehers auch auf andere Personen, als die in §§ 3, 5 bezeichneten Arbeiter, und wird rück-

sichtlich dieser auch durch das Vorhandensein eines Gewerbegerichts nicht beschränkt. Vgl. § 83 Abs 3 u. Anm. Die örtliche Zuständigkeit ist entsprechend § 27 erweitert.

4. Nur der Vorsteher der Gemeinde ist zuständig; die Entscheidung durch ein Kollegium (Magistrat usw.) ist ausgeschlossen. Der Vorstand selbständiger Gutsbezirke und Gemarkungen ist zur Entscheidung nicht zuständig; s. Anm. 3 zu § 1.

5. Das Nachsuchen der Entscheidung ist an keine Form gebunden und kann daher auch mündlich geschehen. Wird der Erlaß einer Entscheidung abgelehnt, so steht der betreffenden Partei die Wahl frei, entweder sofort den Rechtsweg zu beschreiten oder Beschwerde bei der dem Gemeindevorsteher landesrechtlich vorgesetzten Instanz zu erheben.

6. In welcher Weise der Termin den Parteien bekannt zu geben ist, bestimmt das Gesetz nicht. Jedenfalls empfiehlt sich die Beurkundung der Bekanntgebung durch Beschaffung einer Empfangsbescheinigung, einen Aktenvermerk über die mündliche Mitteilung des Termins oder dgl., schon mit Rücksicht auf ein ev. zu erlassendes Versäumnisurteil.

7. Den Parteien ist nur Gelegenheit zur Verhandlung zu geben. Durch das Ausbleiben einer Partei wird der Erlaß der Entscheidung nicht gehindert. Welche Folgen die Versäumnis einer Partei hat, bestimmt das Gesetz nicht; der Gemeindevorsteher wird daher die für das Verfahren vor dem Gewerbegericht geltenden Grundsätze anwenden, aber auch unabhängig hiervon entscheiden können. Vgl. KommBer. S. 33. Zeugen und andere Beweismittel sind regelmäßig zur Stelle zu bringen, doch ist auch eine Vorladung von Zeugen und Sachverständigen zu einem neuen Termine nicht ausgeschlossen. Eine Verpflichtung zum Erscheinen und zur Abgabe einer Aussage besteht nicht. Ein Anspruch auf

Gebühren steht den Zeugen und Sachverständigen gegenüber der entscheidenden Behörde nicht zu; die Entschädigung ist Sache der Partei, welche den Zeugen usw. vorschlägt oder stellt. Anderweitige Kosten des Verfahrens dürfen den Parteien nicht zur Last gelegt werden, sie sind von der Gemeinde zu tragen.

8. Die Zuziehung eines Protokollführers ist nicht notwendig; die Führung eines förmlichen Protokolles ist überhaupt nur beim Zustandekommen eines Vergleiches direkt vorgeschrieben. Die vor dem Gemeindevorsteher abgeschlossenen Vergleiche und von ihm erlassenen Entscheidungen unterliegen dem landesgesetzlich vorgeschriebenen Stempel (für Preußen Pos. 67 des Tarifs zum Stempelsteuergesetz v. 31. Juli 1895), da § 2 GKG. hier nicht wie in § 58 Abs. 5 für anwendbar erklärt ist.

§. 77.

1. Die Entscheidung des Gemeindevorstehers ist schriftlich abzufassen; sie geht in Rechtskraft über, wenn nicht binnen einer Nothfrist von zehn Tagen von einer der Parteien Klage bei dem ordentlichen Gericht erhoben wird. Die Frist beginnt mit der Verkündung, gegen eine bei der Verkündung nicht anwesende Partei mit der Behändigung der Entscheidung.

2. Die Entscheidungen des Gemeindevorstehers sind von Amtswegen für vorläufig vollstreckbar zu erklären.

3. Die vorläufige Vollstreckbarkeit ist nicht auszusprechen, wenn glaubhaft gemacht wird, daß die

Vollstreckung dem Schuldner einen nicht zu ersetzenden Nachtheil bringen würde; auch kann sie von einer vorgängigen Sicherheitsleistung abhängig gemacht werden.

Ist rechtzeitig Klage erhoben, so findet der 4.
§. 707 der Civilprozeßordnung entsprechende Anwendung.

1. Die Beifügung von Gründen der Entscheidung ist nicht notwendig, aber im Interesse der Parteien wünschenswert.

2. Die in Übereinstimmung mit dem bisherigen Rechte auf 10 Tage festgesetzte Frist zur Erhebung der Klage ist ausdrücklich als Notfrist bezeichnet, sie wird daher weder durch die Gerichtsferien (§ 223 Abs. 2 ZPO.), noch durch Parteivereinbarungen beeinflußt (§§ 224 Abs. 1, 251 Abs. 1 a. a. O.); gegen ihre Versäumung ist die Wiedereinsetzung in den vorigen Stand gegeben (§§ 223ff. a. a. O.). Die Rechtskraft der Entscheidung hat denselben Umfang wie die eines gerichtlichen Urteils (§ 322 a. a. O.); eine Wiederaufnahme des Verfahrens im Wege der Nichtigkeits- oder Restitutionsklage (§§ 578ff. a. a. O.) findet nicht statt. Nur wirkliche Entscheidungen werden rechtskräftig, also nur solche Sprüche, welche in der Sache selbst ergehen; ein Bescheid, welcher eine Entscheidung in der Sache selbst wegen sachlicher oder örtlicher Unzuständigkeit oder aus anderen Gründen ablehnt, wird auch dann nicht rechtskräftig, wenn nach dem äußeren Anschein eine Entscheidung vorliegt. Für die Berechnung der Frist werden die in § 222 ZPO. ausgesprochenen Grundsätze anwendbar sein.

3. Eine bestimmte Form für die gegenüber der abwesenden Partei notwendige Behändigung der Ent-

scheidung ist nicht vorgeschrieben; eine Beurkundung der Behändigung ist aber dringend geboten, um den Beginn der Frist festzustellen. Die Verkündung gegenüber der anwesenden Partei muß aus demselben Grunde aktenkundig gemacht werden.

4. Die Erhebung der Klage erfolgt durch Zustellung der Klageschrift. § 253 ZPO. Die Einreichung der Klageschrift beim Gericht wahrt also die zehntägige Frist nicht. Nach § 207 Abs. 2 ZPO. tritt jedoch bei allen zur Wahrnng einer Notfrist erforderlichen Zustellungen die Wirkung der Zustellung bereits mit der Einreichung des Schriftsatzes bei dem Gerichtsschreiber ein, sofern der Schriftsatz innerhalb einer Frist von zwei Wochen nach der Einreichung zugestellt wird. Vgl. §§ 166, 168. Die Zuständigkeit des ordentlichen Gerichts bestimmt sich nach den allgemeinen Vorschriften über die sachliche und örtliche Zuständigkeit der Gerichte (vgl. bes. § 23 Nr. 1 und 2 GVG.). Die Erhebung der Klage bei einem unzuständigen ordentlichen Gericht genügt zur Verhinderung der Rechtskraft. Wilhelmi u. Bewer S. 397. Die als besondere Gerichte gemäß § 14 Nr. 3 GVG. zugelassenen Gemeindegerichte sind niemals zur Entscheidung der gegen den Spruch des Gemeindevorstehers erhobenen Klage zuständig. Mot. S. 42, 43, vgl. Anm. 4 zu § 85.

5. Das angerufene ordentliche Gericht entscheidet nicht als höhere Instanz, es hat vielmehr lediglich zu prüfen, ob nicht die Entscheidung des Gemeindevorstehers rechtskräftig geworden ist, und in diesem Fall die Klage wegen Unzulässigkeit des Rechtsweges abzuweisen, selbst wenn der Gemeindevorsteher nach Ansicht des Richters örtlich nicht zuständig war; im übrigen aber muß der Richter den ihm unterbreiteten Streitfall wie jeden direkt an ihn gelangten entscheiden, ohne daß die Parteien in der Geltendmachung ihres Anspruches durch die Vorentscheidung materiell oder formell beschränkt sind. Erk. d. Reichs-Oberhandelsgerichts vom 22. Mai 1878 (Entsch.

Bd. 24 S. 51), Urt. d. RGr. v. 7. Februar 1891, Gruchot Bd. 35 S. 1144, Eccius bei Gruchot Bd. 36 S. 146. Dagegen sind Entscheidungen des Gemeindevorstehers in Rechtsstreitigkeiten anderer Art als den in § 4 Nr. 1 u. 5 bezeichneten nicht der Rechtskraft fähig und von den ordentlichen Gerichten nicht zu beachten. Sie können nur durch Beschwerde im Aufsichtswege beseitigt werden. Wilhelmi u. Bewer S. 396.

6. Zu Abs. 2. Wenn der Gemeindevorsteher die Vollstreckbarkeitserklärung unterläßt, so ist die Beschwerde an die vorgesetzte Dienstbehörde gegeben; solange die Vollstreckbarkeitserklärung fehlt, kann die Zwangsvollstreckung nicht erfolgen.

7. Zu Abs. 3. Vgl. § 57 Abs. 3 u. Anm.

8. Zu Abs. 4. Vgl. Anm. 3 zu § 46. Auch wenn die Wiedereinsetzung in den vorigen Stand beantragt wird, hat das zuständige ordentliche Gericht die im § 707 ZPO. bezeichneten Befugnisse.

§. 78.

Die vor dem Gemeindevorsteher geschlossenen Vergleiche sowie die rechtskräftigen oder vollstreckbaren Entscheidungen desselben sind, sofern die Partei es beantragt, auf Ersuchen des Gemeindevorstehers durch die Ortspolizeibehörde nach den Vorschriften über das Verwaltungszwangsverfahren zu vollstrecken. Ein unmittelbarer Zwang zur Vornahme einer Handlung ist nur im Falle des §. 127d der Gewerbeordnung zulässig; die Leistung von Diensten aus einem Dienstvertrage kann durch Geldstrafen nicht erzwungen werden. Wo ein

Verwaltungszwangsverfahren nicht besteht, finden die Bestimmungen über die Zwangsvollstreckung in bürgerlichen Rechtsstreitigkeiten Anwendung.

1. Die Partei darf die Ortspolizei nicht direkt angehen, muß vielmehr die Vermittlung des Gemeindevorstehers erwirken, dessen Ersuchen Vorbedingung der Zwangsvollstreckung ist. Der Gemeindevorsteher hat die Rechtskraft seiner Entscheidung zu prüfen; zu diesem Behufe wird er, da ihm die Erhebung der Klage nicht notwendigerweise amtlich bekannt wird, in dem Falle des § 77 Abs. 3 von der betreibenden Partei ein Zeugnis des Gerichtsschreibers des für die Klage zuständigen Gerichts fordern können, wonach innerhalb der Notfrist ein Schriftsatz zum Zwecke der Terminsbestimmung nicht eingereicht ist (§ 706 Abs. 2 ZPO.).

2. Das Verwaltungszwangsverfahren ist in Preußen durch die Verordnung vom 15. November 1899 (GS. S. 545) hinsichtlich der Beitreibung von Geldbeträgen geregelt; soweit es sich um die Erwirkung von Handlungen oder Unterlassungen handelt, sind die Zwangsbefugnisse der Ortspolizeibehörden durch §§ 132, 133 des Ges. über die allgemeine Landesverwaltung v. 30. Juli 1883 (GS. S. 195) bestimmt. Deren Vorschriften werden aber durch Satz 2 des § 78 abgeändert:

a) unmittelbarer (körperlicher) Zwang, zur Erwirkung einer Handlung (§ 132 Nr. 3) ist regelmäßig ausgeschlossen, Ausnahme s. Anm. 3.

b) zur Erzwingung von Diensten aus einem Dienstvertrage ist Androhung und Festsetzung von Geldstrafen (§ 132 Nr. 2) ausgeschlossen, daher auch eine nach § 132 Nr. 2 Abs. 2 nur im Unvermögensfalle an die Stelle der Geldstrafen tretende Haft.

Zulässig ist sonach in Preußen die Vornahme der zu erzwingenden Handlung durch einen Dritten, soweit dies möglich; Androhung von Geldstrafe, im Unvermögensfalle Haft, nur zur Erzwingung der Rückkehr in die Lehre und zur Erzwingung von anderen Handlungen als Leistung von Diensten aus einem Dienstvertrag und von Unterlassungen.

Soweit landesgesetzlich etwa das Verwaltungszwangsverfahren Haft wahlweise neben (nicht für den Unvermögensfall an Stelle) der Geldstrafe zur Erzwingung von Handlungen zulassen sollte, würde wegen der unvollkommenen Fassung des § 78, welcher nur Erzwingung der Leistung von Diensten durch Geldstrafen ausschließt, die Erzwingung durch Haft zulässig bleiben. Das Verwaltungszwangsverfahren zur Erwirkung der Herausgabe oder Leistung von Sachen (z. B. hier von Zeugnissen, Arbeitsbüchern) ist in Preußen nicht geregelt; nach Satz 3 finden also hier die Vorschriften der ZPO. (§§ 883—886) Anwendung.

3. § 127d GO. bestimmt: „Verläßt der Lehrling in einem durch dies Gesetz nicht vorgesehenen Falle ohne Zustimmung des Lehrherrn die Lehre, so kann letzterer den Anspruch auf Rückkehr des Lehrlinges nur geltend machen, wenn der Lehrvertrag schriftlich geschlossen ist. Die Polizeibehörde kann in diesem Falle auf Antrag des Lehrherrn den Lehrling anhalten, solange in der Lehre zu verbleiben, als durch gerichtliches Urteil das Lehrverhältnis nicht für aufgelöst erklärt ist, oder dem Lehrlinge durch einstweilige Verfügung eines Gerichts gestattet ist, der Lehre fern zu bleiben. Der Antrag ist nur zulässig, wenn er binnen einer Woche nach dem Austritte des Lehrlinges gestellt ist. Im Falle unbegründeter Weigerung der Rückkehr hat die Polizeibehörde den Lehrling zwangsweise zurückführen zu lassen, oder durch Androhung von Geldstrafe bis zu fünfzig Mark oder Haft bis zu fünf Tagen zur Rückkehr anzuhalten."

In diesem Falle, d. h. wenn der Lehrvertrag schriftlich geschlossen war, wozu Unterschrift des Lehrherrn, des

Lehrlings und des gesetzlichen Vertreters des Lehrlings gehört (§ 126 b GO.), und der Antrag seitens des Lehrherrn innerhalb der einwöchigen Frist gestellt war, kann die Polizeibehörde auch nach Erlaß der Entscheidung des Gemeindevorstehers auf Ersuchen desselben den Lehrling zwangsweise zurückführen lassen. Es wird genügen, wenn der Lehrherr innerhalb der einwöchigen Frist den Antrag auf Entscheidung bei dem Gemeindevorsteher gestellt hat.

4. Wo ein Verwaltungszwangsverfahren nicht besteht, ist die Ortspolizeibehörde nicht zuständig, vielmehr hat die Partei den Gerichtsvollzieher unmittelbar zu beauftragen (Bachem S. 123, Haas § 78 Anm. 4, Schier S. 186, Wilhelmi u. Bewer S. 403; vgl. dagegen Busch Bd. 16 S. 333).

§. 79.

Der Gemeindevorsteher kann die Wahrnehmung der ihm nach den §§. 76 bis 78 obliegenden Geschäfte mit Genehmigung der höheren Verwaltungsbehörde einem Stellvertreter übertragen. Derselbe muß aus der Mitte der Gemeindeverwaltung oder Gemeindevertretung auf mindestens ein Jahr berufen werden. Die Berufung ist öffentlich bekannt zu machen.

Der Vertreter muß Mitglied der Gemeindeverwaltung oder Gemeindevertretung, also z. B. im Bereich der Städteordnung v. 30. Mai 1853 Magistratsmitglied oder Stadtverordneter sein. Zur zeitweiligen Vertretung des behinderten Gemeindevorstehers ist sein gesetzlich verordneter allgemeiner Stellvertreter — z. B. der Beigeordnete oder zweite Bürgermeister, § 29 Abs. 1 der Städteordnung v. 30. Mai 1853, die Schöffen, § 74 der Landgemeindeordnung v. 3. Juli 1891 — befugt.

„Höhere Verwaltungsbehörde" ist in Preußen der Regierungspräsident, für Berlin der Oberpräsident. S. Anm. 3 zu § 88.

§. 80.

Durch Anordnung der Landes-Zentralbehörde kann an Stelle des Gemeindevorstehers ein zur Vornahme von Sühneverhandlungen über streitige Rechtsangelegenheiten staatlich bestelltes Organ mit Wahrnehmung der in den §§. 76 bis 78 aufgeführten Geschäfte beauftragt werden. Die Anordnung ist öffentlich bekannt zu machen.

1. „Mit Rücksicht auf die Verhältnisse in einzelnen Bundesstaaten erscheint es wünschenswert, daß die Möglichkeit nicht ausgeschlossen wird, an Stelle der Gemeindevorsteher andere, nach den örtlichen Verhältnissen geeigneter erscheinende Organe mit der Wahrnehmung der in den §§ 76ff. vorgesehenen Funktionen zu betrauen. Insbesondere werden die zur Vornahme von Sühneverhandlungen über streitige Rechtsangelegenheiten staatlich bestellten Personen (Schiedsmänner, Friedensrichter usw.) hierzu unter Umständen als besonders qualifiziert zu betrachten sein, und der Entwurf gewährt deshalb den Landes-Zentralbehörden die Befugnis, diesen Organen die Vorentscheidung in Gewerbestreitsachen an Stelle der Gemeindevorsteher zu übertragen." Mot. S. 40.

2. Die Beauftragung kann für einzelne Gemeinden oder größere Bezirke stattfinden und jederzeit widerrufen werden. Für Preußen kommen insbesondere die Schiedsmänner (Schiedsmannsordnung v. 29. März 1879, GS. S. 321) in Betracht. Dieselben sind allgemein verpflichtet, in bürgerlichen Rechtsstreitigkeiten über vermögens-

rechtliche Ansprüche auf Anrufen einer Partei eine Sühneverhandlung vorzunehmen und den zustande gekommenen Vergleich zu protokollieren. Aus einem solchen Vergleich findet die gerichtliche Zwangsvollstreckung unter entsprechender Anwendung der Vorschriften über die Zwangsvollstreckung aus notariellen Urkunden statt. §§ 12—32 der Schiedsmannsordnung. Wenn aber ein preußischer Schiedsmann gemäß § 80 an die Stelle des Gemeindevorstehers tritt, so finden auf diese seine Tätigkeit die Vorschriften der §§ 76—78 Anwendung; falls er daher, um seine Entscheidung gemäß § 76 angegangen, einen Vergleich zustande bringt, so ist dieser gemäß § 78, ebenso wie eine von ihm erlassene Entscheidung, auf Antrag der Partei und Ersuchen des Schiedsmannes durch die Ortspolizeibehörde zu vollstrecken. Allerdings wird es im Einzelfalle zweifelhaft sein können, ob der Schiedsmann nur zum Zwecke der Sühneverhandlung oder zur Entscheidung gemäß § 76 angerufen war; falls das Protokoll hierüber keine Auskunft erteilt, wird die Vollstreckung des Vergleichs nur gemäß § 32 der Schiedsmannsordnung zu erlangen sein. Ebenso ist der Fall zu behandeln, wenn der Gemeindevorsteher zugleich Schiedsmann ist.

3. „Landes-Zentralbehörde“ s. Anm. 1 zu § 88.

Sechster Abschnitt.

Schlußbestimmungen.

§. 81.

Die Bestimmungen dieses Gesetzes finden keine Anwendung auf Gehülfen und Lehrlinge in Apotheken und Handelsgeschäften sowie auf Arbeiter, welche in den unter der Militär- oder Marineverwaltung stehenden Betriebsanlagen beschäftigt sind.

1. Die Erwähnung der Gehilfen und Lehrlinge in Apotheken und Handelsgeschäften schien erforderlich, weil die damals dem Reichstag vorgelegte Gewerbeordnungsnovelle den Titel VII (s. § 3 d. G.) in mehrfachen Richtungen auf die Hilfsarbeiter dieser Gruppen ausdehnte. KommBer. S. 35. Vgl. Anm. 1 zu § 3. Es gehören aber hierher außer den Apothekergehilfen und -lehrlingen nur Handlungsgehilfen und -lehrlinge (§§ 59 ff. des Handelsgesetzbuches) nicht etwa auch andere Gewerbegehilfen und -lehrlinge, die in Apotheken- und Handelsgeschäften tätig sind; diese fallen unter § 3 d. Ges. (s. hierzu und über den Begriff „Handlungsgehilfe" Anm. 1 zu § 3).

2. Die Ausnahmestellung der Arbeiter in den unter der Militär- oder Marineverwaltung stehenden Betriebsanlagen ist mit Rücksicht auf die mehr militärische Organisation derartiger Betriebe ausgesprochen. Vgl. Mot. S. 40, KommBer. S. 34, 35, StenBer. S. 517—524.

3. Streitigkeiten der im § 81 bezeichneten Personen mit ihren Arbeitgebern sind der Zuständigkeit der Gewerbegerichte entzogen; eine trotzdem eingereichte Klage muß wegen sachlicher Unzuständigkeit abgewiesen werden, und zwar, da eine Prorogation unzulässig ist, von Amts wegen. Wegen der Zuständigkeit des Gemeindevorstehers s. § 83 Abs. 3 u. Anm. hierzu, Anm. 2 zu § 76.

Die im § 81 bezeichneten Personen und ihre Arbeitgeber — letztere natürlich nur, sofern sie nicht, wie ein großer Teil der Kaufleute, daneben andere unter das Gesetz fallende Personen (Hausdiener usw. s. Anm. 1) beschäftigen — sind bei den Wahlen zu den Gewerbegerichten weder wählbar noch wahlberechtigt. Mot. S. 40, Bl. f. soz. Pr. 1893 S. 93.

§. 82.

1. Auf Streitigkeiten der in Bergwerken, Salinen Aufbereitungsanstalten und unterirdisch betriebenen Brüchen und Gruben beschäftigten Arbeiter mit ihren Arbeitgebern finden die Bestimmungen dieses Gesetzes mit der Maßgabe Anwendung, daß die Errichtung von Gewerbegerichten, deren Zuständigkeit auf die vorbezeichneten Betriebe beschränkt wird, unabhängig von den Voraussetzungen des §. 1 Abs. 5 durch Anordnung der Landes-Zentralbehörde erfolgen kann.

2. Für die auf Grund der letzteren Bestimmung errichteten Gewerbegerichte gelten nachstehende besondere Vorschriften:
   1. Die Bestimmung des letzten Satzes im Abs. 2 des §. 7 findet keine Anwendung.
   2. Durch die Zuständigkeit eines solchen Gerichts wird die Zuständigkeit anderer innerhalb seines Bezirkes bestehender oder später errichteter Gewerbegerichte ausgeschlossen.
   3. Die Kosten der Gewerbegerichte werden, soweit sie in deren Einnahmen nicht Deckung finden, vom Staate getragen.
   4. Der Vorsitzende und dessen Stellvertreter werden von der Landes-Zentralbehörde ernannt. Zur Bewirkung der Zustellungen

können an Stelle der Gerichtsvollzieher oder Gemeindebeamten (§. 25 Abs. 2) andere Beamte verwendet werden.

5. Inwieweit den Arbeitgebern im Sinne der §§. 12 bis 14 die mit der Leitung eines Betriebs oder eines bestimmten Zweiges desselben betrauten Stellvertreter der selbständigen Gewerbetreibenden gleichstehen, wird durch Anordnung der Landes-Zentralbehörde bestimmt.

6. Die Bestimmung des §. 67 Abs. 4 findet, soweit sie sich auf Beisitzer bezieht, keine Anwendung.

1. Zu Abs. 1. Über den Begriff „Bergwerke usw." vgl. Wilhelmi u. Bewer S. 413—418; oberirdisch betriebene Brüche und Gruben gehören nicht hierher.

Die Errichtung kann durch Anordnung der Landes-Zentralbehörde erfolgen. Solange und soweit eine solche Anordnung nicht erfolgt ist, gehören die in Rede stehenden Streitigkeiten vor die etwa vorhandenen sonst zuständigen Gewerbegerichte. Diese gemeindlichen Gewerbegerichte können auch gemäß § 7 Abs. 1 auf den Bergbau beschränkt sein. Ihre Zuständigkeit hört aber mit dem Inkrafttreten eines gemäß Abs. 1 errichteten Gewerbegerichts für dessen Bezirk hinsichtlich der in Rede stehenden Streitigkeiten auf, und ebenso wird die Zuständigkeit des gemäß Abs. 1 des § 82 errichteten Gewerbegerichts durch das spätere Inkrafttreten eines anderen Gewerbegerichts in keiner Weise beschränkt (Abs. 2 Nr. 2) (Bachem S. 128, Schier S. 192, Wilhelmi u. Bewer S. 422).

Die auf Grund des Abs. 1 errichteten Berg-Gewerbegerichte sind nur für Streitigkeiten der Arbeiter mit ihren Arbeitgebern, nicht auch für Streitigkeiten unter Arbeitern desselben Arbeitgebers (§ 4 Nr. 6) zuständig. Gemäß Abs. 2 Nr. 2 wird daher das etwa daneben bestehende gemeindliche Gewerbegericht für die Entscheidung letzterer Streitigkeiten zuständig sein. (Schier S. 191, aA. Wilhelmi u. Bewer S. 423.)

Vor der Errichtung eines Berg-Gewerbegerichts sind gemäß § 1 Abs. 6 Arbeitgeber und Arbeiter zu hören.

„Landes-Zentralbehörde“ s. § 88 Anm. 6.

2. Zu Abs. 2. Derselbe gilt nur für die gemäß Abs. 1 durch Anordnung der Zentralbehörde errichteten Gewerbegerichte.

Zu Nr. 1. Wenn die örtliche Zuständigkeit des Gerichts ausgedehnt wird, ist also die Anhörung der beteiligten Ortsbehörden nicht notwendig.

Zu Nr. 4. Auch hier dürfen Vorsitzender und Stellvertreter weder Arbeitgeber noch Arbeitnehmer sein und müssen auf mindestens 1 Jahr ernannt werden. (§ 12.)

Zu Nr. 6. Nach § 63 Abs. 3 des Ges. vom 29. Juli 1890 durften Beisitzer und Vertrauensmänner des Einigungsamts nicht zu den Beteiligten gehören. Nr. 6 will ermöglichen, daß bei den Berg-Gewerbegerichten auch Beteiligte Beisitzer sein können. Infolge der veränderten Vorschrift über die Zusammensetzung des Einigungsamts in § 67 treten an Stelle der Beisitzer die Vertrauensmänner. Die Bestimmung soll jetzt gerade erzielen, daß Beteiligte zu Vertrauensmännern bestellt werden können, weil bei Beschränkung des Berg-Gewerbegerichts auf Angehörige eines Berufs der Regel nach, weil die Streitigkeit alle Arbeiter und Arbeitgeber des Bezirks ergreift, Unbeteiligte, die zugleich im Bergbau sachkundig sind, nicht gefunden werden können. Wilhelmi u. Bewer S. 426, v. Schulz § 81 Anm. 12.

4. Arbeiter, welche vor einem gemäß Abs. 1 errichteten Gewerbegericht Recht nehmen müssen, sowie deren Arbeitgeber sind von der aktiven und passiven Teilnahme an den Wahlen für ein anderes Gewerbegericht ausgeschlossen.

5. Vgl. wegen einer Modifikation des § 88 den Schlußsatz des Abs. 2 das.

6. In Preußen sind fünf Berg-Gewerbegerichte (mit dem Sitze in Beuthen O./S., Waldenburg i. Schl., Dortmund, Saarbrücken, Aachen) errichtet, die in 32 Kammern — in der Regel sogenannte detachierte Kammern am Amtssitze der Königlichen Bergrevierbeamten — eingeteilt sind.

§. 83.

Soweit nach den Vorschriften des Krankenversicherungsgesetzes die Entscheidung von Streitigkeiten über die Berechnung und Anrechnung von Versicherungsbeiträgen und Eintrittsgeldern in Gemäßheit dieses Gesetzes zu erfolgen hat, finden die Vorschriften der §§. 76 bis 80 auch dann Anwendung, wenn es sich um Versicherungsbeiträge anderer als der im §. 3 bezeichneten Arbeiter handelt. Die Zuständigkeit des Gemeindevorstehers wird in diesem Falle nicht dadurch ausgeschlossen, daß ein Gewerbegericht für die Gemeinde errichtet ist.

Nach § 53a KVG. werden Streitigkeiten zwischen dem Arbeitgeber und den von ihm beschäftigten Personen über die Berechnung und Anrechnung der von diesen zu leistenden Beiträge und Eintrittsgelder nach den Vorschriften des GVG. entschieden. Es bedurfte deshalb einer Vorschrift darüber, ob, soweit die versicherten Personen nicht unter § 3 fallen, das Gewerbegericht zuständig sein oder nur die Anrufung des Gemeindevorstehers freistehen soll. Es gehören also hierher — wie auch schon bisher — alle Personen, welche nach dem KVG. gesetzlich oder auf Grund statutarischer Vorschrift (§ 2 a. a. O.) dem Versicherungszwange unterliegen, aber nicht zu den in § 3 genannten Personen gehören, nämlich: Handlungsgehilfen und -lehrlinge (§ 1 Abs. 1 Nr. 2, Abs. 4, § 2 Abs. 1 Nr. 5 KVG.), die Angestellten der Anwälte, Notare usw. (§ 1 Abs. 1 Nr. 2a a. a. O.), die nicht unter § 2 d. Ges. fallenden, auf Grund des § 2 Abs. 1 Nr. 2 und des § 2a KVG. für versicherungspflichtig erklärten Angestellten des Reichs, des Staates oder einer Kommune, die Hausgewerbetreibenden (§ 2 Abs. 1 Nr. 4 a. a. O.), sofern sie nach § 5 dieses Ges. nicht als Arbeiter im Sinne desselben gelten, die in der Land- und Forstwirtschaft beschäftigten Arbeiter und Betriebsbeamten (§ 2 Abs. 1 Nr. 6 a. a. O.), die Arbeiter der Heeres- und Marineverwaltung (§ 81 d. Ges., s. Haas S. 150, Hahn, Kommentar zum KVG. S. 116, v. Woedtke, KVG., 5. Aufl., S. 133). Eine Verpflichtung zur Anrufung des Gemeindevorstehers besteht nicht; die genannten Personen können sich auch sogleich an die ordentlichen Gerichte wenden.

Durch die Vorschrift des zweiten Satzes wird auch die Gemeinde, welche ein allgemeines Gewerbegericht besitzt, genötigt, die zur Ausübung der Rechtsprechung des Gemeindevorstehers erforderlichen Vorkehrungen zu treffen.

§. 84.

1. Die Zuständigkeit der Innungen zur Entscheidung von Streitigkeiten zwischen Arbeitgebern und ihren Lehrlingen (Gewerbeordnung §. 81a Nr. 4,

§. 81b Nr. 4) sowie die Zuständigkeit der Innungs-schiedsgerichte (Gewerbeordnung §§. 91 bis 91b) erleiden durch dieses Gesetz keine Einschränkung.

Durch die Zuständigkeit einer Innung oder eines 2.
Innungsschiedsgerichts wird die Zuständigkeit eines für den Bezirk der Innung bestehenden oder später errichteten Gewerbegerichts ausgeschlossen.

1. Zu Abs. 2. Durch die §§ 81a, 81b, ist die Zuständigkeit der Innungen und Innungs-Schiedsgerichte insoweit erweitert, als sie nunmehr über die in § 4 GGG. sowie § 53a KVG. bezeichneten Streitigkeiten zu entscheiden haben. Die Zuständigkeit der Innungs-Schiedsgerichte ist auf die Streitigkeiten zwischen Innungsmeistern und ungelernten Arbeitern ausgedehnt.

2. Die Fassung des Abs. 2 soll den — in Wirklichkeit nach Abs. 1 kaum vorhandenen — Zweifel darüber ausschließen, „ob Innungen, welche erst entstehen, nachdem Gewerbegerichte gebildet sind, in vollem Maße die Rechte derjenigen Innungen haben, welche früher bestanden oder an Orten errichtet werden, wo Gewerbegerichte nicht gebildet sind." KommBer. S. 37.

4. Über die Besetzung der Innungs-Schiedsgerichte und das Verfahren der Innungen und Innungs-Schiedsgerichte treffen die §§ 91, 83 Ziffer 11, 91a, 91b GO. Bestimmung. Für die Zuständigkeit kommt in Betracht § 91 Abs. 6: „Die Anberaumung des ersten Termins soll innerhalb acht Tagen nach Eingang der Klage erfolgen und die Entscheidung nach Möglichkeit beschleunigt werden. Wird die achttägige Frist nicht innegehalten, so kann der Kläger verlangen, daß statt des Innungs-Schiedsgerichts an den Orten, wo Gewerbegerichte bestehen, die ordentlichen Gerichte entscheiden. Dies Verlangen ist dem danach zuständigen Gewerbegerichte oder ordentlichen

Gerichte und dem Innungs-Schiedsgericht schriftlich mitzuteilen." Gemeint ist: der erste Termin soll innerhalb acht Tagen nach Eingang der Klage anstehen.

5. Wegen der Beteiligung der Innungsmeister und ihrer Arbeiter an den Wahlen zum Gewerbegericht s. § 14 Abs. 3.

§. 85.

1. Die nach §. 14 Nr. 4 des Gerichtsverfassungsgesetzes zugelassenen, auf Grund der Landesgesetze zur Entscheidung gewerblicher Streitigkeiten berufenen Gewerbegerichte werden mit dem 1. April 1892 aufgehoben, sofern nicht bis zu diesem Zeitpunkt ihre Zusammensetzung den Bestimmungen des §. 13 Abs. 1 und 2 entspricht. Auf die Vertretung der Parteien vor den bezeichneten Gerichten finden die Bestimmungen des §. 31 Anwendung.

2. Sofern diese Gerichte den vorbezeichneten Erfordernissen entsprechen, erleidet ihre Zuständigkeit durch dieses Gesetz keine Einschränkung.

1. Zu Abs. 1. § 14 Nr. 4 GVG. läßt „Gewerbegerichte", welche auf Grund der Landesgesetzgebung eingerichtet sind, als besondere Gerichte neben den ordentlichen Gerichten zu und gestattet auch die weitere Einführung derartiger Gerichte (s. Prot. der Justizkommission S. 125—127). Solche Einrichtungen bestehen z. B. in der preußischen Rheinprovinz, in Elsaß-Lothringen, Hamburg, Bremen, Lübeck und im Königreich Sachsen (s. KommBer. S. 37, 38, Mot. z. GVG. S. 38, 39).

Neue Gewerbegerichte können fortan nur noch auf Grund dieses Gesetzes, nicht mehr auf Grund des § 14

Nr. 4 GVG. und der Landesgesetzgebung errichtet werden, auch kann die örtliche Zuständigkeit der bestehenden nicht ausgedehnt werden. Wohl aber ist es zulässig, ihre sachliche Zuständigkeit zu erweitern (GG. VII Nr. 3 Sp. 92, Levy bei Gruchot Bd. 35 S. 744, Struckmann und Koch zu § 14 GVG., Wilhelmi u. Bewer S. 439, teilw. aA. Bachem S. 134; Haas S. 156, Schier S. 199).

Dagegen bleiben Organisationen, Verfahren und Zuständigkeit der bestehenden Gerichte reichsgesetzlich unberührt. Nur mußten die am 1. April 1892 bestehenden Landes-Gewerbegerichte zu diesem Zeitpunkte den Anforderungen des § 13 Abs. 1 und 2 genügen, d. h. die Beisitzer mußten zur Hälfte aus den Arbeitgebern, zur Hälfte aus den Arbeitern mittels unmittelbarer und geheimer Wahl der Arbeitgeber, bzw. Arbeitnehmer entnommen werden. Ein Antrag, auch § 12 Abs. 1 unter die zu berücksichtigenden Bestimmungen aufzunehmen, wurde abgelehnt (StenBer. S. 650); der Vorsitzende kann daher, wie dies bis zum 1. April 1892 bei den rheinischen Königlichen Gewerbegerichten der Fall war, Arbeitgeber sein. Für die bestehenden Gerichte bleibt lediglich die Landesgesetzgebung maßgebend.

Die Vorschrift des § 31 (Ausschluß der Rechtsanwälte usw.) findet auf das Verfahren aller bestehenden Landes-Gewerbegerichte ohne weiteres Anwendung.

Von den Vorschriften des § 85 abgesehen bleibt die Regelung der Zuständigkeit, des Verfahrens und der Zusammensetzung der Landes-Gewerbegerichte lediglich der Landesgesetzgebung vorbehalten; diese kann z. B. die Berufung allgemein ausschließen, wie dieses z. B. in Lübeck geschehen ist.

Vgl. Preußisches Gesetz, betr. die Königlichen Gewerbegerichte in der Rheinprovinz, vom 11. Juli 1891 (GS. S. 311), welches am 1. April 1892 in Kraft getreten ist und im wesentlichen die Vorschriften des

Reichsgesetzes für anwendbar erklärt, s. die Übersicht von Wolff im GG. VI Sp. 294ff.

2. Abs. 2. Den nach Abs. 1 zugelassenen Landes-Gewerbegerichten bleibt also — entgegen der Vorlage (§ 72 Abs. 2), den Beschlüssen der Kommission (Ber. S. 38) und des Reichstages in zweiter Lesung (StenBer. S. 525, 526) — die landesgesetzlich geregelte Zuständigkeit in vollem Umfange, so daß sie innerhalb ihrer örtlichen und sachlichen Zuständigkeit die Errichtung eines neuen Gewerbegerichts ausschließen (Wilhelmi u. Bewer S. 439, GG. VII Nr. 3 Sp. 91).

3. Die auf Grund des § 85 fortbestehenden Gewerbegerichte sind nach § 53a Abs. 2 Satz 2 KVG. zur Entscheidung von Streitigkeiten zwischen dem Arbeitgeber und den von ihm beschäftigten Personen über die Berechnung und Anrechnung der Krankenkassenbeiträge und des Eintrittsgeldes zuständig.

4. „Ein besonderer Vorbehalt in bezug auf die Zuständigkeit der auf Grund des § 14 Nr. 3 des Gerichtsverfassungsgesetzes in einzelnen Bundesstaaten bestehenden Gemeindegerichte ist nicht erforderlich. Auch ohne einen solchen Vorbehalt versteht es sich, daß die Gemeindegerichte, soweit ihre Zuständigkeit nach den Vorschriften der Landesgesetze reicht, auch in Gewerbestreitsachen an Stelle der ordentlichen Gerichte zur Entscheidung berufen sind. Hieraus ergibt sich, daß, wo ein zuständiges Gewerbegericht nicht vorhanden ist, die Beteiligten gegebenenfalls die Wahl haben werden, die Entscheidung des Gemeindevorstehers nach Maßgabe der §§ 64 (jetzt 76) ff. oder diejenige des Gemeindegerichts nach Maßgabe der Landesgesetze anzurufen. Wird der Gemeindevorsteher angegangen, so kann der Rechtsweg gegen die Entscheidung desselben nicht etwa bei dem Gemeindegericht, sondern — wie sich aus der Bestimmung des § 65 (jetzt 77) Abs. 1 ergibt — nur bei dem ordentlichen Gerichte beschritten werden." Mot. S. 42, 43.

Derartige Gemeindegerichte bestehen zurzeit in Württemberg und Baden.

§. 86.

In dem Verhältnisse der Innungen, der Innungsschiedsgerichte und der im §. 85 bezeichneten Gewerbegerichte zu den ordentlichen Gerichten und zu den gemäß §. 1 errichteten Gewerbegerichten finden die Vorschriften des §. 28 entsprechende Anwendung.

D. h. die rechtskräftige Entscheidung, durch welche eine dieser Stellen sich für sachlich unzuständig erklärt, ist für die im Falle der Richtigkeit dieser Entscheidung zuständige andere Stelle bindend. Wilhelmi u. Bewer S. 441.

§. 87.

Streitigkeiten, welche, bevor ein für dieselben zuständiges Gewerbegericht bestand, anhängig geworden sind, werden von den bis dahin zuständig gewesenen Behörden erledigt.

„Wird ein Gewerbegericht neu errichtet, so kann es zweifelhaft sein, ob die Zuständigkeit desselben sich nicht auf die bereits vorher anhängig gewordenen Streitsachen der im § 4 bezeichneten Art erstreckt. Dies wird im § 74 (jetzt 87) verneint. Die bezeichneten Streitigkeiten sind von denjenigen Behörden, welche zur Zeit der Anhängigmachung zuständig waren, und, wie sich hieraus ergibt, in dem für diese vorgeschriebenen Verfahren zu erledigen." Mot. S. 43. Nach Art. 2 des Abänderungsgesetzes vom 30. Juni 1901 werden auch die vor dem 1. Januar 1902 bei einem Gewerbegericht anhängig gewordenen Prozesse noch nach den bisherigen Vorschriften erledigt.

§. 88.

1. Die Zentralbehörden der Bundesstaaten bestimmen, welche Verbände als weitere Kommunalverbände im Sinne dieses Gesetzes anzusehen, von welchen Organen der Gemeinden und weiteren Kommunalverbände die Statuten über Errichtung von Gewerbegerichten zu beschließen, und von welchen Staats- oder Gemeindeorganen die übrigen in diesem Gesetze den Staats- oder Gemeindebehörden sowie den Vertretungen der Gemeinden und weiteren Kommunalverbände zugewiesenen Verrichtungen wahrzunehmen sind.

2. Mit den von der höheren Verwaltungsbehörde wahrzunehmenden Geschäften können jedoch nur diejenigen höheren Verwaltungsbehörden betraut werden, welche nach Landesrecht die Aufsicht oder Oberaufsicht in Gemeindeangelegenheiten wahrzunehmen haben; auf die in Gemäßheit des §. 82 errichteten Gewerbegerichte findet diese Bestimmung keine Anwendung.

1. Zu Abs. 1. „Zentralbehörde“ oder „Landes-Zentralbehörde“ ist gleichbedeutend mit „Landesregierung“ im Gegensatz zur „Landesgesetzgebung“; eine Anordnung der zuständigen Fachministerien genügt. Wilhelmi u. Bewer S. 442.

2. Abs. 2 ist eine Konsequenz aus der Organisation der Gewerbegerichte als Gemeindeinstitute (KommBer. S. 38) und entspricht dem § 84 Abs. 1 KVG. und § 33

Abs. 1 des Ges. über die eingeschriebenen Hilfskassen vom $\frac{\text{7. April 1876}}{\text{1. Juni 1884}}$. Der Schlußsatz ergibt sich aus der abweichenden Organisation der im § 82 bezeichneten, lediglich durch einen Akt der Staatsbehörden ins Leben gerufenen Gerichte.

3. Für Preußen haben die unten S. 239 abgedruckten Erlasse der Minister für Handel und Gewerbe und des Innern v. 23. September 1890 und vom 9. Januar 1891 die bezüglichen Vorschriften gegeben.

Anhang I.

Auszug aus dem Reichsgesetz betreffend Kaufmannsgerichte

vom 6. Juli 1904 (RGBl. S. 266).

§ 9.

1. Für jedes Kaufmannsgericht sind ein Vorsitzender und mindestens ein Stellvertreter desselben sowie die erforderliche Zahl von Beisitzern zu berufen. Die Zahl der Beisitzer soll mindestens vier betragen.

2. Bei Kaufmannsgerichten, welche aus mehreren Abteilungen (Kammern) bestehen, können mehrere Vorsitzende bestellt werden.

3. Besteht am Sitze des Kaufmannsgerichts ein auf Grund des § 1 oder des § 2 des Gewerbegerichtsgesetzes errichtetes Gewerbegericht, so sind in der Regel dessen Vorsitzender und seine Stellvertreter, sofern auf sie die im § 11 Abs. 1 bezeichneten Voraussetzungen zutreffen, zugleich zum Vorsitzenden und zu stellvertretenden Vorsitzenden des Kaufmannsgerichts zu bestellen, auch gemeinsame Einrichtungen für die Gerichtsschreiberei, den Bureaudienst, die Sitzungs- und Bureauräumlichkeiten und dergleichen zu treffen.

1. Abs. 3 soll auf eine Angliederung der Kaufmannsgerichte an die Gewerbegerichte hinwirken. (Vgl. S. 35.) Aber auch da, wo gemeinsame Einrichtungen getroffen sind, bleiben das Gewerbegericht und das Kaufmannsgericht getrennte, selbständige und gleichberechtigte Gerichte.

§ 16.

Auf das Verfahren vor den Kaufmannsgerichten 1.
finden die Vorschriften der §§ 26 bis 61 des Gewerbegerichtsgesetzes mit der Maßgabe entsprechende Anwendung, daß die Berufung gegen die Urteile der Kaufmannsgerichte nur zulässig ist, wenn der Wert des Streitgegenstandes den Betrag von dreihundert Mark übersteigt.

Die Vorschrift im § 11 der Zivilprozeßordnung 2.
über die bindende Wirkung der rechtskräftigen Entscheidung, durch welche ein Gericht sich für sachlich unzuständig erklärt hat, findet auch in dem Verhältnisse der Kaufmannsgerichte und der Gewerbegerichte Anwendung.

Wird bei dem Kaufmannsgericht eine vor das 3.
Gewerbegericht gehörige Klage erhoben, so hat das Kaufmannsgericht, sofern für die Verhandlung und Entscheidung derselben ein Gewerbegericht besteht, durch Beschluß seine Unzuständigkeit auszusprechen und den Rechtsstreit an das Gewerbegericht zu verweisen. Eine Anfechtung des Beschlusses findet nicht statt; mit der Verkündung des Beschlusses gilt

der Rechtsstreit als bei dem Gewerbegericht anhängig. Die in dem Verfahren vor dem Kaufmannsgericht erwachsenen Kosten werden als Teil der bei dem Gewerbegericht erwachsenen Kosten behandelt. Diese Vorschriften finden entsprechende Anwendung, wenn bei dem Gewerbegericht eine vor das Kaufmannsgericht gehörige Klage erhoben wird.

1. Zu Abs. 2.

Vgl. § 28 GGG. insbes. Anm. 1 und 2, oben S. 114 und 115. Hat das Kaufmannsgericht sich für sachlich unzuständig erklärt und gemäß Abs. 3 des § 16 den Rechtsstreit an das Gewerbegericht verwiesen, so ist das Gewerbegericht durch diesen Beschluß verhindert, seinerseits seine Unzuständigkeit wegen Zuständigkeit des Kaufmannsgerichts anzunehmen, wohl aber hat das Gewerbegericht zu prüfen, ob nicht weder das Kaufmannsgericht noch das Gewerbegericht, sondern das ordentliche Gericht zuständig ist (vgl. Anm. 5 zu § 28 S. 116). Nimmt das Gewerbegericht die Zuständigkeit des ordentlichen Gerichts an, so hat es seine Unzuständigkeit auszusprechen und die Klage abzuweisen. Soz. Pr. XIV 604, aM. Bewer in Soz. Pr. XIII Sp. 1272. Seine örtliche Zuständigkeit hat das Gewerbegericht jedenfalls zu prüfen.

Zu Abs. 3. Das Gewerbegericht hat also, wenn es ein Kaufmannsgericht für sachlich und örtlich zuständig hält, durch Beschluß, der der Anfechtung nicht unterliegt, seine Unzuständigkeit auszusprechen und den Rechtsstreit an das Kaufmannsgericht zu verweisen. Ist jedoch nach Ansicht des Gewerbegerichts ein örtlich zuständiges Kaufmannsgericht nicht vorhanden, so kann das Gewerbegericht nur die Klage durch Urteil wegen Unzuständigkeit abweisen.

Hat das Kaufmannsgericht die Zuständigkeit des Gewerbegerichts angenommen und den Rechtsstreit an dieses verwiesen, so gilt mit der Verkündung des Beschlusses der Rechtsstreit als beim Gewerbegericht anhängig. Ist der Vorsitzende des Kaufmannsgerichts zugleich Vorsitzender des Gewerbegerichts (§ 9 KGG.), so kann er sofort den Termin ansetzen und den Parteien verkünden, ja, wenn auch der Gerichtsschreiber für beide Gerichte bestellt ist, kann, wenn die Parteien einverstanden sind, sofort gemäß § 57 vor dem Vorsitzenden allein verhandelt werden.

Anhang II.

Gebührenordnung für Zeugen und Sachverständige.

In der Fassung der Bekanntmachung des Reichskanzlers vom 20. Mai 1898.

(RGBl. 1898 S. 689.)

§ 1. In den vor die ordentlichen Gerichte gehörigen Rechtssachen, auf welche die Civilprozeßordnung, die Strafprozeßordnung oder die Konkursordnung Anwendung findet, erhalten die Zeugen und Sachverständigen Gebühren nach Maßgabe der folgenden Bestimmungen.

Der Kasse der Gemeinde bzw. des weiteren Kommunalverbandes gegenüber haben nur die geladenen Zeugen Anspruch auf Zeugengebühren. (Entsch. d. RGr. Bd. 43 S. 411.) Die von der Partei zur Stelle gebrachten müssen sich an die Partei halten. Die von der Partei etwa geleistete Entschädigung gehört in der der Gebührenordnung entsprechenden Höhe zu den Kosten, welche die unterlegene Partei nach § 91 ZPO., § 52 GGG. zu erstatten hat.

1. **§ 2.** Der Zeuge erhält eine Entschädigung für die erforderliche Zeitversäumniß im Betrage von

zehn Pfennig bis zu einer Mark auf jede angefangene Stunde.

Die Entschädigung ist unter Berücksichtigung 2. des von dem Zeugen versäumten Erwerbes zu bemessen und für jeden Tag auf nicht mehr als zehn Stunden zu gewähren.

Personen, welche durch gemeine Handarbeit, 3. Handwerksarbeit oder geringeren Gewerbebetrieb ihren Unterhalt suchen, oder sich in gleichen Verhältnissen mit solchen Personen befinden, erhalten die nach dem geringsten Satze zu bemessende Entschädigung auch dann, wenn die Versäumniß eines Erwerbes nicht stattgefunden hat.

Nach § 616 BGB. wird der zur Dienstleistung Verpflichtete des Anspruchs auf die Vergütung nicht dadurch verlustig, daß er für eine verhältnismäßig nicht erhebliche Zeit durch einen in seiner Person liegenden Grund ohne sein Verschulden an der Dienstleistung verhindert wird.

Nimmt man an, daß danach der als Zeuge geladene Arbeiter Anspruch auf Fortzahlung des Lohnes gegen den Arbeitgeber hat, so würde er eine Entschädigung an die Kasse der Gemeinde bzw. des weiteren Kommunalverbandes nur nach Abs. 3 des § 2 beanspruchen können. (Wilhelmi u. Bewer S. 356, v. Schulz S. 270, GG. VIII Sp. 8.) § 616 erhält jedoch nicht zwingendes Recht und wird vielfach durch Vereinbarung ausgeschlossen. Deshalb hatte der Justizminister bereits durch Erlaß vom 29. März 1900 (Soz. Pr. XI 468) angeordnet, daß, soweit dieses notorisch, die Entschädigung für Erwerbsversäumnis ohne weiteres anzuweisen sei. Nunmehr bestimmt der MinErl. vom 28. Juni 1903 (abgedruckt unten S. 260), daß dem Dienstverpflichteten in jedem Fall die Entschädigung zu gewähren sei, weil anzunehmen sei, daß § 616 insoweit nicht Platz greift, als der Dienstverpflichtete von dem Dritten, der ihn an der Leistung der Dienste hindert, Entschädigung zu verlangen habe.“ (Vgl. GG. VIII Sp. 274, ebenso der sächsische Justizminister GG. IX Sp. 94.)

1. **§ 3.** Der Sachverständige erhält für seine Leistungen eine Vergütung nach Maßgabe der erforderlichen Zeitversäumniß im Betrage bis zu zwei Mark für jede angefangene Stunde.

2. Die Vergütung ist unter Berücksichtigung der Erwerbsverhältnisse des Sachverständigen zu bemessen und für jeden Tag auf nicht mehr als zehn Stunden zu gewähren.

3. Außerdem sind dem Sachverständigen die auf die Vorbereitung des Gutachtens verwendeten Kosten, sowie die für eine Untersuchung verbrauchten Stoffe und Werkzeuge zu vergüten.

§ 4. Bei schwierigen Untersuchungen und Sachprüfungen ist dem Sachverständigen auf Verlangen für die aufgetragene Leistung eine Vergütung nach dem üblichen Preise derselben und für die außerdem stattfindende Theilnahme an Terminen die im § 3 bestimmte Vergütung zu gewähren.

§ 5. Als versäumt gilt für den Zeugen oder Sachverständigen auch die Zeit, während welcher er seine gewöhnliche Beschäftigung nicht wieder aufnehmen kann.

§ 6. Mußte der Zeuge oder Sachverständige außerhalb seines Aufenthaltsortes einen Weg bis zur Entfernung von mehr als zwei Kilometer zurücklegen, so ist ihm außer den nach §§. 2 bis 5 zu bestimmenden Beträgen eine Entschädigung für die Reise und für den durch die Abwesenheit von dem Aufenthaltsorte verursachten Aufwand nach Maßgabe der folgenden Bestimmungen zu gewähren.

§ 7. Soweit nach den persönlichen Verhältnissen des Zeugen oder Sachverständigen oder nach äußeren Umständen die Benutzung von Transportmitteln für angemessen zu erachten ist, sind als Reiseentschädigung die nach billigem Ermessen in dem einzelnen Falle erforderlichen Kosten zu gewähren. In anderen Fällen beträgt die Reiseentschädigung für jedes angefangene Kilometer des Hinweges und des Rückweges fünf Pfennig.

§ 8. Die Entschädigung für den durch Abwesenheit von dem Aufenthaltsorte verursachten Aufwand ist nach den persönlichen Verhältnissen des Zeugen oder Sachverständigen zu bemessen, soll jedoch den Betrag von fünf Mark für jeden Tag, an welchem der Zeuge oder Sachverständige abwesend gewesen ist, und von drei Mark für jedes außerhalb genommene Nachtquartier nicht überschreiten.

§ 9. Mußte der Zeuge oder Sachverständige innerhalb seines Aufenthaltsortes einen Weg bis zu einer Entfernung von mehr als zwei Kilometer zurücklegen, so ist ihm für den ganzen zurückgelegten Weg eine Reiseentschädigung nach den Vorschriften des §. 7 zu gewähren.

§ 10. Konnte der Zeuge oder Sachverständige den erforderlichen Weg ohne Benutzung von Transportmitteln nicht zurücklegen, so sind die nach billigem Ermessen erforderlichen Kosten auch außer den in den §§. 6, 9 bestimmten Fällen zu gewähren.

§ 11. Abgaben für die erforderliche Benutzung eines Weges sind in jedem Falle zu erstatten.

§ 12. Bedarf der Zeuge wegen jugendlichen Alters oder wegen Gebrechen eines Begleiters, so sind die bestimmten Entschädigungen für Beide zu gewähren.

1. **§ 13.** Soweit für gewisse Arten von Sachverständigen besondere Taxvorschriften bestehen, welche an dem Orte des Gerichts, vor welches die Ladung erfolgt, und an dem Aufenthaltsorte des Sachverständigen gelten, kommen lediglich diese Vorschriften in Anwendung. Gelten solche Taxvorschriften nur an einem dieser Orte, oder gelten an demselben

verschiedene Taxvorschriften, so kann der Sachverständige die Anwendung der ihm günstigeren Bestimmungen verlangen.

Dolmetscher erhalten Entschädigung als Sachverständige nach den Vorschriften dieses Gesetzes, sofern nicht ihre Leistungen zu den Pflichten eines von ihnen versehenen Amtes gehören. 2.

§ 14. Oeffentliche Beamte erhalten Tagegelder und Erstattung von Reisekosten nach Maßgabe der für Dienstreisen geltenden Vorschriften, falls sie zugezogen werden: 1.

1. als Zeugen über Umstände, von denen sie in Ausübung ihres Amtes Kenntniß erhalten haben;
2. als Sachverständige, wenn sie aus Veranlassung ihres Amtes zugezogen werden und die Ausübung der Wissenschaft, der Kunst oder des Gewerbes, deren Kenntniß Voraussetzung der Begutachtung ist, zu den Pflichten des von ihnen versehenen Amtes gehört.

Werden nach den Vorschriften dieses Paragraphen Tagegelder und Reisekosten gewährt, so findet eine weitere Vergütung an den Zeugen oder Sachverständigen nicht statt. 2.

Die vorstehenden Bestimmungen finden auf Personen des Soldatenstandes entsprechende Anwendung. 3.

§ 15. Ist ein Sachverständiger für die Erstattung von Gutachten im allgemeinen beeidigt, so können die Gebühren für die bei bestimmten Gerichten vorkommenden Geschäfte durch Uebereinkommen bestimmt werden.

§ 16. Die Gebühren der Zeugen und Sachverständigen werden nur auf Verlangen derselben gewährt. Der Anspruch erlischt, wenn das Verlangen binnen drei Monaten nach Beendigung der Zuziehung oder Abgabe des Gutachtens bei dem zuständigen Gerichte nicht angebracht wird.

1. **§ 17.** Die einem Zeugen oder Sachverständigen zu gewährenden Beträge werden durch das Gericht oder den Richter, vor welchem die Verhandlung stattfindet, festgesetzt.

2. Sofern die Beträge aus der Staatskasse gezahlt und dieser nicht erstattet sind, kann die Festsetzung von dem Gericht oder dem Richter, durch welche sie erfolgt ist, sowie von dem Gerichte der höheren Instanz von Amtswegen berichtigt werden.

3. Gegen die Festsetzung findet Beschwerde nach Maßgabe des §. 567 Abs. 2 und der §§. 568 bis 575 der Civilprozeßordnung sowie des §. 4 Abs. 3 des Gerichtskostengesetzes, in Strafsachen nach Maßgabe der §§. 346 bis 352 der Strafprozeßordnung statt.

Anhang III.

Preußische Ministerial-Erlasse zum Gewerbegerichtsgesetz.

1. Bekanntmachung der Minister des Innern und für Handel und Gewerbe vom 23. September 1890 und vom 9. Januar 1891, betreffend die Ausführung des Gewerbegerichtsgesetzes.

a) Bekanntmachung vom 23. September 1890.

Zur Ausführung des Gesetzes, betreffend die Gewerbegerichte, vom 29. Juli 1890 (RGBl. S. 141) wird auf Grund des §. 88[1]) desselben bestimmt:

I. Unter der Bezeichnung „weiterer Kommunalverband" sind die Provinzial-Verbände und auch die kommunalständischen Verbände der Regierungsbezirke Cassel und Wiesbaden, sowie die Kreisverbände, in den Hohenzollernschen Landen der Landeskommunalverband und die Oberamtsbezirksverbände zu verstehen.

II. Die Beschlußfassung über die Statuten der zu errichtenden Gewerbegerichte steht zu:

a) in den Stadtgemeinden:
dem Gemeindevorstande und der Stadtverordneten-

---

[1]) Die Paragraph-Ziffern des Erlasses sind durch die entsprechenden des neuen Textes ersetzt.

versammlung (Bürgerschaftskollegium u. s. w.) gemeinsam,

b) in den Landgemeinden:
der Gemeindeversammlung bezw. den die Befugnisse einer solchen wahrnehmenden anderen Gemeindevertretungskörpern,

c) in den Kreisen:
dem Kreistage,

d) in den Oberamtsbezirken:
der Amtsversammlung,

e) in den Provinzen:
dem Provinziallandtage,

f) in den kommunalständischen Verbänden der Regierungsbezirke Cassel und Wiesbaden und in dem Hohenzollernschen Landeskommunalverbande:
dem Kommunallandtage.

III. Unter der Bezeichnung „höhere Verwaltungsbehörde" sind zu verstehen:

a) die Bezirksausschüsse in Bezug auf die Genehmigung der Ortsstatuten von Gemeinden (§. 1 Abs. 2 und 3), die Entscheidung über Beschwerden gegen die Rechtsgiltigkeit der Wahlen zu Gewerbegerichten, welche von einer oder mehreren Gemeinden oder einem Kreis- bezw. Oberamtsbezirksverbande errichtet sind (§. 17 Abs. 1), und die Enthebung von Mitgliedern solcher Gewerbegerichte (§. 21 Abs. 1);

b) die Provinzialräthe in Bezug auf die Entscheidung über Beschwerden gegen die Rechtsgiltigkeit von Wahlen zu Gewerbegerichten (§. 17 Abs. 1), und die Enthebung von Mitgliedern derselben (§. 21 Abs. 1) — sofern die in Frage kommenden Gewerbegerichte von einem Provinzialverbande oder von den kommunalständischen Verbänden der Regierungsbezirke Cassel und Wiesbaden errichtet sind —;

c) die Regierungs-Präsidenten in Bezug auf die Bestätigung der Wahl des Vorsitzenden und deren

Stellvertreter (§. 17 Abs. 2), die Anordnung zur Vornahme von Wahlen nach Maßgabe des §. 18 Abs. a, die Ernennung von Mitgliedern der Gewerbegerichte im Falle des §. 18 Abs. b, die Zuständigkeit zu dem Antrage auf Erhebung der Klage auf Amtsentsetzung von Mitgliedern der Gewerbegerichte (§. 21 Abs. 3), die Bestellung desjenigen Beamten, welcher den Vorsitzenden und dessen Stellvertreter vor ihrem Amtsantritte eidlich zu verpflichten hat (§. 22) — sofern die in Betracht kommenden Gewerbegerichte von Gemeinden oder Kreis- bezw. Oberamtsbezirksverbänden errichtet sind —, und endlich die Ertheilung der Genehmigung zur Uebertragung der dem Gemeindevorsteher nach §§. 76 bis 78 obliegenden Geschäfte auf einen Stellvertreter;

d) die Ober-Präsidenten in Bezug auf die Bestätigung der Wahl des Vorsitzenden und dessen Stellvertreter (§. 17 Abs. 2), die Anordnung zur Vornahme der Wahlen nach Maßgabe des §. 18 Abs. a, die Ernennung der Mitglieder von Gewerbegerichten im Falle des §. 18 Abs. b, die Zuständigkeit zu dem Antrage auf Erhebung der Klage auf Amtsentsetzung von Mitgliedern der Gewerbegerichte (§. 21 Abs. 3), die Bestellung desjenigen Beamten, welcher den Vorsitzenden und dessen Stellvertreter vor ihrem Amtsantritte eidlich zu verpflichten hat (§. 22) — sofern die in Frage kommenden Gewerbegerichte von einem Provinzialverbande oder von einem der Kommunalverbände der Regierungsbezirke Cassel und Wiesbaden errichtet sind.

Für die Hohenzollernschen Lande tritt an die Stelle des Ober-Präsidenten und des Provinzialrathes der Minister des Innern.

Für den Stadtkreis Berlin werden alle durch das Gesetz der höheren Verwaltungsbehörde übertragenen Befugnisse von dem Ober-Präsidenten wahrgenommen.

IV. Die Wahl der Vorsitzenden und deren Stellvertreter erfolgt

für Gewerbegerichte, welche von Kreisen bezw. Oberamtsbezirken errichtet sind, durch die Kreis- bezw. Amtsausschüsse,

für Gewerbegerichte, welche von Provinzen oder von einem der kommunalständischen Verbände der Regierungsbezirke Cassel und Wiesbaden oder dem Hohenzollernschen Landeskommunalverbande errichtet sind, durch die Provinzialausschüsse, bezw. die Landesausschüsse, falls nicht durch das Statut die Mitwirkung der Kreistage, der Amtsversammlungen, der Provinziallandtage oder in den Regierungsbezirken Cassel und Wiesbaden, sowie in den Hohenzollernschen Landen die Mitwirkung des Kommunallandtages vorgesehen ist.

b) Erlaß derselben Minister vom 9. Januar 1891
(B. 3 M. f. H., II 73 M. d. J.).

In Ergänzung der Bekanntmachung vom 23. September 1890 über die Ausführung des Gesetzes betreffend die Gewerbegerichte vom 29. Juli 1890 (RGBl. S. 141) wird auf Grund des §. 88 desselben bestimmt:

I. Unter der Bezeichnung „weiterer Kommunalverband" sind ferner zu verstehen:

1. die Bürgermeistereien in der Rheinprovinz,
2. die Aemter in der Provinz Westfalen.

II. Die Beschlußfassung über die Statuten, durch welche Gewerbegerichte für den Bezirk der Bürgermeistereien in der Rheinprovinz und der Aemter in der Provinz Westfalen errichtet werden, steht der Bürgermeisterei-Versammlung, bezw. der Amtsversammlung zu.

III. Bezüglich der für Bürgermeistereien oder Aemter errichteten Gewerbegerichte sind unter der Bezeichnung „höhere Verwaltungsbehörde" zu verstehen:

a) die Bezirksausschüsse in Bezug auf die Entscheidung über Beschwerden gegen die Rechtsgiltigkeit der Wahlen zu den Gewerbegerichten (§. 17 Abs. 1) und die Enthebung von Mitgliedern der Gewerbegerichte (§. 21 Abs. 1).

b) die Regierungs-Präsidenten in Bezug auf die Bestätigung der Wahl der Vorsitzenden und deren Stellvertreter (§. 17 Abs. 2), die Anordnung zur Vornahme der Wahlen nach Maßgabe des §. 18 Abs. a, die Ernennung von Mitgliedern der Gewerbegerichte im Falle des §. 18 Abs. b, die Zuständigkeit zu dem Antrage auf Erhebung der Klage auf Amtsentsetzung von Mitgliedern der Gewerbegerichte (§. 21 Abs. 3), die Bestellung desjenigen Beamten, welcher den Vorsitzenden und dessen Stellvertreter vor ihrem Amtsantritt eidlich zu verpflichten hat (§. 22).

IV. Die Wahl der Vorsitzenden und deren Stellvertreter erfolgt

für Gewerbegerichte, welche von Bürgermeistereien errichtet werden, durch die Bürgermeisterei-Versammlung,

für Gewerbegerichte, welche von Aemtern errichtet werden, von der Amtsversammlung.

---

2. Bekanntmachung der Minister für Handel und Gewerbe und des Innern vom 17. Februar 1891 betreffend die Vereidigung der Mitglieder und Gerichtsschreiber der Gewerbegerichte.

Siehe S. 99 und S. 104.

---

3. Erlaß der Minister des Innern und für Handel und Gewerbe vom 1. August 1891, betreffend das Siegel der Gewerbegerichte.

Auf den gefälligen Bericht vom 8. v. Mts. bestimmen wir, daß das Siegel der auf Grund des Reichsgesetzes vom 29. Juli 1890 errichteten Gewerbegerichte den Preußischen Adler und als Umschrift den Namen des betreffenden Gewerbegerichts enthalten soll.

Euer Hochwohlgeboren ersuchen wir ergebenst, das hiernach Erforderliche gefälligst zu veranlassen.

(An den Königlichen Regierungspräsidenten zu Lüneburg, und abschriftlich an die übrigen Regierungspräsidenten.)

---

4. Erlaß des Ministers für Handel und Gewerbe an die Regierungspräsidenten vom 15. August 1892, betreffend Benachrichtigung der Justizbehörden von der Errichtung von Gewerbegerichten.

Da nach § 5 des Reichsgesetzes, betreffend die Gewerbegerichte, vom 29. Juli 1890 (Reichs-Gesetzblatt Seite 141) die Zuständigkeit der ordentlichen Gerichte durch die Zuständigkeit eines Gewerbegerichts ausgeschlossen wird und demnach Klagen, für welche die Zuständigkeit eines Gewerbegerichts begründet ist, wegen sächlicher Unzuständigkeit von den ordentlichen Gerichten zurückgewiesen werden müssen, so ist es erforderlich, daß letztere von der auf Grund des gedachten Gesetzes erfolgten Bildung eines Gewerbegerichts innerhalb ihres Gerichtsbezirks Kenntnis erhalten.

Euer . . . . . . ersuche ich daher ergebenst, in jedem einzelnen Falle von der Errichtung der in den §§ 1, 79, 80, 81 a. a. O. bezeichneten Gewerbegerichte in Ihrem Verwaltungsbezirke, soweit sie bereits erfolgt ist oder in Zukunft erfolgen wird, dem betreffenden Oberlandesgerichtspräsidenten unter Angabe der sachlichen und örtlichen Zuständigkeit Mitteilung zu machen. Bezüglich der auf Grund des § 77 errichteten Gewerbegerichte werden die Königlichen Ober-Bergämter die entsprechenden Anzeigen machen.

---

5. Erlaß des Justizministers und des Ministers für Handel und Gewerbe vom 31. Oktober 1892, betreffend die Rechtsprechung der Gewerbegerichte „im Namen des Königs".

Der Auffassung des mir, dem Minister für Handel und Gewerbe, erstatteten gefälligen Berichtes vom 29. Februar d. Js. (A. IIIb 1036), nach der die auf Grund des Reichsgesetzes vom 29. Juli 1890 errichteten Gewerbegerichte „im Namen des Königs" Recht zu sprechen haben, treten wir ergebenst bei, da die Ausübung der Gerichtshoheit ein von ihr untrennbares Attribut der Staatsgewalt ist und demnach alle Organe, welche mit der Wahrnehmung der aus der Gerichtshoheit fließenden Befugnisse betraut werden, diese kraft eines ihnen delegierten staatlichen Hoheitsrechtes ausüben.

Dagegen müssen die Bedenken, welche gegen die Bezeichnung der Gewerbegerichte als „Königlicher" Gewerbegerichte geltend gemacht worden sind, mit Rücksicht darauf aufrecht erhalten bleiben, daß diese Gerichte durch Beschlüsse der Kommunalverbände errichtet, von diesen unterhalten und mit Vorsitzenden versehen werden und dadurch in eine so enge Verbindung mit diesen Verbänden gebracht sind, daß es unzulässig erscheint, sie durch jene Bezeichnung äußerlich als rein staatliche Einrichtungen hinzustellen.

An den Königlichen Regierungspräsidenten zu Arnsberg, und abschriftlich an die übrigen Regierungspräsidenten.

---

6. Erlaß des Ministers für Handel und Gewerbe an die Regierungspräsidenten vom 1. Juli 1896, betreffend Stempelfreiheit der Schiedssprüche der Gewerbegerichte.

Es ist in Frage gekommen, ob die von den Gewerbegerichten als Einigungsämtern gemäß § 67 (jetzt 71) des Gesetzes, betreffend die Gewerbegerichte, vom 29. Juli 1890 (RGBl. S. 141) abgegebenen Schiedssprüche der Stempelabgabe der Tarifstelle 57 des Stempelsteuergesetzes vom 31. Juli 1895 (GS. S. 413) unterliegen.

Diese Frage ist, wie auch der Herr Finanzminister anerkannt hat, zu verneinen, weil diese „Schiedssprüche", obwohl ihnen im Gesetze die allgemeine Bezeichnung als „Schiedsspruch" beigelegt ist, nicht dazu bestimmt sind, einen Rechtsstreit unter den Parteien nach Art der Schiedssprüche auf Grund der Zivilprozeßordnung mit der Wirkung eines gerichtlichen Urteils zu erledigen, daher auch keinen zur Zwangsvollstreckung geeigneten Titel gewähren, sondern nur eine Grundlage für die Regelung der Verhältnisse zwischen Arbeitnehmer und Arbeitgeber bilden sollen.

Die Ausfertigungen dieser Schiedssprüche unterliegen auch nicht dem Ausfertigungsstempel der Tarifstelle 10, weil nach § 57 (jetzt 58) des Gewerbegerichtsgesetzes in

Verbindung mit § 2 des Gerichtskostengesetzes in dem Streitverfahren vor den Gewerbegerichten die Erhebung von Stempelgebühren für die im Verfahren errichteten Urkunden ausgeschlossen ist und es als der Absicht des Gesetzes entsprechend angesehen werden muß, daß für das Einigungsverfahren der gleiche Grundsatz Platz greift.

Die erwähnten Schiedssprüche bleiben hiernach, wovon der Herr Finanzminister die Behörden der indirekten Steuerverwaltung verständigt hat, von jeder Stempelabgabe befreit.

---

7. Erlaß der Minister des Innern und für Handel und Gewerbe an die Regierungspräsidenten vom 14. Februar 1898, betreffend die Vollstreckung der von den Gewerbegerichten als Ordnungsstrafen festgesetzten Haftstrafen.[1]

Nach § 36 Abs. 3 (jetzt 38) und § 24 (jetzt 26) des Reichsgesetzes, betreffend die Gewerbegerichte vom 29. Juli 1890 und nach § 1 des Gesetzes, betreffend die Königlichen Gewerbegerichte in der Rheinprovinz vom 11. Juli 1891, kommen die auf Grund des vorbezeichneten Gesetzes errichteten kommunalen Gewerbegerichte und die genannten Königlichen Gewerbegerichte in die Lage, Haftstrafen gemäß §§ 178, 179, 182 des Gerichtsverfassungsgesetzes und §§ 345, 355 Abs. 1 der Zivilprozeßordnung als Ordnungsstrafe festzusetzen. Die Vollstreckung der

---

[1]) MBl. d. inneren Verw. S. 42.

bezeichneten Strafen liegt gesetzlich unmittelbar dem Vorsitzenden des Gewerbegerichts als Vollstreckungsbehörde ob.

Zur Beseitigung von Zweifeln, die rücksichtlich der Art dieser Vollstreckungen entstanden sind, und zur Herbeiführung eines gleichmäßigen Verfahrens nehmen wir im Einvernehmen mit dem Herrn Justizminister Veranlassung, Sie auf folgendes hinzuweisen:

1. Die Haftstrafen sind möglichst in denjenigen Gefängnissen zu vollstrecken, die zur Aufnahme der Polizeigefangenen aus dem örtlichen Zuständigkeitsbereiche des Gewerbegerichts, das die Strafe festgesetzt hat, dienen. Hierzu wird im einzelnen bemerkt:

a) Soweit die kommunalen Gewerbegerichte für Orte — Städte, Stadtkreise, einzelne Landgemeinden — errichtet sind, in denen die Verpflichtung zu Tragung der Polizeikosten und demzufolge zur Beschaffung, Unterhaltung und Verwaltung von Polizeigefängnissen den Gemeinden obliegt, ergibt sich die vorbezeichnete Art der Vollstreckung als die zu wählende daraus, daß die gedachten Polizeigefängnisse nach den geltenden Vorschriften zur Vollstreckung der durch polizeiliche Strafverfügungen festgesetzten Haftstrafen bestimmt sind, also zur Vollstreckung von Haftstrafen geeignet sein müssen, die bezeichneten Gemeinden mithin die tatsächliche und rechtliche Möglichkeit haben, die von ihren Gewerbegerichten festgesetzten Haftstrafen dort vollziehen zu lassen.

b) In Orten mit Königlicher Polizeiverwaltung und in solchen Orten der Rheinprovinz, die nach den bestehenden Einrichtungen keine eigenen Polizeigefängnisse haben, sind die bezeichneten Haftstrafen in den zur Aufnahme der Polizeigefangenen dienenden Königlichen Gefängnissen zu vollstrecken.

c) Für die Fälle, in denen die kommunalen Gewerbegerichte für mehrere einzelne Gemeinden gemeinschaftlich oder für einen weiteren Kommunalverband — Landkreis, rheinische Bürgermeisterei usw. — errichtet sind oder in denen diese Voraussetzungen in Verbindung miteinander oder mit denjenigen bei a und b gleichzeitig zutreffen, wollen Sie den an dem Gewerbegericht beteiligten Gemeinden empfehlen, sich untereinander oder mit dem weiteren Kommunalverbande dahin zu verständigen, daß dem betreffenden Gewerbegerichte zum Zwecke der Vollstreckung der von ihm festgesetzten Haftstrafen die zur Aufnahme der Polizeigefangenen seines örtlichen Zuständigkeitsbereiches dienenden Gefängnisse zur Verfügung gestellt werden.

Kommen derartige Vereinbarungen zustande, so wollen Sie den Staatsanwaltschaften und den Amtsgerichten, deren Amtsbezirke den örtlichen Zuständigkeitsbereich des betreffenden Gewerbegerichts berühren, davon in jedem einzelnen Falle Mitteilung machen.

2. Insoweit hiernach die Vollstreckung der Haftstrafen in einem der bezeichneten Gefängnisse stattfinden kann, tritt der Fall der Rechtshilfe mangels eines Bedürfnisses zu ihrer Inanspruchnahme nicht ein; die Vollstreckung ist alsdann von dem Vorsitzenden des Gewerbegerichtes ohne Vermittelung der Staatsanwaltschaft durch die betreffende Polizeibehörde herbeizuführen.

Die Vorschrift des § 164 des Gerichtsverfassungsgesetzes greift daher erst Platz, wenn die gedachte Voraussetzung nicht gegeben ist, das Gewerbegericht auch sonst keine eigenen Hafträume besitzt.

3. Die Benutzung der zur Aufnahme der Polizeigefangenen dienenden Königlichen Gefängnisse, zu den unter Ziffer 1b, c bezeichneten Zwecken wird von mir, dem Minister des Innern, genehmigt. Soweit die Vollstreckung auf Ersuchen des Vorsitzenden eines kommunalen Gewerbegerichtes erfolgt, sind die baren Auslagen zu

erstatten. Die Haftkosten werden hierbei nach den festgesetzten Pauschalsätzen bestimmt.

Die allgemeine Verfügung des Justizministers vom 18. Januar 1898 (Justiz-Min.-Bl. S. 25) ist mit Ziffer 1 und 2 des vorstehenden Erlasses gleichlautend.

---

8. Drei Erlasse der Minister für Handel und Gewerbe und des Innern an die Regierungspräsidenten, betreffend die Dienstaufsicht über die Geschäftsführung der Gewerbegerichte.[1])

a) Erlaß vom 18. August 1898.[2])

Da es neuerdings wiederholt zweifelhaft geworden ist, von welcher behördlichen Stelle die dienstliche Aufsicht über die Geschäftsführung der Gewerbegerichte wahrzunehmen ist, empfiehlt es sich, derartigen Zweifeln von vornherein dadurch zu begegnen, daß diese Frage durch eine ausdrückliche Bestimmung der Statuten klargestellt wird. Sie wollen daher in geeignet erscheinender Weise dafür Sorge tragen, daß in die Orts-(Kreis-)Statuten, durch die Gewerbegerichte für Gemeinden oder weitere Kommunalverbände errichtet sind oder errichtet werden, in ähnlicher Weise, wie dies bei den Statuten der Orts- usw. Krankenkassen geschehen ist, am Schlusse als besonderer Paragraph etwa folgende Bestimmung aufgenommen wird.

---

[1]) Vgl. hierzu S. 98 und S. 283.
[2]) MBl. d. inneren Verw. S. 188.

„Die dienstliche Aufsicht über die Geschäftsführung des Gewerbegerichtes nimmt gemäß $\frac{\text{§§ 7 und 24 des}}{\text{§ . . . der Kreis-}}$ $\frac{\text{Zuständigkeitsgesetzes}}{\text{ordnung}}$ der Regierungspräsident wahr."

b) Erlaß vom 30. Mai 1899.[1])

Auf Bericht vom 20. März d. J. — I 7 J.-Nr. 581 —.

Die gesetzlichen Bestimmungen über die Aufsicht in Gemeinde-Angelegenheiten sind an sich und soweit besondere Bestimmungen nicht entgegenstehen auch für die Dienstaufsicht über die Geschäftsführung der Gewerbegerichte maßgebend, da letztere, wie sich schon aus der Entstehungsgeschichte des Reichsgesetzes vom 29. Juli 1890 ergibt, im allgemeinen als Glieder des Gemeindeorganismus erscheinen. Demzufolge ist bei Gewerbegerichten, die nur für den Umfang von Landgemeinden, Ämter der Provinz Westfalen und Bürgermeistereien der Rheinprovinz errichtet sind, gemäß § 24 des Zuständigkeitsgesetzes in erster Instanz der Landrat als Vorsitzender des Kreisausschusses, der Regierungspräsident in höherer und letzter Instanz als zur Dienstaufsicht berufen anzusehen.

c) Erlaß vom 11. März 1901.[2])

Nachdem die Dienstaufsicht über die Geschäftsführung der Gewerbegerichte in den Erlassen vom 18. August 1898 $\left(\frac{\text{B. 7095 M. f. H.}}{\text{II. 12923 M. d. J.}}\right)$ und 30. Mai 1899,

[1]) MBl. der inneren Verw. 1900 S. 93.

[2]) HMBl. S. 20.

$\left(\frac{\text{B. 2938 M. f. H.}}{\text{II. 6336 M. d. J.}}\right)$ geregelt worden ist, bestimmen wir, daß die mit dieser Aufsicht betrauten Verwaltungsbehörden von Ausstellungen gegen die Geschäftsführung derjenigen beamteten Gewerbegerichtsmitglieder, die ihnen im Hauptamte nicht unterstellt sind, der vorgesetzten Dienstbehörde des Hauptamtes Kenntnis zu geben haben, soweit die Ausstellungen für die Handhabung der allgemeinen Disziplin von Interesse sind und daß sie dieser Behörde insbesondere von allen solchen Verfehlungen, die einen Antrag auf Erhebung der Klage gemäß § 19 Absatz 2 des Reichsgesetzes vom 29. Juli 1890 (RGBl. S. 141) rechtfertigen, vor Stellung dieses Antrags Mitteilung zu machen haben behufs Entschließung darüber, ob etwa ein disziplinarisches Einschreiten hinsichtlich des Hauptamtes geboten erscheint.

Wir machen hierbei zugleich darauf aufmerksam, daß den Aufsichtsbehörden als solchen gegenüber den Mitgliedern der Gewerbegerichte Disziplinarbefugnisse nicht zustehen. Die Disziplinarverhältnisse der Mitglieder der Gewerbegerichte haben in den §§ 19ff. a. a. O. ihre besondere gesetzliche Regelung erfahren.

---

9. Erlaß des Ministers für Handel und Gewerbe vom 10. August 1901, betreffend Rechtshilfeersuchen der Gewerbegerichte an Behörden im Auslande.[1])

Das dortige Gewerbegericht hatte mit Schreiben vom 12. März d. Js. das anliegende Ersuchungsschreiben dem

---

[1]) HMBl. S. 194.

Herrn Minister der auswärtigen Angelegenheiten zur Weitergabe an das zuständige französische Gericht übersandt. Nach den gleichfalls angeschlossenen, von der französischen Regierung mitgeteilten Schriftstücken ist die als Zeugin zu vernehmende Helene M. in Paris nicht zu ermitteln gewesen.

Indem ich Sie ersuche, dem Gewerbegericht bei Aushändigung der Schriftstücke hiervon Mitteilung zu machen, ordne ich zugleich an, daß in künftigen Fällen die Bestimmung in Nr. 20 Abs. 2 der allgemeinen Verfügung des Herrn Justizministers vom 20. Mai 1887 über die im Auslande zu erledigenden Ersuchungsschreiben der Justizbehörden (JMBl. S. 139),[1]) wonach solche Ersuchen nur in eiligen Fällen dem Herrn Minister der auswärtigen Angelegenheiten unmittelbar einzureichen sind, auch von den Gewerbegerichten beachtet wird. In allen anderen Fällen haben — wie die Justizbehörden die Vermittelung des Herrn Justizministers — so die Gewerbegerichte meine Vermittelung in Anspruch zu nehmen.

Soweit es sich — wie im vorliegenden Falle — bei den Ersuchen darum handelt, im Auslande lebende Reichsangehörige als Zeugen vernehmen oder ihnen Eide abnehmen zu lassen, kann, wenn die übrigen Voraussetzungen der Nr. 16 Abs. 3 der gedachten Verfügung gegeben sind, das Ersuchen um Leistung der Rechtshilfe auch gemäß § 363 der Zivilprozeßordnung an den zuständigen Kaiserlichen Konsul gerichtet werden.

---

[1]) Ersetzt durch die allgemeine Verfügung vom 29. Mai 1905 (JMBl. S. 159), insbes. § 21 Ziffer 1.

10. Erlaß des Ministers für Handel und Gewerbe, des Justizministers und des Ministers des Innern an die Regierungspräsidenten, vom 8. Januar 1902, betreffend die Aufbewahrung und Vernichtung der Akten der Gewerbegerichte.[1])

Zur Sicherung eines gleichmäßigen Verfahrens bei Aufbewahrung und Vernichtung der Akten, Register und Urkunden der Gewerbegerichte werden nachstehende Bestimmungen getroffen:

A. Prozeßakten:

1. Die geschlossenen gewerbegerichtlichen Prozeßakten sind wenigstens fünf volle Kalenderjahre, solche, in denen auf Berufung ein landgerichtliches Urteil ergangen oder ein Vergleich vor dem Landgerichte abgeschlossen ist, wenigstens zehn volle Kalenderjahre aufzubewahren. Nach Ablauf dieser Fristen können die Akten vernichtet werden, wenn zuvor alle Urteile und alle zur Zwangsvollstreckung geeigneten Titel herausgenommen sind.

Diese Urkunden sind wenigstens dreißig volle Kalenderjahre aufzubewahren. Die Fristen rechnen vom Tage der Weglegung der Akten.

2. Das Jahr, in welchem die Akten hiernach vernichtet werden können, bestimmt der Vorsitzende des Gewerbegerichts bei der Weglegung.

3. Lassen besondere Gründe die längere Aufbewahrung der hiernach vernichtungsfähigen Akten oder einzelner Teile angemessen erscheinen, so ist dies kurz zu

---

[1]) HMBl. S. 36.

vermerken. Die herauszunehmenden und weiter aufzubewahrenden Blätter sind bei Ausführung der Weglegungsverfügung auf dem Aktendeckel in augenfälliger Weise zu vermerken.

Die Aussonderung der zu vernichtenden Akten hat durch den Gerichtsschreiber in angemessenen, vom Vorsitzenden des Gewerbegerichts zu bestimmenden Zeitabschnitten zu erfolgen.

4. Sobald die Aussonderung der Akten erfolgt ist, wird durch Abdruck in den für die amtlichen Bekanntmachungen des Gewerbegerichts bestimmten Blättern eine Bekanntmachung erlassen, die eine allgemeine Bezeichnung der zu vernichtenden Akten mit Angabe des Jahres, aus dem sie stammen und die Aufforderung enthält, daß diejenigen, welche an der längeren Aufbewahrung der Akten ein Interesse haben, dasselbe innerhalb einer Frist von vier Wochen anzumelden und zu bescheinigen haben.

5. Beim Verkauf der Akten ist dem Käufer die Verpflichtung aufzuerlegen, die erstandenen Akten einstampfen oder sonst vernichten zu lassen und vorher niemandem deren Durchsicht zu gestatten. Für den Fall des Zuwiderhandelns ist eine Konventionalstrafe bis auf Höhe des doppelten Betrages der für sämtliche verkauften Akten gezahlten Summe zu verabreden. An Personen, deren Zuverlässigkeit nicht feststeht, dürfen Akten nicht verkauft werden.

Die Vernichtung der Akten ist amtlich zu überwachen. Eine darüber lautende Bescheinigung ist zu den Akten zu nehmen.

Findet die Vernichtung der Akten außerhalb des Gewerbegerichtssitzes statt, so kann die Überwachung im Interesse der Kostenersparnis auf Ersuchen durch die betreffende Ortspolizeibehörde bewirkt werden.

Wenn der durch den Verkauf zu erzielende Erlös voraussichtlich die entstehenden Kosten nicht deckt, oder wenn sich das Einstampfungsverfahren nicht als ausführbar erweist, können die zu vernichtenden Akten unter amtlicher Aufsicht verbrannt werden.

6. Der Erlös aus dem Aktenverkauf fließt in die Kasse des Gewerbegerichts. Ob und in welcher Höhe daraus den mit der Aussonderung und dem Verkauf der Akten betraut gewesenen Beamten Remunerationen zu bewilligen sind, bleibt dem Ermessen des Gewerbegerichts oder den kommunalen Vertretungen überlassen.

7. Bei Gewerbegerichten mit Kammerbildung können die in den vorstehenden Bestimmungen dem Vorsitzenden des Gewerbegerichts übertragenen Obliegenheiten von dem Kammervorsitzenden wahrgenommen werden. Indessen wird die Bekanntmachung über den Verkauf der Akten usw. zweckmäßig von einer Stelle bewirkt werden.

B. Sonstige Akten, Register und Urkunden.

Die Bestimmung über die Aussonderung, den Verkauf und die Vernichtung anderer Akten als der **Prozeß**akten sowie der Register bei den Gewerbegerichten überlassen wir den kommunalen Vertretungen, welche die Gewerbegerichte errichtet haben. Als Richtschnur werden die entsprechenden Bestimmungen in den für die Justizbehörden erlassenen allgemeinen Verfügungen vom 6. September 1900 (JMBl. 569, 575 und 577) dienen können. Insbesondere empfiehlt es sich, solche Akten und Urkunden, die ein hervorragenderes wirtschaftsgeschichtliches Interesse bieten, an die städtischen oder staatlichen Archive abzugeben, wo ihre wissenschaftliche Verwertung in höherem Grade gesichert erscheint.

11. Erlaß der Minister für Handel und Gewerbe und des Innern vom 9. November 1904, betreffend Einziehung der Gewerbegerichtskosten.

Auf Grund der Bestimmung des § 59 Abs. 2 des Gewerbegerichtsgesetzes vom $\frac{\text{29. Juli 1890}}{\text{30. Juni 1901}}$ in der Fassung der Bekanntmachung vom 29. September 1901, wonach die Einziehung der Gewerbegerichtskosten nach den für die Einziehung der Gemeindeabgaben geltenden Vorschriften erfolgt, findet in Preußen bei der Einziehung der Gewerbegerichtskosten die Vorschrift des § 90 Abs. 1 des Kommunalabgabengesetzes vom 14. Juli 1893 Anwendung. Die Gewerbegerichtskosten unterliegen also wie die unter den Begriff „Gemeindeabgaben" fallenden, in § 90 des Kommunalabgabengesetzes bezeichneten Gebühren, Beiträge, Steuern und Kosten der Beitreibung im Verwaltungsverfahren nach Maßgabe der Verordnung vom 15. November 1899, und zwar mit allen denjenigen Wirkungen, welche sich, — insbesondere auch in materieller Beziehung — aus der Anwendung dieser Verordnung auf die Beitreibung der Gemeindeabgaben ergeben.

Für den Fall der Pfändung von Arbeits- und Dienstlohn folgt hieraus, daß eine solche zum Zwecke der Beitreibung der Gewerbegerichtskosten dann zweifellos unbeschränkt für zulässig erachtet werden müßte, wenn das sogenannte Beschlagnahmegesetz (Reichsgesetz vom 21. Juni 1869 BGBl. S. 242), bei dessen Bestimmungen es nach § 46 Abs. 6 der bezeichneten Verordnung verbleibt, eine Ausnahmevorschrift enthielte, durch welche für alle Gemeindeabgaben die Pfändungsbeschränkungen dieses Gesetzes ausgeschlossen würden. Eine solche Deutung kann indessen der hier in Betracht kommenden Vorschrift des § 4 Ziff. 2 des Beschlagnahmegesetzes nicht gegeben werden.

Nach der bezeichneten Bestimmung findet das Beschlagnahmegesetz keine Anwendung

„auf die Beitreibung der direkten persönlichen Staatssteuern und Kommunalabgaben (die derartigen Abgaben an Kreis-, Kirchen-, Schul- und sonstige Kommunalverbände mit eingeschlossen) u. s. w."

Wie Euere Exzellenz zutreffend ausführen, lassen weder der Wortlaut der Bestimmung noch die gesetzgeberischen Vorarbeiten (vgl. Stenographische Berichte über die Verhandlungen des Reichstags 1869 II. S. 913, 914, III. Drucksache Nr. 171 S. 581 fg. insbes. S. 588 und 590 fg.) eine andere Auslegung zu, als daß dadurch lediglich für die Beitreibung der direkten persönlichen Kommunalabgaben die Pfändungsbeschränkungen des fraglichen Gesetzes ausgeschlossen sein sollen.

Da des weiteren eine Vorschrift nicht vorhanden ist, welche die Gewerbegerichtskosten bei der Beitreibung gerade den direkten persönlichen Kommunalabgaben gleichstellte, und die endlich auch das Wesen der Gewerbegerichtskosten eine solche Gleichstellung nicht zuläßt, so bleibt nur für die von Eurer Exzellenz bereits vertretene Auffassung Raum, daß den Gewerbegerichtskosten eine Ausnahmestellung bezüglich der Pfändung von Arbeits- und Dienstlohn nicht zukommt.

Wir ersuchen Eure Exzellenz dieser Rechtsauffassung in Streitfällen Geltung zu verschaffen.

12. Erlaß des Ministers des Innern und für Handel und Gewerbe vom 25. August 1902, betreffend Kostenvorschuß im Gewerbegerichtsverfahren.

(HMBl. 1902 S. 347.)

Die Bestimmung im § 31 Absatz 6 des neuen Kreisstatuts für das Gewerbegericht N. muß beanstandet werden. Nach dieser Bestimmung kann dem Kläger vor Ladung der Gegenpartei die Leistung eines Kostenvorschusses aufgegeben werden, während in dem darauf folgenden Absatz 7 des § 31 auch die Ladung der von den Parteien vorgeschlagenen Zeugen und Sachverständigen von der Einzahlung eines Vorschusses abhängig gemacht werden kann. Das Gewerbegerichtsgesetz enthält keine ausdrücklichen Bestimmungen über die Kostenvorschußpflicht. Es ist also zu prüfen, inwieweit die in bürgerlichen Rechtsstreitigkeiten vor den ordentlichen Gerichten hinsichtlich der Kostenvorschüsse geltenden Bestimmungen auch auf das Verfahren vor den Gewerbegerichten Anwendung finden. In den §§ 81—85 des Gerichtskostengesetzes sind die allgemeinen Bestimmungen über Kostenvorschüsse enthalten, während die §§ 379 und 402 der Civilprozeßordnung noch besonders die Vorschußpflicht bei der Ladung von Zeugen und Sachverständigen regeln. Da nun nach § 26 des Gewerbegerichtsgesetzes auf das Verfahren vor den Gewerbegerichten, soweit in diesem Gesetz nicht besondere Bestimmungen getroffen sind, die für das amtsgerichtliche Verfahren geltenden Vorschriften der Civilprozeßordnung entsprechende Anwendung finden, eine ähnliche allgemeine Bestimmung hinsichtlich der Anwendbarkeit des Gerichtskostengesetzes aber im Gewerbegerichtsgesetze nicht enthalten ist, so ist es zwar zulässig, im Verfahren vor den Gewerbegerichten die §§ 347 und 402 der Civilprozeßordnung sinngemäß anzuwenden, also Vernehmungen von Zeugen und Sachverständigen von der Leistung eines Kostenvorschusses abhängig zu machen; dagegen kann dem Kläger die Leistung eines Vorschusses zur Deckung der Prozeßgebühren, wie sie im Gerichtskostengesetz vorgesehen ist, nicht auferlegt werden. Somit erscheint die Bestimmung im Absatz 7 des § 31 des Statuts zulässig, während die Bestimmung im Absatz 6 als gesetzwidrig gestrichen werden muß.

---

13. Allgemeine Verfügung des preußischen Justizministers vom 28. Juni 1903 über die Gewährung von Zeugengebühren an Personen, welche in einem Dienstverhältnis stehen.

(JMBl. 1903 S. 143.)

Über die in der Rundverfügung vom 29. März 1900 (I. 1709) erörterte Frage, welchen Einfluß der § 616 des Bürgerlichen Gesetzbuches auf die Gewährung von Zeugengebühren habe, hat vor kurzem ein Schriftwechsel des Justizministers mit der Ober-Rechnungskammer stattgefunden. Die Ober-Rechnungskammer hat dabei in einem Schreiben vom 27. April d. Js. (J. 1272) ihrer Auffassung dahin Ausdruck gegeben:

„§ 616 BGB. will den Ausfall, den der Verpflichtete durch den dort bezeichneten Grund erleidet, nicht ihm zur Last legen, sondern auf den Berechtigten abwälzen. Vorausgesetzt wird aber, daß der Verpflichtete überhaupt einen Ausfall erleidet. Wird die Arbeitskraft des Verpflichteten vom Staate dadurch in Anspruch genommen, daß der Verpflichtete seiner Zeugenpflicht genügen muß, so würde erst, wenn er dabei einen Ausfall durch Entziehung der Betätigung seiner Arbeitskraft erleidet, der Dienstherr der Verlustträger sein. Der Dienstherr würde aber dem Verpflichteten gegen den Anspruch aus § 616 BGB. auf Dienstlohn für die Zeit, während deren er Dienste nicht geleistet hat, weil er seiner Zeugenpflicht genügte, den Einwand entgegensetzen können, der Verpflichtete habe ja keinen Ausfall erlitten, da der Fiskus, der seine Arbeitskraft in Anspruch genommen, entschädigungspflichtig sei.

§ 616 ist mindestens in dem Sinne dispositives Recht, als es sich um die Interessen eines Dritten handelt. Keine der Parteien hat ein Interesse daran, dem Fiskus die Wohltat des § 616 BGB. zuzuwenden. In jedem Dienstvertrage würde daher von den Parteien, sobald sie nur den Punkt überhaupt in Betracht gezogen hätten, bestimmt werden, daß der Verpflichtete keinen Lohn beanspruchen könne, insoweit er durch seine Zeugenpflicht dem Dienste entzogen werde. Eine derartige Vereinbarung braucht nicht ausdrücklich getroffen zu werden, sondern kann auch stillschweigend getroffen sein. Es dürfte aber schon aus allgemeinen rechtlichen Grundsätzen zu entnehmen sein, daß die im § 616 BGB. bestimmte Verpflichtung des Dienstherrn zur Bezahlung von Diensten, die ihm nicht geleistet sind, insoweit nicht einzutreten hat, als der Dienstverpflichtete für die Dienste, die er zu leisten gehindert worden ist, von dem Dritten, durch den er an der Leistung der Dienste verhindert worden ist, Entschädigung zu verlangen hat."

Diese Rechtsanschauung der Ober-Rechnungskammer, mit deren Ergebnisse der Justizminister einverstanden ist, wird zur Kenntnis der Justizbehörden gebracht.

14. Erlaß des Ministers für Handel und Gewerbe vom 11. November 1904, betreffend Gerichtsschreiber der Gewerbegerichte.

(HMBl. 1904 S. 472.)

Auf Ihre von dem Herrn Minister des Innern an mich abgegebene Eingabe erwidere ich, daß es nach den bestehenden Gesetzesvorschriften nicht zulässig ist, die Gerichtsschreiber der auf Grund des Gewerbegerichtsgesetzes (RGBl. 1901 S. 353) errichteten Gewerbegerichte durch Anordnung der Landeszentralbehörde den Vorschriften des preußischen Gerichtes vom 3. März 1879, betreffend die Dienstverhältnisse der Gerichtsschreiber, zu unterstellen.

Das Reichsgesetz beschränkt sich — im § 25 Abs. 1 — auf die Bestimmung, daß bei jedem Gewerbegericht eine Gerichtsschreiberei eingerichtet wird, und enthält keine Vorschriften über eine besondere Vorbildung der Gerichtsschreiber. Auch fehlt es an jeder hinreichenden Grundlage für die Annahme, daß die Vorbildung der Gerichtsschreiber bei den Gewerbegerichten landesgesetzlich geordnet werden müsse, und daß in Ermangelung einer ausdrücklichen landesgesetzlichen Regelung die Vorschriften über die Vorbildung der Gerichtsschreiber der ordentlichen Gerichte Anwendung fänden. Vielmehr ist durch den § 8 des Reichsgesetzes, welcher lautet:

> „Die Grenze der Zuständigkeit, sowie die Zusammensetzung des Gerichts nach Maßgabe der Bestimmungen dieses Gesetzes ist durch das Statut zu regeln“

in Verbindung mit der obenerwähnten Vorschrift im § 25 Abs. 1 klar zum Ausdruck gebracht, daß für die Dienstverhältnisse der Gerichtsschreiber bei den Gewerbegerichten lediglich die statutarischen Bestimmungen der betreffenden Kommunalverbände maßgebend sind.

Anhang IV.

Entwurf eines Ortsstatuts.[1])

[1]) Es wird hier ein nur die notwendig zu ordnenden Punkte enthaltender Entwurf für ein Ortsstatut gegeben, das das Wahlverfahren nach den Grundsätzen der Verhältniswahl mit an die Vorschlagslisten gebundener Stimmabgabe regelt. Vgl. hierzu das Vorwort S. 5 und die Bemerkungen zu § 17 des Entwurfs, sowie „Musterstatut für die Kaufmannsgerichte, nach den Erfahrungen mit der Verhältniswahl aufgestellt und herausgegeben von dem Deutschnationalen Handlungsgehülfen-Verband, Hamburg 1906."

Ortsstatut für die Gemeinde N., betreffend das Gewerbegericht daselbst.

Auf Grund des Gewerbegerichtsgesetzes wird nach Anhörung beteiligter Arbeitgeber und Arbeiter nachstehendes Ortsstatut erlassen:

1. Abschnitt. Verfassung.

§ 1. Sitz und Bezirk. Für den Bezirk der Gemeinde N. wird ein Gewerbegericht errichtet mit dem Sitz in N.

[Das Gewerbegericht zu N. hat seinen Sitz in N.; sein Bezirk umfaßt den Gemeindebezirk N.]

§ 2. Zuständigkeit. Seiner Zuständigkeit unterliegen auch die Streitigkeiten derjenigen Hausgewerbetreibenden, welche die Rohstoffe oder Halbfabrikate selbst beschaffen.[1])

[1]) § 5 Abs. 2 GGG.

§ 3. Zusammensetzung. Das Gewerbegericht besteht aus einem Vorsitzenden, einem Stellvertreter desselben und . . . Beisitzern.[1]) Die Zahl der Stellvertreter und Beisitzer kann durch Gemeindebeschluß anderweit festgestellt werden.

[1]) mindestens 4 (§ 10).

§ 4. Wahlperiode. Die Wahl des Vorsitzenden, des Stellvertreters und der Beisitzer erfolgt auf die Dauer von 3 Jahren.[1])

[1]) Wahl des Vorsitzenden auf mindestens ein Jahr, Wahl der Beisitzer auf mindestens ein und höchstens sechs Jahre (§§ 12 und 13). Ein turnusweises Ausscheiden der Beisitzer — Wahl auf vier Jahre, nach zwei Jahren scheidet die eine Hälfte, nach vier Jahren die andere Hälfte aus — ist mit den Grundsätzen der Verhältniswahl unvereinbar (GG. XI Sp. 65).

§ 5. Verteilung der Beisitzer. Die Reihenfolge, in welcher die Beisitzer an den Sitzungen des Gewerbegerichts teilzunehmen haben, stellt der Vorsitzende fest.

Eine Änderung in der bestimmten Reihenfolge kann auf übereinstimmenden Antrag der beteiligten Beisitzer von dem Vorsitzenden bewilligt werden, sofern die in den betreffenden Sitzungen zu verhandelnden Sachen noch nicht bestimmt sind. Der Antrag und die Bewilligung sind aktenkundig zu machen.

Dem Vorsitzenden bleibt es jedoch überlassen, von der festgesetzten Reihenfolge abzuweichen, wenn er die Zuziehung besonders sachkundiger Beisitzer für erforderlich hält oder, sofern eine Vertagung erfolgt, dieselben Beisitzer zur neuen Verhandlung zugezogen werden sollen.

Diese Anordnung ist unter Angabe des Grundes aktenkundig zu machen.

§ 6. Besetzung des Gerichts in der einzelnen Sitzung. Für jede Spruchsitzung des Gewerbegerichts sind zwei [vier] Beisitzer, je ein [zwei] Arbeitgeber und ein [zwei] Arbeiter unter Hinweis auf die Folgen des Ausbleibens schriftlich einzuladen.

[Zur Beschlußfassung genügt die Anwesenheit des Vorsitzenden und zweier Beisitzer, von denen der eine Arbeitgeber, der andere Arbeiter ist.

Wenn drei Beisitzer erscheinen, wird der eine der doppelt besetzten Gattung entlassen.]

§ 7. Entschädigung der Beisitzer. Die Beisitzer erhalten für jede Sitzung, welcher sie beigewohnt haben, Vergütung etwaiger Reisekosten,[1]) sowie als Entschädigung für Zeitversäumnis

... Mark für die Sitzung, und zwar auch im Falle des § 6 Abs. 3. Dauert eine vormittags angesetzte Sitzung über vier Stunden, so wird der Betrag auf ... Mark erhöht. Die Entschädigungen werden in der Regel sofort ausgezahlt; eine Zurückweisung derselben ist nicht statthaft.

[1]) Nötigenfalls ist genauer zu bestimmen, in welchem Umfange Reisekosten erstattet werden (§ 30 Abs. 2 des Musterstatuts).

§ 8. Zustellung. Als Zustellungsbeamte werden diejenigen Gemeindebeamten verwendet, welche von dem Gemeindevorstande dem Vorsitzenden bezeichnet werden.

§ 9. Bekanntmachung. Die Bekanntmachungen des Gewerbegerichts erfolgen in den für öffentliche Bekanntmachungen des Gemeindevorstandes bestimmten Blättern.

§ 10. Jahresbericht. Der Vorsitzende des Gewerbegerichts hat alljährlich einen Bericht über die gesamte Geschäftstätigkeit des Gewerbegerichts in dem abgelaufenen Jahre an den Gemeindevorstand zu erstatten.

2. Abschnitt. Wahlverfahren.

§ 11. Die Wahl der Beisitzer erfolgt für Arbeitgeber und Arbeitnehmer gesondert nach den Grundsätzen der Verhältniswahl.

§ 12. Die der Zuständigkeit des Gewerbegerichts unterstellten Hausgewerbetreibenden sind, sofern sie selbst mindestens einen Arbeiter regelmäßig das Jahr hindurch oder zu gewissen Zeiten des Jahres beschäftigen, als Arbeitgeber, andernfalls als Arbeiter wahlberechtigt und wählbar.[1])

[1]) § 16 Abs. 2 GGG.

§ 13. Die Wahl findet unter Leitung eines Wahlausschusses statt, welcher aus dem Bürgermeister oder einem von diesem ernannten Wahlvorsteher [dem Vorsitzenden des Gewerbegerichts] [1]) als Vorsitzenden und vier von dem Vorsitzenden zu bestimmenden Beisitzern besteht, von denen die Hälfte stimmberechtigte Arbeitgeber, die Hälfte stimmberechtigte Arbeiter sein müssen. Es genügt die Anwesenheit von je einem Beisitzer jeder Gattung.

[1]) Ich halte es für zweckmäßig, das Wahlgeschäft in der Hand der Gemeindebehörde zu belassen und nicht dem Vorsitzenden des Gewerbegerichts zu übertragen, namentlich da, wo der Vorsitzende dem Gemeindevorstand (Magistrat) nicht angehört. Auch ist es erschwerend und kostspielig, die sämtlichen Beisitzer lediglich behufs Wahl der Beisitzer des Wahlausschusses zu einer Sitzung zusammenzuberufen (§ 12 des Musterstatuts).

§ 14. Ort und Zeit der Wahlen bestimmt der Vorsitzende des Wahlausschusses und macht sie mindestens zweimal bekannt; zwischen der ersten Bekanntmachung und dem Wahltage muß eine Frist von mindestens ... Wochen[1]) liegen. Die für die Wählbarkeit und Wahlberechtigung gesetzlich vorschriebenen Bedingungen sollen in einer der Bekanntmachungen auszugsweise mitgeteilt werden.

Die Wahlen der Arbeitgeber und Arbeiter können zu verschiedenen Zeiten stattfinden. Die Wahl der Arbeiterbeisitzer soll tunlichst an einem Sonntage stattfinden.

[1]) 3—6 Wochen sind erforderlich.

§ 15. In der Anzeige sind zugleich die Wahlberechtigten zur Einreichung von Wahlvorschlagslisten mit dem Hinweise aufzufordern, daß bei der Wahl nur für unveränderte Vorschlagslisten gestimmt werden darf.[1]) Der Tag, bis zu welchem die Vorschlagslisten bei dem Vorsitzenden des Wahlausschusses einzureichen sind, ist in der Anzeige anzugeben.[2])

Die Vorschlagslisten sind für Arbeitgeber und Arbeiter getrennt aufzustellen; jede Vorschlagsliste darf höchstens soviele Namen enthalten, als Beisitzer von dem betreffenden Wahlkörper zu wählen sind; sie muß von mindestens ...[3]) Wahlberechtigten des betreffenden Wahlkörpers unter Benennung eines für weitere Verhandlungen bevollmächtigten Vertreters unterzeichnet sein.[4])

Überschießende Namen werden in der Liste gestrichen. Personen, welche auf mehreren Listen vorgeschlagen sind, werden vom Vorsitzenden des Wahlausschusses schriftlich befragt, welcher Liste sie zugeteilt werden wollen. Erfolgt hierauf nicht innerhalb drei Tagen eine Erklärung, so sind sie der Liste zuzurechnen, auf der sie an oberster Stelle stehen, oder, falls sie auf sämtlichen Listen an gleicher Stelle stehen, derjenigen, welche zuerst eingereicht ist. Sind die Listen am gleichen Tage eingegangen, so entscheidet das Los. Den bevollmächtigten Vertretern wird von der Streichung sofort Mitteilung gemacht und anheimgegeben, binnen zwei Tagen Ersatzvorschläge zu machen. Ersatzvorschläge von Personen, die bereits auf einer Liste stehen, sind ungültig. Hat ein Wähler mehrere Vorschlagslisten [die nicht als verbundene Listen bezeichnet sind][5]) unterschrieben, so ist seine Unterschrift auf allen Vorschlagslisten zu streichen; den Vertretern dieser Vorschlagslisten ist, wenn nötig, die Beschaffung anderer Unterschriften an Stelle der gestrichenen binnen einer Frist von drei Tagen zur Vermeidung der Ungültigkeit der Vorschlagsliste aufzugeben. Jede Vorschlagsliste wird von dem Vorsitzenden des Wahlvorstandes mit dem Tage des Eingangs und mit einer Nummer nach der Reihenfolge des Eingangs versehen.

Die festgestellten Listen werden mit der Nummer und [den Namen von einem bis drei der ersten Unterzeichner][6]) spätestens eine Woche vor der Wahl öffentlich bekannt gegeben. Die Vorgeschlagenen sollen dabei nach Vor- und Zuname, Wohnung und Gewerbe tunlichst genau bezeichnet werden; bei Arbeitern soll der Arbeitgeber angegeben werden.

[Werden zwei oder mehr Wahlvorschläge gleichzeitig[5]) eingereicht und von den Unterzeichnern übereinstimmend als zusammengehörig bezeichnet, derart, daß die Listen den Wahlvorschlägen anderer Wählervereinigungen gegenüber als ein Wahlvorschlag angesehen werden sollen, so gelten diese Listen als verbundene Listen. Bei der Bekanntgabe der Listen ist auf die Zusammengehörigkeit aufmerksam zu machen. Auch ist die Zusammengehörigkeit der verbundenen Listen durch die Ordnungsnummern zum Ausdruck zu bringen.]

[1]) Vgl. Anm. 1 zu § 17.

[2]) 2—3 Wochen sind bis zum Wahltag erforderlich.

[3]) Bei Arbeitgebern werden 5—10, bei Arbeitern 10—20 genügen.

[4]) Es ist nicht zweckmäßig zu fordern, daß die Zustimmungserklärungen der vorgeschlagenen Personen beizufügen sind, wie § 14 der „Vorschläge" vom 12. April 1902 fordert. (GG. IX Sp. 28.)

[5]) Verbundene Listen geben die Möglichkeit, daß zwei Gruppen sich zwar miteinander bezüglich ihrer

Stärke messen, aber einer dritten Gruppe gegenüber als Einheit erscheinen.

[6]) Zweckmäßiger ist eine kurze, von den Unterzeichnern angegebene Gruppenbezeichnung, z. B. Gewerkschaftskartell, Gewerkverein, christlichsozial, Fabrikantenverein, Handwerker.

§ 16. Die Wahlhandlung ist öffentlich. Die Wähler haben sich vor dem Wahlvorstande, insoweit diesem ihre Wahlberechtigung nicht bekannt ist, auf Erfordern darüber auszuweisen. Hierzu genügt für die Arbeitgeber die Bescheinigung der Krankenkasse oder der Polizeibehörde oder der Handelskammer darüber, daß der Gewerbetreibende mindestens einen Arbeiter das Jahr hindurch oder zu gewissen Zeiten des Jahres beschäftigt,[1]) für die Arbeiter ein Zeugnis ihres Arbeitgebers oder der Polizeibehörde, durch welches bestätigt wird, daß der Arbeiter innerhalb des Gewerbegerichtsbezirks in Arbeit steht oder wohnt. Formulare zu diesen Zeugnissen werden von dem Gemeindevorstand und der Gerichtsschreiberei des Gewerbegerichts verabfolgt. Die Anerkennung anderer Ausweise bleibt dem Ermessen des Wahlvorstandes überlassen.[2])

[1]) Die im ministeriellen Muster als ausreichend bezeichnete Bescheinigung über die Anmeldung des Gewerbebetriebes bzw. Quittung über Zahlung der Gewerbesteuer beweist noch nicht die Eigenschaft als Arbeitgeber.

[2]) Sollen gemäß § 15 Abs. 2 GGG. Wählerlisten aufgestellt werden, so sind die §§ 13 und 15 des amtlichen Musterstatuts für Kaufmannsgerichte einzuschalten.

§ 17. Das Wahlrecht kann nur in Person und durch Abgabe eines Stimmzettels ausgeübt werden. Die Stimmzettel müssen aus weißem Papier hergestellt sein und dürfen keine äußeren Kennzeichen haben, auch nicht unterschrieben sein oder einen Protest oder Vorbehalt enthalten. Sie sind außerhalb des Wahllokals handschriftlich oder im Wege der Vervielfältigung herzustellen.

Es kann nur für unveränderte Vorschlagslisten gestimmt werden. Es genügt, daß der Wähler die Ordnungsnummer (§ 15 Abs. 4) der Liste angibt, für welche er sich entscheidet.[1][2]

[1] Über die Gründe, welche für das System der „gebundenen Listen" bei den einfachen Verhältnissen der Gewerbegerichtswahl sprechen, siehe GG. X Sp. 269ff., XI Sp. 66ff. In dem ministeriellen Musterstatut kommt dieses System nicht klar zum Ausdruck. Wer die gebundenen Listen nicht will, muß sich für die völlig freie Wahl entscheiden, die es ermöglicht, auch Personen, die in keiner Liste stehen, zur Wahl zu bringen. Das im ministeriellen Musterstatut für die Kaufmannsgerichte in erster Linie angegebene System, wonach die Wahl auf Personen beschränkt ist, die in irgend einer Liste stehen („die Namen können beliebigen Listen entnommen werden" § 16 Abs. 2), hat alle Nachteile der freien Wahl ohne deren Vorteile. Zur Vermeidung der bei freier Wahl eintretenden Schwierigkeiten (Köpfen der Liste, Umstoßen der Reihenfolge durch wenige Stimmen) hat das neue Statut des GG. Frankfurt (Luppe in GG. XI Sp. 277ff.) einen neuen Weg angegeben.

[2] Sofern außer der Ordnungsnummer eine Gruppenbezeichnung bekannt gemacht ist (§ 16 Anm. 5) kann hinzu-

zugefügt werden: „Zusatz der in der öffentlichen Bekanntmachung der Liste angegebenen Gruppenbezeichnung ist zulässig."

§ 18. Die zur Wahl Erschienenen sind in Listen einzutragen,[1]) von denen die eine für die Arbeitgeber, die andere für die Arbeiter bestimmt ist; sie enthalten in der ersten Spalte die fortlaufende Nummer der Erschienenen, in der zweiten ihren Namen, in der dritten ihre Berufsart und in der vierten einen Vermerk über den Ausweis. In der Liste der Arbeiter ist in einer fünften Spalte der Arbeitgeber aufzuführen, bei welchem der einzelne Wähler beschäftigt ist, und, falls die Beschäftigung außerhalb des Gewerbegerichtsbezirkes stattfindet, die Wohnung des Wählers. Wird ein zur Wahl Erschienener vom Wahlvorstande als nicht wahlberechtigt zurückgewiesen, so ist sein Name dessenungeachtet in derjenigen Liste, für welche er sich angemeldet hat, aufzuführen und der Zurückweisungsgrund dabei zu vermerken.

Zur Aufnahme der Stimmzettel ist für Arbeitgeber und Arbeiter je eine besondere Wahlurne aufzustellen, in welche die als stimmberechtigt Anerkannten ihre Stimmzettel verdeckt durch die Hand des Vorsitzenden hineinlegen.

[1]) Falls Wählerlisten vorher aufgestellt sind, ist statt dessen zu bestimmen: „In den Wählerlisten ist durch

einen Vermerk in besonderer Spalte ersichtlich zu machen, welche der darin verzeichneten Personen ihr Wahlrecht ausgeübt haben."

§ 19. Nach Ablauf der zur Vornahme der Wahl festgesetzten Zeit sind nur noch diejenigen Personen, welche bereits im Wahllokal anwesend sind, zur Wahl zuzulassen. Alsdann wird die Wahl für geschlossen erklärt und auf den Listen von den Mitgliedern des Wahlvorstandes durch Namensunterschrift bescheinigt, daß sich während der für die Ausübung der Wahl festgesetzten Zeit niemand weiter zur Ausübung des Wahlrechts gemeldet habe.

§ 20. Behufs Ermittelung des Wahlergebnisses wird zunächst die Zahl der in der Wahlurne eingelegten Stimmzettel ermittelt. Ergibt sich hierbei eine Abweichung von der in den Listen festgestellten Zahl der zur Abgabe ihrer Stimmen Zugelassenen, so ist dies nebst dem zur Aufklärung der Sachlage Dienlichen in dem Wahlprotokoll zu vermerken. Hierauf wird die Zahl der abgegebenen gültigen Stimmen und die Zahl der für jede Vorschlagsliste abgegebenen gültigen Stimmen festgestellt. Jeder gültige Stimmzettel zählt als eine Stimme.[1]) [Dabei werden für verbundene Listen zunächst die für jede der verbundenen Listen abgegebenen Stimmen zusammengezählt, als ob sie für eine Liste abgegeben wären.]

Es wird nunmehr die Zahl der von jedem der Wahlkörper zu wählenden Beisitzer auf die einzelnen Listen nach dem Verhältnis der Stimmenzahl verteilt, [wobei die verbundenen Listen zunächst als eine Liste gelten].

Als gewählt gelten auf jeder Liste so viele Personen, als nach dem Verhältnis der für die Liste abgegebenen gültigen Stimmen zur Gesamtzahl der abgegebenen gültigen Stimmen Beisitzer auf sie entfallen.

Dabei wird in folgender Weise verfahren:[2])

Die Gesamtzahl der gültigen Stimmen wird durch die um eins vermehrte Zahl der zu wählenden Beisitzer geteilt. Jede Liste erhält zunächst so viel Beisitzer zugeteilt, als die nächst höhere ganze Zahl, welche auf den so erhaltenen Quotienten folgt (Wahlzahl), in ihrer Stimmenzahl enthalten ist. Wenn durch diese Verteilung nicht so viel Beisitzer herauskommen, als zu wählen sind, so wird die Stimmenzahl jeder Liste durch die um eins vermehrte Zahl der ihr schon zugewiesenen Sitze geteilt und der erste noch zu vergebende Sitz der Liste gegeben, welche den größten Quotienten aufweist. Das gleiche Verfahren wird wiederholt, so lange noch weitere freigebliebene Sitze zu vergeben sind.

Haben zwei oder mehrere Listen auf den oder die letzten zu vergebenden Sitze infolge Gleichheit der Quotienten gleiches Anrecht, so entscheidet das Los.

[Nach denselben Grundsätzen wird die Gesamtzahl der den verbundenen Listen zugefallenen Sitze auf die Einzellisten unterverteilt.]

[1]) Bei dem Verfahren mit gebundener Liste kommt es nicht auf die für die einzelnen Kandidaten, sondern nur auf die für die Liste abgegebenen Stimmen an.

[2]) Für die Berechnung des Ergebnisses wird vielfach das Verfahren angewendet, daß die bei der ersten Verteilung nicht besetzten Stellen der Liste zugewiesen werden, welche die größten Reste aufweist. Genau ist allein die im ministeriellen Muster für Kaufmannsgerichtsstatuten angegebene Berechnung der Verhältniszahl (das Muster für die Verhältniswahl bei den Gewerbegerichten enthält in der erläuternden Anmerkung Fehler). Vgl. hierüber GG. X Sp. 293, 306, XI Sp. 70, 72; Hagenbach-Bischof, Die Verteilungsrechnung beim Baseler Gesetz nach dem Grundsatz der Verhältniswahl. Basel 1905. Obige Fassung ist dem Baseler Gesetz über die Wahlen in den Großen Rat nachgebildet.

Beispiel (nach dem ministeriellen Muster):

a) Wahl von 5 Beisitzern.

Es erhielten

Liste	I	341	Stimmen
„	II	267	„
„	III	206	„
„	IV	105	„
zusammen		919	Stimmen

geteilt durch $5 + 1$ oder $6 = 153\,{}^{1}/_{6}$. Die Wahlzahl ist 154.

Es erhalten

Liste	I	341 : 154 = 2	Beisitzer
„	II	267 : 154 = 1	„
„	III	206 : 154 = 1	„
„	IV	105 : 154 = 0	„
		zusammen 4	Beisitzer

Da aber fünf Beisitzer zu wählen sind, muß einer der Listen noch ein Beisitzer entnommen werden. Welche Liste dies ist, ergibt folgende Berechnung. Die Stimmenzahl jeder Liste ist durch die um 1 vermehrte Zahl der schon ermittelten Beisitzer zu teilen, also

Liste	I	mit	341	Stimmen	durch	3 = $113\frac{2}{3}$
„	II	„	267	„	„	2 = **$133\frac{1}{2}$**
„	III	„	206	„	„	2 = 103
„	IV	„	105	„	„	1 = 105

Liste II, welche den größten Quotienten aufweist, erhält den nächsten (fünften) zu vergebenden Sitz, so daß Liste I und II je zwei Beisitzer, Liste III einen Beisitzer erhält, Liste IV leer ausgeht. Den letzten Quotienten ($133\frac{1}{2}$) nennt das ministerielle Muster die „Verteilungszahl".

b) 15 Beisitzer sind zu wählen.

Liste	I	4732 : 805 = 5	:6 = $788\frac{2}{3}$	5	:6 = **$788\frac{2}{3}$**	6
„	II	3194 : 805 = 3	:4 = $798\frac{1}{2}$	4	:5 = $638\frac{4}{5}$	4
„	III	2967 : 805 = 3	:4 = $741\frac{3}{4}$	3	:5 = $741\frac{3}{4}$	3
„	IV	1986 : 805 = 2	:3 = 662	2	:3 = 662	2
		12897 13		14		15

geteilt durch 16 = $804\frac{15}{16}$ — Verteilungszahl

Wahlzahl 805 — $788\frac{2}{3}$

§ 21. Die Namen der aus jeder Liste Gewählten ergeben sich aus der Reihenfolge, in welcher sie auf der Liste verzeichnet sind.

Sollten einer Liste mehr Sitze zuzuweisen sein, als auf ihr Beisitzer vorgeschlagen sind, so sind alle auf ihr Vorgeschlagenen gewählt. Die überzähligen Sitze werden unter die übrigen Listen — [bei verbundenen Listen unter die zugehörigen Einzellisten] — durch Fortsetzung des im § 20 angegebenen Verfahrens verteilt.

§ 22. War innerhalb der vorgeschriebenen Frist (§ 15 Abs. 1 Satz 2) nur eine Liste eingereicht, so findet eine besondere Wahl nicht statt. Die in der Liste verzeichneten Personen gelten als gewählt.[1])

War keine Liste eingereicht, so können beliebige wählbare Personen gewählt werden. Bei der Ermittelung des Ergebnisses wird jede dieser Personen als besondere Liste behandelt.

[1]) Diese Bestimmung ergibt sich als Folge daraus, daß bei der Wahl nur für die eine gültige Vorschlagsliste gestimmt werden kann. Ihre Zulässigkeit wird in Zweifel gezogen. Wenn man aber gebundene Listen als zulässig ansieht, muß man auch diese Folge zulassen. Eine besondere Wahl wäre überflüssig.

§ 23. Die Feststellung des Wahlergebnisses kann durch den Wahlvorstand getrennt von der Wahlhandlung und außerhalb des Wahllokales vorgenommen werden.

Der Wahlvorstand hat das Ergebnis der Wahl innerhalb dreier Tage nach dem Wahltage dem

Gemeindevorstand (Gewerbegericht)[1]) unter Beifügung des Wahlprotokolls und der Stimmzettel bekannt zu geben.

[1]) Vgl. Anm. 1 zu § 13.

§ 24. Das Ergebnis der Wahl ist von dem Gemeindevorstande (Gewerbegerichte)[1]) alsbald mit dem Hinweis darauf bekannt zu machen, daß Beschwerden gegen die Rechtsgültigkeit der Wahl binnen einer Ausschlußfrist von einem Monat nach der Wahl bei ihm oder bei dem Bezirksausschusse zu N. anzubringen sind und daß die Berechnung der abgegebenen gültigen und ungültigen Stimmen und die Verteilung der Stimmen auf die einzelnen Listen in der Gerichtsschreiberei während der Einspruchsfrist in den Dienststunden zur Einsicht ausliegen.

Gleichzeitig ist jeder Gewählte von seiner Berufung zum Mitgliede des Gewerbegerichts unter Hinweis auf die gesetzlichen Ablehnungsgründe mit der Aufforderung schriftlich in Kenntnis zu setzen. etwaige Ablehnungsgründe geltend zu machen.

[1]) Vgl. Anm. 1 zu § 13.

§ 25. Lehnt ein Gewählter die Wahl mit Erfolg ab, oder wird seine Wahl für ungültig erklärt, so gilt an seiner Stelle der auf derselben Liste nach ihm Vorgeschlagene als gewählt. § 21 Abs. 2 findet Anwendung.

Das gleiche findet Anwendung, wenn ein Beisitzer im Laufe der Wahlperiode ausscheidet.

Im Falle des § 18 des Gewerbegerichtsgesetzes werden die Wahlen von der Stadtverordnetenversammlung nicht nach den Grundsätzen der Verhältniswahl vorgenommen, sondern wie andere von der Stadtverordnetenversammlung vorzunehmende Wahlen erledigt.

§ 26. Die endgültige Zusammensetzung des Gewerbegerichts ist von dem Gemeindevorstande unter Angabe der Namen und Wohnorte der Mitglieder bekannt zu machen.

§ 27. Die Beisitzer haben jeden Wechsel ihrer Wohnung binnen drei Tagen dem Vorsitzenden anzuzeigen.

§ 28. Scheidet im Laufe einer Wahlperiode mehr als ein Viertel der Beisitzer einer Gattung aus, ohne daß eine Ergänzung gemäß § 25 Abs. 2 möglich ist, so ist eine Nachwahl für den Rest der Wahlperiode (§ 4) anzuordnen.

3. Abschnitt. Tätigkeit des Gewerbegerichts als Einigungsamt.

§ 29. Die Vertrauensmänner und Beisitzer erhalten auf ihren Antrag Entschädigung für Zeitversäumnis und Reisekosten gemäß § 7 des Statuts, die Auskunftspersonen eine Vergütung nach Maßgabe der Gebührenordnung für Zeugen und Sachverständige.

4. Abschnitt. Gutachten und Anträge des Gewerbegerichts.

§ 30. Das Gewerbegericht muß berufen werden:

1. wenn über die Abgabe eines Gutachtens der im § 75 Abs. 1 des Gesetzes bezeichneten Art zu beraten oder zu beschließen ist,
2. wenn von mindestens zwei Beisitzern des Gerichts beantragt wird, daß eine von ihnen bezeichnete gewerbliche Frage zum Gegenstand eines Antrages der im § 75 Abs. 2 des Gesetzes bezeichneten Art gemacht werde.

§ 31. Soll auf Beschluß des Gewerbegerichts für ein Gutachten oder einen Antrag ein Ausschuß gebildet werden (§ 75 Abs. 3), so erfolgt die Wahl, falls keiner der Beisitzer Widerspruch erhebt, durch Zuruf, andernfalls getrennt von Arbeitgebern und Arbeitern durch verschlossene Stimmzettel [in der Weise, daß jeder Stimmberechtigte so viele Namen auf einen Stimmzettel schreibt, wie Ausschußmitglieder der betreffenden Gattung gewählt werden sollen. Gewählt sind diejenigen, auf welche die meisten Stimmen gefallen sind. Bei Stimmengleichheit entscheidet das durch den Vorsitzenden zu ziehende Los].[1])

[1]) Oder „unter entsprechender Anwendung der Grundsätze für die Verhältniswahl (§§ 15 Abs. 1 Satz 1 und 20 dieses Statuts) unter Fortfall der Fristen."

§ 32. Der Vorsitzende des Gewerbegerichts beruft das Gericht und den Ausschuß und leitet seine Verhandlungen.

Der Stellvertreter des Vorsitzenden kann an den Beratungen mit beschließender Stimme teilnehmen.

Beschlüsse werden von dem Gewerbegerichte und von dem Ausschusse einschließlich des Vorsitzenden mit einfacher Stimmenmehrheit gefaßt.

Ein Antrag, für welchen nur die Hälfte der Stimmen abgegeben ist, gilt als abgelehnt.

Ist nicht die gleiche Zahl Mitglieder jeder Gattung anwesend, so scheidet bei der Abstimmung der dem Dienstalter, bei gleichem Dienstalter der dem Lebensalter nach jüngste Beisitzer der Gattung, von welcher mehr Beisitzer erschienen sind, aus.

§ 33. Über die Verhandlungen des Gewerbegerichts und des Ausschusses ist ein Protokoll aufzunehmen, welches bei hervortretenden Meinungsverschiedenheiten ersichtlich machen muß, welche Meinungen von den Arbeitgebern und welche von den Arbeitern vertreten worden sind.

Etwaige Abstimmungen sind so vorzunehmen und zu protokollieren, daß das Ergebnis derselben hinsichtlich der Arbeitgeber und Arbeiter getrennt ersichtlich ist.

§ 34. Mit dem beschlossenen Gutachten oder Antrage ist eine Abschrift des über die Verhandlungen aufgenommenen Protokolls einzureichen.

Ist über ein vom Gewerbegericht erfordertes Gutachten ein Beschluß nicht zustande gekommen, so ist eine Abschrift des über die Verhandlungen aufgenommenen Protokolls einzureichen.

5. Schlußbestimmung.

§ 35. Dieses Ortsstatut tritt, soweit es sich um die Errichtung des Gerichts und die erstmaligen Wahlen handelt, sofort nach Genehmigung, im übrigen am .... in Kraft.[1])

[1]) In seinem Erlasse vom 18. August 1898, oben S. 250, fordert der Minister, daß in das Statut die Bestimmung aufgenommen werde:

„Die dienstliche Aufsicht über die Geschäftsführung des Gewerbegerichts nimmt der Regierungs-Präsident zu N. (bzw. der Landrat oder Oberpräsident) wahr."

Dieser Zusatz ist überflüssig, denn entweder steht diese Dienstaufsicht kraft Gesetzes dem Regierungs-Präsidenten zu, dann braucht das Statut darüber nicht zu bestimmen, oder die von dem Minister für den Regierungs-Präsidenten in Anspruch genommene Dienstaufsicht findet im Gesetz keine Grundlage, dann kann solche durch das Statut nicht geschaffen werden.

Sachregister.

(Die Zahlen bedeuten die Seiten.)

A.

M.

N.

O.

P.

Q.

R.

S.

T.

U.

V.

W.

Z.

Verzeichnis

der

Guttentag'schen Sammlung Deutscher Reichs- und Preussischer Gesetze

Text-Ausgaben

mit Anmerkungen u. Sachregister

Guttentag'sche Sammlung

Deutscher Reichsgesetze.

Text-Ausgaben mit Anmerkungen. Taschenformat.

---

1. **Verfassung** des Deutschen Reichs. Gegeben Berlin, den 16. April 1871. Von Dr. **L. von Rönne.** Neunte Auflage von Landrath **Paul von Rönne.** 2 M. 40 Pf.

2. **Strafgesetzbuch** für das Deutsche Reich. Nebst den gebräuchlichsten Reichs-Strafgesetzen: Presse, Entziehung elektrischer Arbeit, Kranken-, Unfall-, Invalidenversicherung, Gewerbeordnung, unlauterer Wettbewerb, Depot- und Börsengesetz, gewerbliche Kinderarbeit u. s. w. Von Dr. **H. Rüdorff.** Einundzwanzigste Auflage von Dr. **H. Appelius,** Kammergerichtsrath. 1 M. 20 Pf.

3. **Militärstrafgerichtsordnung** nebst Einführungsgesetz und Gesetz, betreffend die Dienstvergehen der richterlichen Militärjustizbeamten und die unfreiwillige Versetzung derselben in eine andere Stelle oder in den Ruhestand. Bearbeitet von Dr. **Paul Herz,** Senatspräsident am Reichsmilitärgericht. Dritte Auflage. 4 M.

   Militär-**Strafgesetzbuch** s. RG. Nr. 67.

4. **Handelsgesetzbuch vom 10. Mai 1897** unter Ausschluß des Seerechts. Mit den ergänzenden Vorschriften des Bürgerlichen Gesetzbuchs und Erläuterungen herausgegeben von **F. Litthauer,** Justizrath. Dreizehnte Auflage herausgegeben von Geh. Justizrat Prof. Dr. **A. Mosse,** Oberlandesgerichtsrath. 3 M.

5. Allgemeine Deutsche **Wechselordnung.** Neunte Auflage von Justizrath Dr. **J. Stranz** und Rechtsanwalt Dr. **M. Stranz,** und das Reichsgesetz über die **Wechselstempelsteuer.** Von Regierungsrath **P. Loeck.** Achte Auflage. 3 M.

6. **Gewerbeordnung** für das Deutsche Reich nebst allen Ausführungsbestimmungen. Ursprünglich herausgegeben von **T. Ph. Berger** und Dr. **L. Wilhelmi.** Sechszehnte Auflage bearbeitet von Oberverwaltungsgerichtsrath **H. Spangenberg.** 3 M.

7. Die deutsche **Post- und Telegraphen-Gesetzgebung.** Nebst dem Weltpostvertrag und dem internationalen Telegraphenvertrag. Von Wirkl. Geh. Rath Dr. **Fischer.** Fünfte Auflage bearbeitet von Geh. Postrath Dr. **M. König.** 3 M.

8. Die Reichsgesetze über den **Unterstützungswohnsitz** in der Fassung der Novelle vom 12. März 1894, **die Freizügigkeit, den Erwerb und Verlust der Bundes- und Staatsangehörigkeit,** nebst allen landesgesetzlichen Bestimmungen. Von Geheimrath Dr. **J. Krech,** Mitglied des Bundesamtes für das Heimathwesen. Fünfte Auflage. 2 M. 70 Pf.

9a. Sammlung **kleinerer privatrechtlicher Reichsgesetze.** Von **F. Vierhaus.** Zweite Auflage in Vorbereitung.

9. Sammlung **kleinerer strafrechtlicher Reichsgesetze.** Mit den Entscheidungen des Reichsgerichts bearbeitet von **M. Werner,** Geh. Ober-Regierungsrath. Zweite Auflage. 3 M.

Inhalt: Inhaberpapiere — Presse — Personenstand — Urheberrechtsgesetzgebung — Rinderpest — Nahrungs- und Genußmittel — Sprengstoff — Feingehalt von Gold- und Silberwaaren — Patentgesetz — Handfeuerwaffen — Gebrauchsmusterschutz — Militärische Geheimnisse — Waarenbezeichnung — unlauterer Wettbewerb — Auswanderung — Margarine — Wein — Sklavenraub — Fleischbeschau — Reichsseuchengesetz — Süßstoff — Reichskassenscheine.

10. Das **Reichsbeamtengesetz** vom 31. März 1873 und seine Ergänzungen. Erläutert von **J. Pieper,** Geh. Ober-Regierungsrath. Zweite Auflage. 4 M. 50 Pf.

11. **Zivilprozeßordnung mit Gerichtsverfassungsgesetz** in den neuesten Fassungen. Unter besonderer Berücksichtigung der Entscheidungen des Reichsgerichts herausgegeben mit Anmerkungen zunächst von **R. Sydow,** Unterstaatssekretär, weiter bearbeitet von **L. Busch,** Kammergerichtsrath. Zehnte Auflage. 8°. 6 M.

Dieser Band ist in größerem Format erschienen!

12. **Strafprozeßordnung und Gerichtsverfassungsgesetz** nebst dem Gesetz, betreffend die Entschädigung der im Wiederaufnahmeverfahren freigesprochenen Personen. Von Dr. **A. Hellweg,** Reichsgerichtsrath. Dreizehnte Auflage. 2 M.

13. **Konkursordnung und Anfechtungsgesetz.** Unter besonderer Berücksichtigung der Entscheidungen des

Reichsgerichts herausgegeben mit Anmerkungen von **R. Sydow** u. **L. Busch.** Neunte Auflage. 2 M. 25 Pf.

14. **Gerichtsverfassungsgesetz** mit Einführungsgesetz. Herausgegeben von **R. Sydow** und **L. Busch.** Neunte Auflage. 1 M. 50 Pf.

15. Das **Deutsche Gerichtskostengesetz** nebst den Gebührenordnungen für Gerichtsvollzieher, Zeugen und Sachverständige. Herausgegeben mit Anmerkungen und Kostentabellen von **R. Sydow** u. **L. Busch.** Siebente Auflage. 1 M. 80 Pf.

16. **Rechtsanwaltsordnung.** Von **R. Sydow.** Vierte Auflage von Dr. **E. Mosler.** 1 M. 20 Pf.

17. **Die Deutsche Gebührenordnung für Rechtsanwälte und das Preußische Gebührengesetz** vom 27. September/6. Oktober 1899. Von **R. Sydow** und **L. Busch.** Siebente Auflage. 1 M. 60 Pf.

18. **Reichsstempelgesetz (Börsensteuer, Frachturkunde, Kraftfahrzeuge, Personenfahrkarte, Tantieme für Aufsichtsratsmitglieder).** In der Fassung des Gesetzes vom 3. Juni 1906. Nebst Ausführungsbestimmungen, den Entscheidungen der höchsten Verwaltungsbehörden und des Reichsgerichts. Neunte Auflage von **P. Loeck,** Regierungsrath. 4 M. 50 Pf.

Dieser Band ist in größerem Format erschienen!

19. **Die Seegesetzgebung.** Von Dr. **W. E. Knitschky.** Dritte Auflage bearbeitet von Oberlandesgerichtsrath **Otto Rudorff** in Hamburg. 4 M. 50 Pf.

20. **Krankenversicherungsgesetz.** Von weil. Dr. **E. von Woedtke,** Direktor im Reichsamte des Innern. Elfte Auflage bearbeitet von Dr. **G. Eucken-Addenhausen,** Geh. Reg.-Rath und vortr. Rat im Reichsamte des Innern. 3 M.

21. Die **Konsulargesetzgebung.** Von Professor Dr. **Ph. Zorn.** Zweite Auflage. 3 M.

22a. **Patentgesetz.** Nebst Ausführungsbestimmungen, völkerrechtlichen Verträgen und der Patentanwalts-Ordnung unter eingehender Berücksichtigung der Rechtsprechung des Reichsgerichts und der Praxis des Patentamts. Erläutert von Prof. Dr. **R. Stephan,** Geh. Reg.-Rath, Mitglied des Kaiserlichen Patentamts. Sechste Auflage. 2 M.

22b. Gesetz zum **Schutz der Waarenbezeichnungen.** Nebst Ausführungsbestimmungen. Von Dr. **R. Stephan,** Geh. Reg.-Rath, Mitglied des Kaiserlichen Patentamts. Vierte Auflage. 1 M.

23. **Gewerbe-Unfallversicherungsgesetz.** Von weil. Dr. **E. v. Woedtke.** Achte neubearbeitete Auflage von **Franz Caspar,** Direktor im Reichsamt des Innern. 2 M. 50 Pf.

24. **Aktiengesellschaft und Kommanditgesellschaften auf Aktien.** (Handelsgesetzbuch, II. Buch, Abschnitt 3 und 4.) Mit Anmerkungen von **H. Keyssner,**

Kammergerichtsrath und Dr. **H. Veit Simon**, Rechtsanwalt. Fünfte Auflage. Bearbeitet von Dr. **Hugo Keyssner** und **L. Keyssner.** 2 M. 25 Pf.

25. Reichsgesetz wegen **Erhebung der Brausteuer** vom 31. Mai 1872 mit Ausführungsvorschriften. Von **E. Bertho,** Regierungsrath. 1885. 1 M. 60 Pf.

26. Die Reichsgesetzgebung über **Münz- und Notenbankwesen,** Papiergeld, Prämienpapiere und Reichsschulden. Von Dr. jur. **R. Koch,** Präsident des Reichsbankdirektoriums. Fünfte Auflage. 3 M.

27. Die Gesetzgebung, betr. das **Gesundheitswesen** im Deutschen Reich für Behörden, Aerzte 2c. Von Dr. jur. **C. Goesch** und Dr. med. **J. Karsten.** 1888. 1 M. 60 Pf.

28. **Bau-Unfallversicherungsgesetz.** Vom 30. Juni 1900. Von **R. Chrzescinski,** Kaiserl. Regierungsrath. Dritte Auflage. 2 M.

29. Reichsgesetz, betr. die **Erwerbs- und Wirthschaftsgenossenschaften.** Von **L. Parisius** und Dr. **H. Crüger.** Elfte Auflage bearbeitet von Dr. **H. Crüger.** 1 M. 50 Pf.

30. **Invalidenversicherungsgesetz** vom 13. Juli 1899. Von weil. Dr. **E. v. Woedtke.** Zehnte Auflage bearbeitet von Regierungsrat **H. Follmann.** 4 M.

31. **Gewerbegerichtsgesetz.** Von Stadtrath **L. Mugdan.** Sechste Auflage bearbeitet von **W. Cuno,** Erstem Bürgermeister zu Hagen i. W. ca. 2 M. 50 Pf.

32. Reichsgesetz, betr. die **Gesellschaften mit beschränkter Haftung.** Von **L. Parisius** und **Dr. H. Crüger.** Achte Auflage. 1 M. 40 Pf.

33. Das **Vereins- und Versammlungsrecht** in Deutschland. Von **Dr. E. Ball,** Rechtsanwalt. 2 M. 25 Pf.

34. Reichsgesetz, betreffend die **Abzahlungsgeschäfte.** Vom 16. Mai 1894. Von **J. Hoffmann.** Zweite vermehrte Auflage besorgt von **Dr. E. Wilke,** Landgerichtsrath. 1 M. 20 Pf.

35. Die **Reichs-Eisenbahngesetzgebung.** Von **W. Coermann,** Kaiserl. Amtsrichter. 1895. 2 M. 25 Pf.

36. Gesetze, betr. die **privatrechtlichen Verhältnisse der Binnenschifffahrt und der Flößerei.** Erläutert von **H. Makower.** Dritte Auflage bearbeitet von **E. Löwe,** Landgerichtsrath. 3 M.

37. Gesetz zur **Bekämpfung des unlauteren Wettbewerbes.** Vom 27. Mai 1896. Von **Dr. R. Stephan,** Geh. Regierungsrath. Dritte Auflage. 1 M.

38/39. **Bürgerliches Gesetzbuch nebst Einführungsgesetz.** Nach dem Tode des ursprünglichen Herausgebers Reichsgerichtsraths a. D. **Dr. A. Achilles** in Verbindung mit Professor **Dr. André,** Landrichter

Ritgen, Landrichter **Strecker,** Ober-Regierungsrath Dr. **Unzner** herausgegeben von Geh. Ober-Justizrath **Greiff.** Vierte Auflage. 8°. 6 M. 50 Pf.
Dieser Band ist in größerem Format erschienen!

40. Gesetz, betr. die **Pflichten der Kaufleute bei Aufbewahrung fremder Werthpapiere (Depotgesetz).** Mit Erläuterungen. Von **F. Lusensky,** Geh. Ober-Regierungsrath. Zweite Auflage. 1 M.

41. **Börsengesetz.** Vom 22. Juni 1896. Nebst Ausführungsbestimmungen. Unter Mitwirkung des Direktors im Reichsamt des Innern **A. Wermuth** bearbeitet von Regierungsrath **H. Brendel.** 1 M. 50 Pf.

42. **Grundbuchordnung** nebst den preußischen Ausführungsbestimmungen. Mit Einleitung. Von Professor Dr. **O. Fischer.** Vierte Auflage. 2 M.

43. Die Gesetzgebung, betr. die **Zwangsvollstreckung in das unbewegliche Vermögen** im Reiche und in Preußen. Mit Einleitung, Kosten- und Gebührentabellen. Von Dr. **J. Krech,** Kaiserl. Geh. Regierungsrath und Professor Dr. **O. Fischer.** Vierte Auflage. 2 M.

44. Das Reichsgesetz über das **Auswanderungswesen** vom 9. Juni 1897 nebst Ausführungsverordnungen und Anlagen. Unter Benutzung amtlicher Quellen. Von Professor Dr. **Felix Stoerk.** 2 M. 25 Pf.

45. Das **Entmündigungsrecht** unter Berücksichtigung der für Preußen geltenden Vorschriften nebst der preußischen Justiz-Ministerial-Verfügung vom 28. November 1899. Text der civil- und prozeßrechtlichen Bestimmungen mit Erläuterungen von Landgerichtsrath Dr. **P. Koll** in Cöln. 1 M. 50 Pf.

46. Die Gesetze des Reiches und Preußens über die **freiwillige Gerichtsbarkeit.** Mit Einleitung von **Herm. Jastrow,** Amtsgerichtsrath. Vierte Auflage. 3 M.

47. Das **deutsche Vormundschaftsrecht** und das preuß. Gesetz über die Fürsorgeerziehung Minderjähriger nebst den dazu gehörigen preußischen Nebengesetzen. Mit Einleitung und Erläuterungen von **Max Schultzenstein,** Oberverwaltungsgerichtsrath und Amtsgerichtsrath Dr. **Paul Köhne.** Zweite Auflage. 3 M.

48. Gesetze und Verordnungen, betr. den **Drogen-, Gift- und Farbenhandel** außerhalb der Apotheken. Von Dr. **Broh,** Rechtsanwalt. 1 M. 25 Pf.

49. Deutsche **Kolonialgesetzgebung.** Von Professor Dr. **Philipp Zorn.** 4 M. 50 Pf.

50. Der **Viehkauf** (Viehgewährschaft) nach dem Bürgerlichen Gesetzbuche. Mit Erläuterungen von Rechtsanwalt Dr. **H. Stölzle.** Nebst Verordn. betr. die Hauptmängel und Gewährsfristen beim Viehhandel. Von **H. Weiskopf,** Königl. Kreisthierarzt in Augsburg. Dritte Auflage. 3 M.

51. **Hypothekenbankgesetz** vom 13. Juli 1899. Von Dr. **H. Göppert,** Gerichts-Assessor. 1 M. 80 Pf.

52. Gesetz, betreffend die gemeinsamen **Rechte der Besitzer von Schuldverschreibungen.** Von Dr. **Heinrich Göppert,** Gerichts-Assessor. 2 M.

53. **Reichspreßgesetz** vom 7. Mai 1874 nebst den einschlägigen Bestimmungen des Strafgesetzbuchs, der Gewerbeordnung 2c. Kommentar von **A. Born,** Polizeiassessor. 1 M. 50 Pf.

54. Die Reichsgesetzgebung über den Verkehr mit **Nahrungsmitteln, Genußmitteln und Gebrauchsgegenständen.** Von Dr. **Georg Lebbin,** Nahrungsmittelchemiker. 2 M. 25 Pf.

55. Das Recht der **Beschlagnahme von Lohn- und Gehaltsforderungen.** Auf Grundlage der Reichsgesetze vom 21. Juni 1869 u. 29. März 1897 und der Civilprozeßordnung. Von Rechtsanwalt **Georg Meyer.** Zweite Auflage. 2 M.

56. Gesetz, betr. die **Bekämpfung gemeingefährlicher Krankheiten.** Nebst Ausführungsbestimmungen. Von Dr. **Bruno Burkhardt,** Regierungsrath, Mitglied des Kais. Gesundheitsamts. 1 M. 40 Pf.

57. **See-Unfallversicherungsgesetz.** Von **Dr. Max Mittelstein,** Oberlandesgerichtsrath in Hamburg. 2 M.

58. **Das Recht der unehelichen Kinder.** Ausgabe aller einschlägigen Bestimmungen des B.G.B. Von **Hermann Jastrow,** Amtsgerichtsrath. 1 M. 80 Pf.

59. Reichsgesetz über die **Beurkundung des Personenstandes und die Eheschließung.** Von Dr. **F. Fidler,** Amtsgerichtsrath. 1 M. 80 Pf.

60. Gesetz, betreffend das **Urheberrecht an Werken der Litteratur und der Tonkunst.** Von Gerichtsassessor **Otto Lindemann.** 1 M. 50 Pf.

61. Gesetz über das **Verlagsrecht.** Von Justizrath **Ernst Heinitz.** 1 M. 50 Pf.

62. Gesetz über die **privaten Versicherungsunternehmungen.** Von **H. Könige,** Ob.-Landsger.-Rath. 3 M.

63. **Gesetzestafel des Deutschen Reichsrechts.** Systematisch geordnete Nachweisung des z. Z. geltenden Reichsrechts. Ergänzungsband zu der Guttentag'schen Sammlung Deutscher Reichsgesetze. Von **Hugo Bruhns,** Syndikus. 2 M. 50 Pf.

64. Gesetzsammlung betr. den **Handel mit Drogen und Giften.** Reichsgesetzl. Bestimmungen und Anhang mit den landesgesetzl. Verordnungen sämmtlicher Bundesstaaten. Von Rechtsanwalt **H. Sonnenfeld,** Syndikus der Berliner Drogisten-Innung. 3 M.

65. Das **Weingesetz** vom 24. Mai 1901. Mit Ausführungsbestimmungen erläutert von Dr. **Georg Lebbin,** Handels- und Gerichtschemiker zu Berlin. 1 M. 50 Pf.

66. **Die Eisenbahn-Gesetzgebung.** Von **W. Pietsch,** Geh. exp. Sekretär im Reichs-Eisenbahn-Amt. 5 M.

67. **Militär-Strafgesetzbuch.** Mit den Entscheidungen des Reichs-Militärgerichts von Dr. **Paul Herz,** Senats-Präsident am Reichs-Militärgericht und Kriegsgerichtsrath Dr. **Georg Ernst.** 3 M.

68. Das **Fleischbeschaugesetz.** Vom 3. Juni 1900. Mit Ausführungsges. u. Verordnungen im Reiche und in Preußen. Von Dr. **Georg Lebbin,** Gerichtschemiker und Rechtsanwalt Dr. **Georg Baum.** 4 M.

69. Reichsgesetz über die **Naturalleistungen der bewaffneten Macht im Frieden** nebst den zugehörigen in Preußen geltenden Bestimmungen. Von Regierungsassessor Dr. **Walter v. Hippel.** 1 M. 25 Pf.

70. Das **Reichs-Haftpflichtgesetz,** betr. die Verbindlichkeit zum Schadensersatz für die bei dem Betriebe von Eisenbahnen, Bergwerken, Steinbrüchen, Gräbereien und Fabriken herbeigeführten Tödtungen und Körperverletzungen, vom 7. Juni 1871. Von Regierungsrath Dr. **G. Eger.** Preis 3 M.

71. **Kinderarbeit in gewerblichen Betrieben,** v. 30. März 1903. Nebst der Preuß. Ausführ.-Anw. v. 30. Nov. u. d. Bek. des Reichskanzlers v. 17. Dez. 1903. Von **H. Spangenberg,** Oberverwaltungsgerichtsrath. Zweite vermehrte Auflage. 1 M. 60 Pf.

72. **Unfallversicherungsgesetz für Land- und Forstwirtschaft** vom wirkl. Geh. Rat Dr. **E. von Woedtke,** fortgesetzt von Dr. **Alfred Radtke,** Geh. Regierungsrat und Senatspräs. im Reichsversicherungsamt. 4 M. 50 Pf.

73. **Entschädigung für unschuldig erlittene Verhaftung und Bestrafung.** Nebst Anhang, enth. die dazu gehörigen Nebengesetze über Schadensersatz. Von Dr. jur. **A. Romen,** Geh. Kriegsrat und vortr. Rat im Kriegsministerium. 2 M.

74. Die **Kaufmannsgerichte** nebst den preuß. Ausführungsbestimmungen. Von Dr. **Max Apt,** Syndikus der Korporation der Berliner Kaufmannschaft. Dritte Auflage. 2 M.

Daraus einzeln: **Preuß. Ausführungsbestimmungen.** 50 Pf.

75. Reichsgesetz über die **Konsulargerichtsbarkeit.** Erläutert von Dr. iur. **A. F. Vorwerk,** Rechtsanwalt in Schanghai. 2 M.

76. **Die Rechtshilfe im Verkehr mit den ordentlichen Gerichten nach deutschem Reichsrecht.** Zusammenstellung aller in Betracht kommenden Gesetzesstellen. Von Landrichter Dr. **A. Friedländer.** 1 M. 80 Pf.

77. **Das Reichserbschaftssteuergesetz.** Vom 3. Juni 1906. Von **Ulrich Hoffmann,** Geh. Registrator im Königl. Preuß. Finanzministerium. 2 M. 60 Pf.

78. **Zigarettensteuergesetz.** Vom 3. Juni 1906. Von Dr. **Cuno,** Gerichtsassessor.

79. **Die Militärpensionsgesetze** vom 31. Mai 1906 nebst den Ausführungsbestimmungen. Zum praktischen Gebrauch für Heer, Marine und Schutztruppe, bearbeitet Dr. jur. **A. Romen,** Geheimer Kriegsrat und vortr. Rat im Kriegsministerium.
 a) I. Teil: Offizierpensionsgesetz.
 b) II. Teil: Mannschaftsversorgungsgesetz.
 Jeder Teil ist einzeln käuflich.

80. Reichsgesetzgebung über **gerichtliche Registerführung.** Textausgabe der einschlägigen Gesetzesbestimmungen mit Anmerkungen und Sachregister von **Otto Lindemann,** Landrichter.

Guttentag'sche Sammlung

Preußischer Gesetze.

Text-Ausgaben mit Anmerkungen. Taschenformat

---

1. Die **Verfassungs-Urkunde** für den Preußischen Staat. Mit Einleitung, vollständigem Kommentar. Von Prof. Dr. **Adolf Arndt.** Fünfte Auflage. 3 M.

2. Preußische **Beamten-Gesetzgebung.** Enthaltend die wichtigsten Beamtengesetze in Preußen. Von **C. Pfafferoth.** Vierte, neubearbeitete Auflage. 2 M.

3. **Die Aufnahme des Nottestaments** durch die bestellten besonderen Urkundspersonen. Anweisung vom 15. März 1904. Erläutert mit Musterbeispielen und einem Abriß des Erbrechts von Amtsgerichtsrath **C. Kurtz.** 1 M. 50 Pf.

4. **Gebührenordnung** für **Notare** vom 25. Juni 1895 nebst den einschlägigen Vorschriften des Preußischen Gerichtskostengesetzes. Von **R. Sydow.** Zweite Auflage bearbeitet von Dr. **E. Mosler,** Gerichtsassessor. 1 M. 50 Pf.

5. Gesetz vom **24. April 1854 (betr. die außereheliche Schwängerung).** Von Dr. **Schulze.** 75 Pf.
Gültiges Recht siehe: Reichsgesetze Nr. 58.

6. Die Preuß. **Ausführungsgesetze und Verordnungen zu den Reichs-Justizgesetzen.** Von **R. Sydow.** Dritte vermehrte Auflage. 1895. 2 M. 40 Pf.

Siehe Seite 22, Busch, Ausführungsgesetze.

7. **Allg. Gerichtsordnung** vom 6. Juli 1793 und Preuß. **Konkursordnung** vom 8. Mai 1885. Von **F. Vierhaus**, Geh. Ober-Justizrath. Vergriffen.

8. **Vormundschaftsordnung.** Von **F. Schultzenstein.** Gültiges Recht siehe: Reichsgesetze Nr. 47.

9. Die Preußische **Grundbuchgesetzgebung.** Von Prof. Dr. **Fischer.** Vergriffen. Siehe: Reichsgesetze Nr. 42.

10. **Einkommensteuergesetz.** Von **A. Fernow**, Geh. Finanzrath. Fünfte Auflage. 2 M. 50 Pf.

11. **Gewerbesteuergesetz.** Von **A. Fernow**, Geh. Finanzrath. Vierte, vermehrte u. verbesserte Auflage. 2 M.

12. **Allgemeines Berggesetz** für die Preußischen Staaten vom 24. Juni 1865 nebst den preußischen Berggesetznovellen. Mit Einleitung, Erläuterungen und Sachregister bearbeitet von **W. Westhoff** und **W. Schlüter.** 4 M.

13. **Ergänzungssteuergesetz** (Vermögenssteuergesetz). Von **A. Fernow**, Geh. Finanzrath. Dritte vermehrte Auflage. 1 M. 50 Pf.

14. **Kommunalabgabengesetz.** Vom 14. Juli 1893 und Gesetz wegen Aufhebung direkter Staatssteuern. Von Dr. **F. Adickes**, Oberbürgermeister. Vierte Auflage. 1 M. 50 Pf.

15. Die **Kreisordnungen** für den Preußischen Staat. Von **O. Kolisch,** Landgerichtsrath. 1894. 4. M.

16. **Concessionirung gewerblicher Anlagen.** Preuß. Ausführungs-Anweisung zu §§. 16 u. ff. der Gewerbe-Ordnung. Von Dr. **W. v. Rüdiger,** Geh. Regierungs- u. Gewerberath. Zweite Auflage. 2 M.

17. Preußisches **Gerichtskostengesetz.** Mit Kostentabellen. Von Dr. **P. Siméon,** Landrichter. Vierte Auflage. 2 M. 25 Pf.

18. Preußisches **Stempelsteuergesetz** vom 31. Juli 1895. Mit den gesammten Ausführungsbestimmungen und vollständigen Tabellen. Von **P. Loeck,** Regierungs-rath. Fünfte Auflage. 5 M.

Dieser Band ist in größerem Format erschienen.

19. Das **Jagdscheingesetz.** Mit ausführlichen Erläuterungen. Von **F. Kunze,** Wirklichem Geh. Ober-Regierungsrath. Zweite Auflage. 2 M.

20. Die **preußischen Erbschaftssteuergesetze.** Unter Berücksichtigung der Novelle vom 31. Juli 1895. Von **U. Hoffmann,** Geh. Registrator im Königl. preuß. Finanzministerium. 4 M.

(Reichserbschaftssteuergesetz s. Reichsgesetze Nr. 77.)

21. Gesetz über die **Handelskammern.** Vom 19. August 1897. Mit Erläuterungen von **F. Lusensky,** Geh. Regierungsrath. 3 M.

22. Gesetz, betr. **Anstellung und Versorgung der Kommunalbeamten.** Mit Ausführungsanweisung. Von Dr. **W. Ledermann,** Magistratsassessor zu Berlin 1 M. 25 Pf.

23. **Ausführungsgesetz zum Bürgerlichen Gesetzbuche.** Von Landrichter Dr. **P. Siméon.** 2. Aufl. 1 M. 80 Pf.

24. Die **Hinterlegungsordnung** in der Fassung des Ausführungsgesetzes z. B.G.B. v. 20. Sept. 1899 nebst Ausführungsbestimmungen. Von Regierungsassessor Dr. **Georg Bartels.** 1 M. 50 Pf.

25. **Preußische Kommunalbeamtengesetzgebung.** Von Magistratsassessor Dr. **Fr. Kremski,** Berlin. 3 M.

26. Die Preußischen Gesetze über das **Diensteinkommen der Lehrer und Lehrerinnen, ihren Ruhegehalt und die Fürsorge für ihre Hinterbliebenen,** sowie einer Tabelle zur Berechnung der Ruhegehalts-, Wittwen- und Waisenbezüge. Von Dr. **Ed. Cremer,** Beigeordneter. 2 M. 40 Pf.

27. Gesetz, betreffend die **Waarenhaussteuer.** Von Geh. Ober-Finanzrath Dr. **G. Strutz.** 1 M. 20 Pf.

28. Gesetz über die **Fürsorgeerziehung Minderjähriger.** Nebst Ausführungsanweisungen. Von Landgerichtsrath Dr. **P. F. Aschrott.** 2 M. 80 Pf.

29. Gesetz, betr **die ärztlichen Ehrengerichte, das Umlagerecht und die Kassen der Aerztekammern.** Von Amtsgerichtsrath Dr. **Fidler.** 1 M. 50 Pf.

30. Die das **Preußische Staatsschuldbuch und Reichsschuldbuch** betr. Gesetze nebst Ausführungsbestimmungen. Von Wirkl. Geh. Ober-Finanzrath **J. Mücke**, Mitglied der Staatsschuldenverwaltung. 2 M.

31 a. **Die geltenden Preußischen Gesindeordnungen.** Herausgegeben in zwei Bänden von **Stephan Gerhard**, Rechtsanwalt in Berlin.

Band I: Gesindeordnung für die altpreußischen Provinzen vom 8. XI. 1810, mit Erläuterungen unter Berücksichtigung der Ergänzungsgesetze und der Rechtsverhältnisse der Gesindevermiether, sowie die Gesindeordnung für Neuvorpommern und Rügen und für die Rheinprovinz. 2 M. 50 Pf.

31b. **Band II:** Gesindeordnungen für Hannover, Schleswig-Holstein, Hessen-Nassau und den Regierungsbezirk Hohenzollern. 2 M. 50 Pf.

32. **Die Städteordnung für die sechs östlichen Provinzen** Preußens vom 30. Mai 1853 nebst ihren gesetzlichen Ergänzungen. Von **Dr. jur. Walter Ledermann**, Magistrats-Assessor zu Berlin. 6 M.

Dieser Band ist in größerem Format erschienen!

33. **Rentenguts- und Anerbenrechts-Gesetzgebung in Preußen.** Von Landgerichtsrath **M. Peltasohn** und Rechtsanwalt **Bruno Peltasohn.** 3 M.

34. Sammlung der wichtigsten **Preußischen Strafgesetze** nebst Anhang: Gesetz betr. polizeiliche Strafverfügungen vom 23. April 1883. Von **Otto Lindemann,** Amtsrichter. 2 M. 50 Pf.

Inhalt: Mobiliar-Feuerversicherung — Chausseegeld — Jagdpolizei — Jagdschein — Wild-Schonzeit — Fischerei — Versammlungs- u. Vereinigungsrecht — Belagerungszustand — Gesindedienstpflichten — Mineraliengewinnung und -Aneignung — Schlachthäuser — Dampfkesselbetrieb — Wandergewerbebetrieb — Reblausverbreitung — Forstdiebstahl — Wald- u. Wassergenossenschaften — Feld- u. Forstpolizei — Lotteriespiel — Verkehrsabgaben — Landestrauer.

35. **Geschäftsordnung für Gerichtsvollzieher.** Gerichtsvollzieherordnung und Gebührensätze von Amtsgerichtssekretär a. D. **Emil Exner.** 3 M. 50 Pf.

36. Die Gesetzgebung über **Polizeiverordnungen in Preußen** von **Otto Lindemann,** Amtsrichter in Köslin. 1 M. 50 Pf.

37. Gesetz über die **Enteignung von Grundeigentum** vom 11. Juni 1874 von Landrichter **O. Meyer.** 2 M.

38. **Kreis- und Provinzial-Abgabengesetz.** Vom 23. April 1906. Von **Fr. Schmidt,** Gemeindevorsteher.

Guttentag'sche Sammlung von Text-Ausgaben mit Sachregister ohne Anmerkungen.

Taschenformat, elegant in Leinen gebunden.

Reichs-Justizgesetze:

Gerichtsverfassungsgesetz. Civilprozeßordnung. Konkursordnung. Strafprozeßordnung.

In einem Bande gebunden 3 M. 80 Pf.

Zweite Auflage.

Civilprozeßordnung mit **Gerichtsverfassungsgesetz** und **Einführungsgesetzen** in den neuesten Fassungen. 2 M.

Konkursordnung mit **Einführungsgesetz.** 80 Pf.

Strafprozeßordnung nebst **Einführungsgesetz.** 1 M. 20 Pf.

Bürgerliches Gesetzbuch nebst **Einführungsgesetz.** Zehnter Abdruck. 2 M. 50 Pf.

Handelsgesetzbuch nebst **Einführungsgesetz** u. **Seerecht.** Siebenter Abdruck. 1 M. 80 Pf.

Gewerbeordnung für das Deutsche Reich. Zweite Auflage. 1 M. 20 Pf.

Ausführungsanweisung zur Gewerbeordnung vom 1. Mai 1904 nebst der preuß. technischen Anleitung. 2 M.

Militär-Strafgesetzbuch mit Abdruck der angezogenen Bestimmungen des Reichs-Strafgesetzbuchs. 1 M.

Schlagwort-Register.

R. = Nummer der Sammlung Deutscher **Reichs**gesetze.
P. = Nummer der Sammlung **Preußischer** Gesetze.
S. = Seite.

FSC
www.fsc.org
MIX
Papier | Fördert
gute Waldnutzung
FSC® C083411

Kolibri 360 GmbH
Ferdinand-Jühlke-Straße 7
99095 Erfurt, Deutschland
produktsicherheit@kolibri360.de